世界大战丛书

丘吉尔
第一次世界大战回忆录 01

世界危机（1911—1914）

〔英国〕温斯顿·丘吉尔 著　吴良健 译

贝昱 吴衡康 校译

北京时代华文书局

中译本前言

　　客观事实说明，第一次世界大战是帝国主义国家两大集团间为重新瓜分世界、争夺殖民地而进行的战争，它是资本主义世界经济体系危机的产物，是资本主义国家发展不平衡的结果。后起的德意志帝国凭其经济、军事实力在欧洲组成德、奥、意三国同盟，企图打破老牌列强占有殖民地和世界市场的格局；英、法、俄则为维护既得利益和扩大原有利益在大战爆发后结为协约国，与三国同盟对抗。意大利在大战初保持中立，后退出三国同盟，加入协约国。说得具体一点，德国企图夺取英、法、比、葡的殖民地，取代英国的霸权地位，还想夺取俄属波兰、乌克兰和波罗的海沿岸，扩大在巴尔干的势力。奥匈帝国则试图吞并塞尔维亚，侵占俄国、意大利和罗马尼亚的部分领土。英国参战的目的，是为了打败德国，保持世界霸权地位，法国则欲夺得德国手中的阿尔萨斯-洛林和萨尔产煤区。俄国想摧毁德、奥在土耳其和巴尔干的势力，并夺取君士坦丁堡和博斯普鲁斯海峡与达达尼尔海峡，以便俄国海军自由进入地中海，日本想霸占被德国占领的中国胶州湾，奴役中国，称霸东亚。

　　这场人类史上第一次世界规模的大战的爆发有其必然性，但直接起因则是，1914年6月28日奥匈帝国皇太子斐迪南大公在萨拉热窝遭年青的塞尔维亚民族主义激进分子刺杀。7月28日奥匈帝国以此为借口，在德国的支持下向塞尔维亚宣战。俄国为了对抗奥匈帝国，立即进行全国动员。德国随后分别向俄国、法国发出要求俄国停止动员，要求法国在战争中保持中立的最后通牒。但俄、法置之不理，于是德国于8月1日、3日分别向俄、法宣战。3日当夜，德国公然违反国际公约入侵比利时，实施其在战前早已周密制定的、假道比利时进攻法国的"施利芬计划"。4日英国对德宣战，5日奥匈帝国对俄宣战，随后英、法对奥匈帝国宣战，不久日本也对德宣战，出兵占领德国在中国山东的殖民地。大战期间参加同盟国的有土耳其、保加利亚；参加协约国方面的有意大利、罗马尼亚、希腊等，美国、中国于1917年参加协约国作战。大战开始后，主战场一直在欧洲，出现了三条战线：西线从北海伸展到瑞士边境，这里是英、法、比三国军队对德作战；东线北起波罗的海，南至罗马尼亚，这里是俄军对德、奥作战；第三条是巴尔干战线，这里是奥军对塞尔维亚作战。后来战争从欧洲扩大到亚洲、非洲和美洲。

大战从1914年7月28日至1918年11月11日德国投降签订停战协定止，历时四年零三个多月，参战国家33个，卷入战争漩涡的人口在15亿以上，军民死伤3000余万人，是人类史上的一场空前的浩劫。战争削弱了资本主义世界体系，但资本主义世界体系的固有矛盾并未通过战争和战后的巴黎和会得到解决。参加和会的列强各怀私心，尽管建立了国际联盟，但国际安全与裁军的目的并未达到，因而未能制止未来新的大战。此外，资本主义国家发展不平衡的规律仍起作用，20世纪30年代德、意、日法西斯国家崛起，不久之后便再次挑起大战，即第二次世界大战。

第一次世界大战也产生了另一后果：1917年引发了俄国无产阶级革命，建立了第一个社会主义国家。在俄国十月革命影响下，世界不少国家兴起了工农革命运动和民族解放运动。1919年中国爆发了反帝反封建的划时代的五四运动，1921年成立了中国共产党，领导中国工农革命。

以上对第一次世界大战的性质、起因、战初、战争范围及战争直接后果做了简要的介绍。丘吉尔撰写的本书（5卷）对此有详细的论述。

这里指出一点，丘吉尔所论述的战前资本主义国家的经济、政治、军事发展概况，验证了资本主义国家发展不平衡引发战争的事实，验证了"战争是政治的继续"这一铭言的正确性：奥匈帝国、德意志帝国在战前为侵占他国的经济利益，在软硬兼施的外交、政治手腕达不到目的时，必然施出最后一招，即发动战争。战争爆发似乎是偶然事件——由于奥匈帝国皇太子遇刺，但深揭后知道，欧洲主要资本主义国家自1870年以来利益冲突已有悠久的历史。奥匈帝国、德意志帝国在战前早就蓄谋发动一场大战，长期不遗余力地扩军备战，并制定"施利芬计划"，这便是令人信服的实例。

尽管是帝国主义性质的战争，但蓄意挑起和发动战争的一方，理应受到最强烈的谴责。一场大战使3000余万人死伤，财产损失无法估量。回过头来看，实施民族激进主义或恐怖主义，难道能被赞同而不予谴责么？实施这种方针的一方，通常是弱小的一方，本值得同情。但蓄意谋杀或屠杀，图一时痛快，泄心头之愤，这能解决民族矛盾吗？密谋制造事端，成了战争的导火索（当然蓄意发动战争的一方，没有借口也可以制造借口，甚至"莫须有"都可以挑起战争），引爆了战争，把国家、民众推入了战争，那么民众还有宁日吗？密谋制造事端者难道不明白吗？不把人力、物力、财力努力用于和平建设，民众有好日子过吗？把恐怖主义推崇为民族英雄主义，是否正确，后果如何？多少历史早就做出评断，今后也自会做出评断，拭目以待吧！

本书作者温斯顿·丘吉尔（1874—1965），英国作家、政治家，1940—1945年和1951—1955年任英国首相。1900年进入国会开始他的政治生涯，1906年起历任殖民、贸易、内政、海军、空军、财政、军需、陆军部[1]大臣。他对第一次世界大战和第二次世界大战的获胜起了

---

[1] The War Office，本书译为"陆军部"，该部只管辖不列颠海内外陆军，系第一次世界大战前及第一次世界大战后不久存在的一个独立机构，与海军部一起受帝国国防委员会（The Committee of Imperial Defence）领导，该词在极大多数中文文献中均译为"国防部"。

重大作用，在世界史上占有一个重要地位，在西方世界享有盛誉。2002年英国民意测验推崇丘吉尔为英国第一伟人，凌驾于伟大的剧作家莎士比亚和为英国海上霸权献身的海军上将纳尔逊之上。作为资产阶级的代表人物，出于本阶级的理念，丘吉尔仇视苏俄革命，视工农革命为"暴乱"，视苏维埃政权为"暴政"，第一次世界大战后曾积极支持白俄军势力，并努力策划协约国对苏俄的武装干涉，因协约国不齐心，未果而终；但第二次世界大战前丘吉尔出于本国利益考虑，则积极提出联苏制德的主张，在1941年希特勒德国入侵前苏联时，立即声明援苏抗德；可是，在1946年第二次世界大战结束不久，丘吉尔再次鼓吹西方联盟对抗前苏联，揭开了"冷战"时期的序幕。著者的作品，除本书外，另有《第二次世界大战回忆录》(6卷)、《英语民族史》(4卷) 等。

上文讲过，战争爆发有其历史的必然性。但战争如何进行，政治家、军事家在战争舞台上的如何活动，这可以是多种多样的，在一定范围内其结果也可能是多种多样的；在重大的战略问题上，军政要员意见分歧对战争的进程会产生重大影响，不同决策会有不同的结果。例如，对第一次世界大战命运至关重要的进攻达达尼尔海峡之战——它集中反映了丘吉尔的政治策略和战略决策的远见——丘吉尔有大量描述。此外，对战争中政治与军事的关系，丘吉尔也有独到的见解。读者，特别是军事指挥人员，或许对这些有浓厚兴趣；本书关于战斗、战役、战略的成败探讨，也颇有借鉴之处。

从丘吉尔的政治生涯和历任内阁要职来看，从丘吉尔直接参与谋划了战略的进程来看，本书作者既是重要的当事人，又拥有可靠的第一手资料且直接调用了英国海军部和国家档案。用丘吉尔的话说，本书的史实"经得起考验""不会被历史学家推翻"。因此，本书对研究第一次世界大战历史是难得而珍贵的文献资料。

本书原名"世界危机"(*The World Crisis*) 共5卷，第1—3卷，副标题是："1911—1914""1915""1916—1918"；这三卷主要讲述西线战争。第4卷单独叙述东线战争，并以"东线战争"为副标题；第5

卷副标题为"战后"。由于原书出版于20世纪20年代，当时的地图绘制设备、制版技术远落后于现今，清晰度不足；又由于图小、一些图内文字是手写的，较难辨认，译者只得参照正文，参照有关地图册将其译出。又因为有一些图小、文字多，汉字较难植入，所以将图内译文单列在原图下面或旁侧以供参考，为求体例统一，全部地图文字都按如此处理。由此若给读者带来不便，祈请原谅。

丘吉尔学识渊博，思想敏锐，目光犀利，叙事妙笔生趣，评论大人物的功过用语巧妙、得体，写作不乏幽默感，可谓是一个大手笔，1953年获诺贝尔文学奖。汉译本书时，译者、校者深感文字不易。我们尽了最大努力，力求深入理解原文，并尽量使表述清晰达意；但译、校者限于水平，译文仍会有错误或不妥之处，望读者不吝指正，以供再版时修改。

上文提到过丘吉尔仇视苏俄革命，他以西方制度形成的自由、民主理念观察俄国革命及其领袖列宁制定的政策等，作者在叙述这些历史时，自然带有阶级性和个人色彩，文中有一些辱责之词，本书出版者对此略有删节。译、校者相信读者对丘吉尔的观点自有鉴别能力。

吴衡康
2002年1月

目　录

在懒洋洋的夏日山丘，
伴人憩睡有淙淙溪流，
远处传来低沉的鼓声，
疑是飘自梦乡的鼾声。

低沉的隆隆声响彻远近，
亲爱的朋友奔向弹雨枪林，
在身旁通过的土路上，
士兵们在前进，却都走向死亡。

——《什罗普郡小伙子》第 35 页

前　言

　　战争结束后10年里，我写了4卷书，这4卷书的内容被精简，现已被浓缩于本书之中了。长久以来，我一直希望把它们汇集成为更多公众更喜爱的形式。先前的4卷书是每隔两年出版一卷，其中内容自然有重叠之处，各卷的内容范围和篇幅大小彼此也不相同。此外，这些年来出版了许多书籍，从中我们获得许多知识。在我重写整个故事时，可以更简明扼要地连贯各个事件。对于事实和故事的基础，我认为没有必要做实质性的改变，也没有必要改变我根据它们做出的结论。关键性的文字仍以原样完整无缺地重印。但我删除了大量技术性的细节和一些为我自己所做的辩解，因为在我看来现在它们没有10年以前那么重要了。我让故事的重要主题集中在我曾参加的特殊讨论之上。

　　但是，凡在可能的地方，我均根据新的知识进行更正。我必须对费希尔勋爵辞职的情况做一些与本书前一版略有不同的陈述。阿斯奎斯先生在他《回忆录》(*Memoirs*)中揭露的事实和费希尔勋爵本人指定传记作者对这位老迈的海军上将行为的记述，比我先前的看法更少仁慈的描绘。我对在法国进行的历次大战做了更为全面的叙述，这是以值得信赖的最新信息的研究为基础的。但基本上，我觉得，我不能改变我根据战争中海军、陆军和政治行为等方面得出的审慎判断。

　　这本综合版的书，力图彻底遵循笛福《骑士回忆录》(*Memoirs of a Cavalier*)的写作方法和素材的安排。它是一部由个人缅怀往事、相当明显的线索串联而成的历史著述。它并不自称是一本全面综合的记事录；但它旨在帮助人们从浩瀚的材料中整理出最紧要的问题和最基本的结论。我自始至终要求自己忠实地和尽我最大努力地说明发生的事件和发生的原因。在第一次世界大战降临至结束的10到12年中，由于我所处的地位，我能根据掌握的情况，充分了解最重要的事情的进程；在那个时期的大部分时间我担任高级职务——海军大臣和军需大臣。

我本人充分相信本书提出的事实、数字和结论。原先的各卷至少已译成7种文字出版，并且曾是千百篇文章批评和评论的对象。外界不曾出现具备某种实质性的重要论点或整体性的推论，能使我希望改变我所写的内容；在向读者提供这个完整的故事时，我深信不疑，本书在实质性问题上的相关论述不会被将来的历史学家所推翻。

温斯顿·丘吉尔
1930年于肯特郡查特韦尔

第一章　积压已久的愤怒情绪

1870—1904 年

在维多利亚女王时代的鼎盛岁月里，政治家习惯于谈论不列颠帝国的荣耀，同时为上帝保佑我们度过如此之多的危难并把我们最终带入安全和繁荣的年代而欢欣鼓舞。他们一点儿也不知道今后还要遭遇最可怕的险情，而伟大的胜利尚待争取。

他们教导孩子们，伟大的反拿破仑战争是英国人民历史上最光辉的成就，他们把滑铁卢和特拉法加战役看作英国军队在陆上与海上作战的最高伟绩，这些惊人的胜利使以往的一切黯然失色，这些胜利对我们海岛民族悠久而光辉的历史来说，似乎是合适的和必然的结果。这个民族一千年来起于弱小，逐步进入世界一流的行列。在三个不同的世纪中，不列颠民族曾三次使欧洲免于军事统治。低地国家曾三次遭受攻击，攻击者是西班牙、法兰西王朝和法兰西帝国。不列颠帝国曾三次运用战争和策略手段（常常是单枪匹马）一一打倒了侵略者。这些战争在开始时看来总是敌人的力量占压倒性优势，斗争总是持续多年并历经可怕的艰险，但最后总是我们获得胜利。最后这场胜利是最最伟大的，是付出最大牺牲和战胜最可怕的敌人之后才获得的。

事实上，那是故事的结束，往往就像是书的结尾。历史上一些国家和帝国先是兴起，之后如日中天、昌盛辉煌，随后发生转折，继之没落。自伊丽莎白女王时代以来，我们已三次成功地经历了一系列同样惊人的事件，但我们还得在更大的规模上重复第四次，这似乎难以想象。但它已经发生，我们还会活着看到它。

＊　　　＊　　　＊

世界大战与所有古代战争的不同之处在于，参战双方都拥有无比巨大的力量和令人生畏的毁灭性武器。所有现代战争均以极端残酷的方式进行。战争集所有时代恐怖之大成，不光是军队还有整个人口全被投入恐怖之中。受过良好教育的战时政府领导人理性地认识到他们的国家处在危急关头。德国开启了地狱之门，同时充当恐怖活动的先锋；但德国也受过去被她攻击过的国家所做的最后复仇的步步紧逼。每次违犯人道或国际法的暴行，招致的常常是更大规模和更长时间的报复。没有一次停战或谈判能缓和武装冲突。伤员死于阵地之上，死者腐烂于土壤之下。商船、中立国船只和医疗救护船被击沉于海上，船中所有的人只能听天由命、坐以待毙，或在泅水时溺死。想方设法通过饥饿迫使敌国百姓投降，不考虑年龄或性别。城市和历史遗址毁于炮轰，炸弹从天而降不问炸中的是谁。多种多样的毒气使士兵窒息或烧伤。液体燃烧剂喷射到士兵的身上。驾机战士在高空被击落掉入火焰，或者在大海深处溺毙。军队的战斗力只受限于他们国家男子的人数。欧洲和大部分亚洲与非洲变成一个巨大的战场，经过几年战斗，在战场上溃败和逃亡的不是军队而是民族。当一切成为过去时，这些文明而有科学知识的基督教国家尽管明文规定，不准虐待俘虏和吃人肉，可这种规定是否行之有效还大可置疑。

但任何事物都吓不倒人类英勇的内心。石器时代的子孙，经历种种艰险磨难，不断以坚忍的毅力克服内心的极度痛苦，成了自然的征服者。到中世纪，他们主要用自己的智慧摆脱当时的恐惧，以崇高的尊严向死亡进军。在20世纪人类的神经系统所能抵抗的肉体和精神上的压力面前，原始时代的较简单的人必定会崩溃。人们一次又一次熬过可怕的炮轰，一次又一次从医院走向前线，一次又一次在潜艇里忍受饥饿，他们毫不退缩地大步前进。作为一个个体，在经受如此折磨之后仍然保持着理性和同情心的光荣。

20世纪开始时，世界各地的人们并没有意识到世界发展的速度，这就需要战争的突然发作来惊醒他们并体验自己的力量。在战争开始后一年内，几乎没有人懂得，在每一个战斗员的后面实际存在的资源——不管是物质上的还是道德上的——是多么巨大，几乎是无穷无尽。积蕴的愤怒塞胸填膺；而力量的储藏同样饱满。自拿破仑战争结束，尤其自1870年以后，每个文明社会的财富和人力积累实际上都未曾受到抑制。虽然某些地方出现过阻碍这种发展的插曲，发展的浪潮虽然前进后又退缩，但巨大的进步浪潮一直在向前涌动。当出现可怖的大决战信号时，人类的勇气、忍耐力、聪明才智和科学水平、器械能力和组织才华，不但比以往任何时候都大，而且比最大胆的乐观主义者敢于梦想的也要大许多倍。

维多利亚女王时代是聚积的年代；不仅仅是物质财富的聚积，而且是每一个国家能增强国力的所有因素与要素的增加和聚积。教育惠及社会各个阶层。科学打开大自然的无限宝库。宝库之门一扇一扇被打开。阴暗而神秘的宝库一个个被照亮，一个个被开发，任何人都可自由进入——每进入一个宝库，人们都会发现这个宝库至少又通向了另外两个宝库。每天早晨，人们一睁开眼，总能发现某种新机器开始了运转。每天晚上，当人们吃完晚饭之后，机器依旧在运转。在所有人进入梦乡之后机器也不会停止。

集体思想以相似的步伐进展。迪斯雷利曾说及19世纪早期的情况："在那些年份里，英国为少许人、绝少数人所享有。"维多利亚女王统治下的每一年人们都目睹这些限制——被打破消失。每一年都有成千上万的新人进入非官方的工作职位，这些人关心自己的国家及其历史，关心本国对其他国家、对世界和对未来的责任，并懂得责任的伟大，懂得自身是这些责任的继承者。高层次的劳动者长期享受着多种多样的舒适的物质生活。物质方面的进步使大众的艰苦生活有所减轻，健康有所改善，大人和孩子的生活日渐有了起色，他们应付某些最严重不幸事故的保障大大增加，受保障的人数也大幅增多。

这样，无论何种号角吹响，每一个阶级和每一个阶层都能提供国家所需要的东西。有的献出他们的科学知识，有的献出他们的财产，有的献出他们的工作精力和进取心，有的献出个人宝贵的英勇与无畏精神，有的献出他们容忍的力量或容忍的弱点。但贡献最多的或最乐意贡献自己的所有的是普通的男女劳动者，他们拥有的只是近于贫困的不稳定的周工资，他们拥有的只是一间陋室中的几件家具以及起身时所穿的衣服。他们对国家的爱和骄傲，他们对自己所熟悉的教义的忠诚，他们对是非的敏锐感觉，使他们能无所畏惧地面对和忍受灾祸与艰难——这样的艰难困苦是世上的人们过去所不曾知道的。

这些经历并非某一个民族所独有。在每一个自由国家里，爱国主义和民族主义精神都或多或少地在稳步增长；在每一个受奴役或自由的国家里，法律都规定，人们必须加入能增进爱国主义和民族主义感情的组织或机构。民族的美德被其统治者歪曲或误导之后，变成自身毁灭和使全人类遭受巨大灾难的根源，影响远比民族的不良习气更甚。在德国、奥地利和意大利，在法国、俄国或英国，这些统治者应在多大程度上承担责任呢？难道真的有地位显赫、肩负重任的人，出于他们的恶念，蓄意谋划并决心去做这种可怕的事情吗？人们在研究世界大战的原因后得出一个流行的观念，认为根源就在于少数人决定世界命运的固有缺陷。有人说得好："在人类事务中更多的是错误而不是计划不周。"甚至最有能力的人的智力也是有限的，他们的权威也是有争议的，他们也处于舆论的氛围之中，即使他们对重大问题有短暂和局部的贡献，但问题本身远远超过他们的理解范围，其规模如此之大，细节如此浩繁，各方面的变化又如此频繁——所有这些必须充分考虑，然后人们才能宣布，战败者是否必定完全邪恶，胜利者是否完全清白。事情还是沿着一定路线发展，无人能够使它偏离。德国顽固地、不顾一切地、吃力地向着火山口喧闹处奔去，还拖着我们大家一起前奔。但法国是处在强烈的仇恨之中，而俄国的情况错综复杂。我们英国也许通过某种努力，付出某种物质利益的牺牲，做出某种既合乎友谊又带命令的强制性姿态，就能及时使法国和德国和解，组成大联盟，不过单是依靠这个联盟，欧洲的和平与荣誉就有保障了吗？我无法回答。我只知道，我们尽最大努力引导我们的国家经受住日益加剧的、危及和平的军备威胁，不把英国或其他国家带入战争，如果这些努力失败，我们则力争独自经受住暴风骤雨，不使英国遭到毁灭。

*　　　*　　　*

这里没有必要追溯德国人与法国人之间屡次争吵的古老原因，没有必要列举他们在几个世纪中发生过多少次冲突，留下过多少伤痕， 7 也没有必要评价这方或那方受到过多少伤害或进行过多少挑衅。当1871 年 1 月 18 日德意志帝国在凡尔赛宫宣布巩固了德国人的胜利时，欧洲历史的新篇章打开了。有人说"欧洲失去一位主妇，得到一位主人。"一个新的强大国家出现了，她有充沛的人口支持，有科学与知识的装备，为战争而组织起来，因胜利而获得崇高地位。法国战败，被夺走阿尔萨斯与洛林，因而陷入贫困与分裂，她处境孤单，而且在人口数量上已日益居于无可挽救的劣势；法国人只能在暗地里独自回味自己往日的荣耀。

而德意志帝国的首脑对于倒在地上的对手的可怕性格和不可和解的决心并不心存幻想。毛奇说："我们以武力在半年中得到的东西，如果不想让它再次被人从我们这里夺走，我们必须以武力保护它半个世纪。"俾斯麦更加审慎，他宁愿从未取得洛林。在军方压力下，他被迫放弃自己的明智判断，肩负起了双重重任，从一开始他就显示出对每一个政策行动的深切忧虑。受世界舆论和英国坚决态度的限制，从1875年挫败法国的恢复势头以后，俾斯麦运用全部权力和才能，建立起一个精心设计的联盟，旨在保证德国的长期优势和保持她征服的土地。他知道，除非付出德国决不同意支付的代价，否则，与法国的争执是无法调和的。他明白，一个可怕民族永久不变的仇恨将牢牢地注视着他新建的帝国。其他任何事情都必须服从这个中心事实。德国经不起再有别的对抗力量。1879年他与奥地利结盟。4年后这个同盟扩充为德、奥和意大利的三国同盟。1883年他用秘密盟约将罗马尼亚拉入这个体系。不但必须有保险，还必须有双保险。他最害怕的是法国与俄国之间建立反德同盟；但这些扩充安排没有一项遇上这样的危险。当然，德国与奥地利的同盟，如果由它自己发展，自然地会倾向于把法国和俄国拉在一起。难道他不能建立一个三位皇帝——德国、奥地利和俄国——联合的同盟吗？如果能这样，最后将有压倒一切力量和持久的安全。在6年后的1887年，俾斯麦的这个最高超的理想因俄、奥在巴尔干的利益冲突破灭了。但他继续致力于——仍是放在他面前的最佳方案——与俄国的双保险条约。有了这个安排，德国可以确保自己不会成为法、俄侵略性联合的目标。另一方面，俄国可以消除疑虑，不再会有人利用德、奥同盟破坏其在巴尔干的地位。

德国设计的所有这些小心谨慎的和自作聪明的方法，其目的在于使自己能在和平中享受胜利果实。此外，俾斯麦的体系一直内含着与英国保持良好关系的原则。这点是必要的，因为众所周知，意大利决不愿做任何与英国作战的事情，而且如今世人皆知意大利曾要求在三国联盟的最早秘密条文中特别说明这个事实。在这个联盟的早期，英国对它是完全赞同的。就让法国独自去抚平自己的创伤吧；德国支配着欧洲大陆，因而能够充分利用具有19世纪末特色的前所未有的工业发展机遇。德国的政策是进一步鼓励法国以扩展自己的殖民地作为慰藉，旨在使其心思离开欧洲，只是偶尔促使其与英国发生不花大力气的对抗和摩擦。

这种安排使欧洲人守旧地和平地生活了 20 年，但这种格局随着德国力量与光辉的不断增强以及 1890 年俾斯麦的下台而结束。铁血宰相走了，新起来的力量开始攻击他凭借其无与伦比的能力如此长久维持下来的体系。由于土耳其人治理不当，巴尔干和近东不断出现战争的危险。正在兴起的泛斯拉夫主义和俄国强烈的反德潮流开始冲击俾斯麦建立起来的双保险条约结构。最后，随着德国的繁荣，德国的野心也随之日益增长。她不满足于欧洲大陆的霸权，还欲追求世界范围内的殖民地。德国已经是最大的军事帝国，她开始逐渐把注意力转向海外。摆脱了俾斯麦的束缚，年轻的皇帝找来卡普里维伯爵和继伯爵任职之后的一些二流的自满的助手辅佐，他们开始兴高采烈地摒弃支撑德国安全的保卫手段和预防措施。德国一方面与法国保持公开、不变的争执，另一方面却丢弃了与俄国签订的双保险条约，后来开始与英国在海上对抗。这两个愚蠢的决定随着时间的推移而缓慢地发展，到了一定时候它们的后果变得明朗了。到 1892 年整个俾斯麦政策刻意防备的事情出现了，俄、法两国签订了双边同盟。尽管其后果不是立刻显现出来，但欧洲局势事实上已发生了改观。从此以后，德国小心翼翼维持的无可争议的支配地位已为势力均衡所取代。两个巨大的联合体都拥有庞大的军事资源，开始时它们尚能并存，但渐渐变得势不两立了。

9

* * *

虽然大国结盟如此明显地变得对德国不利，但在这样的改变中，没有什么人以战争威胁德国。法国的持久不变的精神是永不放弃收复失地之梦，但法兰西民族的普遍特性是喜爱和平，所有阶级对德国的强大力量和可能由战争引起的可怕后果记忆犹新。

此外，法国人对俄国看待纯法、德争执的态度从来没有把握。条约的确存在，但这个条约要变成实际行动必须以德国发动侵略为前提。什么构成侵略？在两个彻底武装的国家之间的纷争发展到何种程度才能使这方或那方成为侵略者？无论如何俄国方面有便宜行事的宽广余地。在所有这些事情中俄国是裁定人。为了与俄国没有直接利害关系的法、德之间的争吵，要让上百万俄国人去送死的关键时刻，俄国将是裁定人。沙皇的话当然是可靠的保证。试图领导俄国进入不得人心之境地的沙皇，不管怎样受尊敬，也有被推翻的可能。一个伟大民族的政策如果直接掌握在一个人的手中，在他不存在时是很容易被改变的。因此，对于万一法国因抵抗德国的压力而引发战争，俄国是否会遵从法俄条约参战，法国没有绝对把握。

这些就是继德国占据不容争议的支配地位之后出现的、艰难的平衡局面。两个集团之外还有英国，其海军稳稳地占有绝对优势，而且从未遇到挑战。显然，不列颠帝国的地位还因她支持哪个联盟将直接决定谁占上风的事实而愈显重要。可是索尔兹伯里勋爵表现得不愿意利用这个有利形势。他一贯地保持对德友好的传统态度，同时保持远离欧洲大陆纠纷的冷漠超然姿态。

＊　　　＊　　　＊

对德国来说脱离俄国容易，但摆脱英国却是一个漫长的过程。必须陆续取消众多的支柱与纽带。英国对俄国在亚洲意图的猜疑，与法国之间的历史性对抗，对布莱尼姆、明登和滑铁卢战役的记忆，与法国在埃及和殖民地方面的持续纠纷，德国和英国间密切的商业联系，皇室的关系——所有这一切构成大英帝国与三国同盟中那个主要国家间的深远联系。抑制德国新产生的殖民主义愿望不是英国政策的一部分，在不止一个事例中（如在萨摩亚群岛）我们积极支持他们。由于完全缺乏战略考虑，索尔兹伯里勋爵以黑尔戈兰交换桑给巴尔。甚至在俾斯麦下台之前，德国人看来也不像是令人愉快的外交伙伴。他们似乎一直在寻求赢得我们的支持，并提醒我们，他们是我们唯一的朋友。为突出这一点他们甚至走得更远。他们玩弄小动作设法使我们与法国和俄国发生纠纷。德国威廉街[1]年复一年地探察着圣詹姆斯宫[2]的动静，指望得到些好处或让步，这些好处可以使德国的外交善意再维持一段时间。每年他们都在我们与法国和俄国的关系上增加一点伤害，数落英国是多么不得人心，英国有多么强大的敌人，以及她找到德国这个朋友是多么幸运。如果撤销对她的支持，或者如果德国把势力转入敌对联盟，英国在欧洲俱乐部里将处于何种境地呢？这种表白持续了近20年，在英国新一代外交人员的内心中留下了明确的孤立感。

但外交人员的这种苦恼全然不会使英国坚定的政策路线有所转向。大英帝国以满不在乎的态度看待德国的殖民扩张。尽管英、德在贸易中有对抗，但英、德之间更为重要的商业联系却在不断增长。在欧洲，他们彼此是最好的客户。甚至德皇于1896年为詹姆森袭击事件致电南非德兰士瓦克鲁格尔总统（现在我们知道这件事并非个人行为而是德国政府的决定），英国也只迸发短暂的一阵子愤怒。布尔战争时期所有德国反英怒潮的爆发，以及组织欧洲反英同盟的多次企图，并未阻止张伯伦先生于1901年倡导与德联盟，也未阻止英国外交部于同年建议将英、日同盟扩充为英、德、日三国同盟。在这一时期，我们 11 与法国的严重分歧至少不小于与德国的分歧，而英国充分的海军优势并未使这两个国家严重不安。我们对三国同盟和双边同盟采取同等清楚的立场。我们不想被人拉入欧洲大陆的争吵。法国收复失地的努力引不起英国公众或任何政党的兴趣。让英国军队在欧洲与强大的大陆国家作战的想法被所有人斥责为绝对荒谬。只有在不列颠民族的生存真正遭受威胁时，才会促使大英帝国放弃对欧洲大陆事务的平静与容忍的超脱态度。而德国注定要提供这种威胁。

*　　*　　*

毛奇在他的军事证词中说："在大国之中，英国必然需要一个欧洲大陆的坚强同盟者。她找不到比统一的德国更好的、符合她所有利益而同时又从不提出海上权利要求的国家。"

从 1873 年到 1900 年德国海军公开宣布，并不存在打一场"对付强大海军国家的海上战争"的可能性。而在 1900 年德国却出台了一个性质十分不同的《舰队法》。

这个文件的序言宣称："为了在现有条件下保护德国的贸易与商业，只要办成一件事就足够了，那就是德国必须拥有一支具备如下实力的战斗舰队：甚至对于最强大的海上对手来说，与德国这样的舰队作战，该国将冒丧失自身最高地位的风险。"

欧洲大陆第一陆军大国决心要同时成为至少是第二海军大国，是世界事务中头等重要的大事。要是它完全实现，无疑将重现以前历史上已证明了的、对不列颠岛国人民有极可怕意味的那种形势。

迄今为止，所有英国海军部署都是根据两个大国总和的标准进行的，也就是要足以超过两个比她稍次的强国加在一起的力量，在那些日子里这两个强国指的是法国与俄国。出现比这两国中任何一个国家更强的第三支欧洲舰队将彻底影响英国的生存。如果德国建立公开表示针对我们舰队的海军，我们就不能维持在欧洲体系以外的"光荣孤立"。在这种环境中我们必须寻找一个值得信任的朋友。我们找到了处在地球另一边的同样处境危险的另一个岛屿帝国。1901 年英国与日本签订同盟条约，但我们仍然较难承担出现与法、俄两国同时发生纠纷的危险性。1902 年，贝尔福和兰斯多恩勋爵领导下的英国政府明确地着手解决我们与法国的分歧。但在采取这些步骤之前我们还是向德国伸出我们的友谊之手。我们邀请她加入我们与日本的联盟，邀请她共同努力解决摩洛哥问题。但两次邀请均被拒绝。

1904 年俄、日战争爆发，德国主要同情俄国；英国准备履行与日本签订的条约，同时加强与法国的良好关系。在这种状态中各大国等待远东战争的结果。结果使除英国之外的所有国家感到震惊。日本在陆上和海上打败俄国，俄国内部的动乱使欧洲局势发生彻底变化。虽然德国势力与日本相对立，但同时也感觉到俄国崩溃使自己的力量大大加强了。德国在欧洲大陆的支配地位恢复了。她在每一方面的自信心明显而日益迅速地表现出来。另一方面，法国再次衰弱，日益被孤立并陷入真正危险的境地，越来越急于与英国达成协议。英国的政治家对欧洲内幕独具慧眼，他们正确地估量了日本的战争力量，显著地获得了力量与安全。她的新盟国日本因胜利而得意洋洋；她古老的敌人法国寻求她的友谊；德国舰队尚在组建之中，与此同时，所有在中国海的英国战舰能够安全地调回来了。

*　　　*　　　*

英、法之间主要分歧的解决在继续进行，最后在 1904 年签订《英法协定》。协定有各种不同的条款，但其基本精神是，法国人不再反对英国在埃及的利益，英国对于法国关于摩洛哥的看法给予总的支持。这个协定得到英国保守势力的喝彩，在拥护者中间，视德国为威胁的思想业已生根。它也得到自由党政治家有点儿目光短浅的欢呼，把它看作与我们的宿敌消除误解与分歧和保证普遍和平的措施，因此它几乎得到普遍的欢迎。只有一个思想深邃的观察家发出反对它的声音，那就是罗斯伯里勋爵，"我悲哀地深信，这个协定更可能导致纠纷而不是和平"。这个不受欢迎的评语遭到英国两党从大相径庭的立场出发的愤怒的藐视，普遍的指责落在这位评论者的身上。

英国及其主张的一切已使自己背离了"光荣孤立"的政策，她站在反对德国一边重新出现于欧洲。自 1870 年来德国第一次不得不考虑在自己的体系以外的一个强国，这个国家决计不会屈服于威胁，必要时她有能力单独与德国作战。1905 年德国做出要求把德尔卡塞 [3] 逐出法国政府的姿态，1908 年装扮"身穿闪光盔甲"的幽灵准备扫平俄国，但德国无法从拥有强大舰队的海上霸主的独立岛国那里获得同样的顺从。

直到此刻，德、奥、意三国同盟从整体上说比法国和俄国强大。尽管对这两个大国发动战争对这三国来说是一项可怕的压力，但其最后结果似乎无可怀疑。可如果英国的分量投入敌对的秤盘上，而意大利从另一个秤盘上撤出，那么自 1870 年来德国将第一次不能肯定自己是处于较强的一边。她会忍受这种形势吗？新德意志帝国日益增长的野心与抱负跃跃欲试。她会同意这样的处境吗？在这个处境下各国将广泛传布这样的印象（无疑很有礼貌，也许十分缓慢，但完全肯定）：德国的意志不再是欧洲的最后法律。如果德国及其皇帝会接受法国、俄国和英国早已习惯的同一类约束，愿意以同等权力生活在较自由和较轻松的世界上，那当然万事大吉。但德国愿意吗？她能容忍各国在她的体系之外根据独立的标准在一起开会，并只根据她们的是非曲直态度提出要求，能容忍她们毫无畏惧地抵抗侵略吗？此后 10 年的历史将对此提供答案。

较之最强的大国之间发生的这些缓慢部署和渐次武装的对抗，较弱帝国的衰落所起的作用对和平几乎有同等危险。土耳其的各种力量很活跃，这些力量对旧政权及其种种弊病构成了威胁，而后者正是德国选定的依靠力量。巴尔干的基督教国家一年比一年强大，她们等待机会解放她们尚在土耳其暴政下挣扎的同胞。各国民族情感的增长使艰难地拼凑在一起的、已摇摇欲坠的奥匈帝国感到了严重的紧张和压力。巴尔干国家还把这个趋势看作拯救同胞、恢复领土和达成统一的机会。意大利用热切的目光注视土耳其的腐朽和奥地利的动荡。就所有这些南部和东部地区来看，肯定将发生一系列深深刺激俄国和德国的大事。

德国为自己制造了许多不利的条件，因而导致后来的战争，然而 从德国统治者方面来说，这些极端不聪明的行动却是有必要的。那就是：必须使法国继续保持疑惧的心态；在俄罗斯民族——不单是俄国宫廷——衰弱的时候，必须让她承受强烈的公开侮辱的刺激；那种缓慢、深刻、有克制的与大英帝国的对抗，必须通过对其赖以生存的海上权力进行不断和重复的挑战使其升级。只有在当时才能形成那些条件，在那些条件下德国的任何一个侵略行动，都会招致各国结成足以抗拒她、最后战胜她的联合力量。在愤怒的情绪积压到达顶点之前还有一段长路要走。我们还要焦急地沿着这条道路走上 10 年。

*　　*　　*

有一个时期写这样内容的文章成为时尚，那就是议论英国政府在这 10 年里或者是完全不知道日益接近的危险，或者是政府心里有一大堆秘密事务和想要将预感到的凶兆完全隐藏起来不让无思考能力的国民知道。但事实上，这两种说法分开来看没有一种是真实的，把它们合起来看则有一定道理。

英国政府和产生政府的议会不相信大战已经逼近，因此下决心阻止它。但与此同时不祥的假设持续出现在他们的思想中，后来发生的令人不安的事件与趋势一再引起大臣们对这个假设产生警惕。

在这整个 10 年中，这种二重性与不协调是英国政治的基调；那些负责保卫国家安全的人，同时生活在两种不同的思想世界里。一个是实际可见的世界，有和平行动与世界主义的目标；另一个是假设的世界，一个"临界"的世界，这个世界时而似乎荒诞不经，时而似乎即将成为现实——这是一个充满了可怕阴影的世界，它正在各种动荡中走向无底的灾难深渊。

注释：

[1] 在柏林，政府机构所在地。——译者

[2] 英国官廷所在地。——译者

[3] 德尔卡塞（1825—1923），法国政治家和外交部长（1898—1905，1914—1915），促进了英、法之间的谅解，奠定了第一次世界大战中协约国联盟的基础。——译者

第二章　大规模战争的里程碑

1905—1910 年

要是读者想了解这个故事以及据此展开的观点，他应在前因后果的每个主要部分追随作者的思路。他不仅必须知道战争爆发时的陆、海军形势，而且应熟悉导致这种形势的事件。他必须认识海军将领和陆军将领；他必须熟知舰队和陆军的编制以及它们在海上和陆上战略的概况；他必须不厌其烦地倾听舰船与大炮的设计；他必须扩展目光看一看现代国家集团的形成和缓慢发展的对抗；他必须把这些现象聚焦到党派间较不重要但不能避免的斗争上以及政治力量和大人物的相互影响上。

上一章的主要角色是各大国或帝国，主题是各国在世界范围内的平衡和联合。现在，暂时把舞台缩小到以我们的岛国为限，舞台上的角色是英国当时的政界人物和派系。

1895 年我作为一名青年军官有幸受威廉·哈考特爵士邀请共进午餐。在谈话过程中，我可能话说得多了些，我提出这样的问题："将会发生什么事情？"老资格的维多利亚时代政治家回答说："我亲爱的温斯顿，我漫长一生的经验使我深信，什么也不会发生。"从那时起，在我看来，发生的事情连续不断。海外大规模对抗的增长伴随着国内党派斗争的不断加剧。事件的规模使维多利亚时代的事件相形见绌。当时大国间的小战争，关于表面问题的认真争论，当时要人的高尚而敏锐的智力和他们行为的适度、节制和严格的规范，都属于已逝的年代——当时的人们像沿着有涡流和涟漪的平滑的河流行舟，如今我们像被投入大瀑布之下，挣扎在急流险滩之中，如今回顾，那个时代似乎难以想象的遥远。

我把我们国家的暴力冲突时期的开始定于 1896 年的詹姆森袭击事件。如果不能确定这是南非战争的前奏的话，至少也是南非战争的预兆。从南非战争产生卡叽（Khaki）大选[1]、贸易保护主义运动、中国劳工的呼声和随后产生的愤怒反应，以及 1906 年的自由党胜利。从此突然出现上议院对平民政府的猛烈攻击，到 1908 年底，这个自由党人占绝大多数的政府实际已陷于无能为力的境地。1909 年的劳合·乔治预算使那种情况有所改观。反过来这个措施又成为更大地激怒双方的原因，上议院否决这个预算是一桩几乎无可比拟的违反宪法的政治大错。此事直接导致 1910 年的两次大选、议会法的通过和爱尔兰的独立斗争，这场斗争把我们国家带到内战的边缘。就这样我们经历了近 20 年连续不断的党派斗争，每次都重复地伤害国家利益，每次震荡得都比上次更加猛烈，每次都冒更严重的危险，直到最后看来必须以军刀来冷却沸腾的热血和普遍存在的激情。

*　　　*　　　*

1902 年 7 月索尔兹伯里勋爵退出政界。他从 1885 年起就担任首相兼外相，这一点现在看来只是一个简短插曲，在这整整 17 年中，自由党从来不曾对国家大事行使过任何实际控制。他们获得短期执政机会只是由于 40 张爱尔兰民族主义者的选票多数。在其中的 13 年时间里，保守党享有 100 到 150 张相同性质的选票多数，此外还有整个上议院。这样的长期执政最终结束了。改革的愿望、改革就在眼前的感觉普遍存在。这是一个时代的终止。

继索尔兹伯里勋爵之后是贝尔福先生。新首相从来没有一个公平的机会。他继承的只是业已耗尽的遗产。真的，他最聪明的选择本应是体面的辞职，尽可能做到平静，最重要是越快越好。他本来可以极得体地宣布：1900年议会是在战争条件下选出的，着重解决战争问题；现在战争胜利地结束了；选民的授权终止，因此他在继续担任他的职务前必须再次由选民的意志决定。无疑这样做自由党人将会上台，但不会占有巨大的多数，而他们会面对强大、团结的保守党反对派，保守党在4或5年之后——大约在1907年——会重新有效地控制国家。可是欢呼贝尔福先生登上首相宝座的纯粹保守党议员全然想不到他们

17 会被选民抛弃，当时议会还只成立了2年，任期还有4或5年。因此贝尔福先生着手处理政府事务，以宁静的漠然态度对待大量态度疏远的舆论和一直在他周围工作的敌对势力的增强。

　　任副职的张伯伦先生几乎无所不能，可他并不抱幻想。他以锐利的政治敏感察觉到反对执政联盟的浪潮在持续增长。他不采取中庸和谨慎的方针应付事态，受他本性激情的驱动，他采取不顾一切的对付办法。人们责备政府反动。温和的保守党人和年轻的保守党人全都敦促政府趋向开明与和解。反对党有望加快取得政权的步伐，他们以愤怒的抗议开始发难。张伯伦向他们表示，包括向持怀疑或忧虑态度的朋友表示，他有可能用暴力平息愤怒，并从反动的实质中获得争取普遍胜利的方法。他举起了贸易保护主义的旗帜。

　　时间、逆境和新近通过的《教育法》使自由党人团结起来；贸易保护或如人们所称的关税改革使保守党分裂。最后6个大臣辞职，50个保守党人明确地撤回对政府的支持。在这些人中间有一批可以给政党带来新生力量和强大活力的年轻人，他们是一个政党在野时期特别需要的力量。自由工联主义者的活动得到索尔兹伯里勋爵本人辞职的间接支持，也得到统一党主要人物如迈克尔·希克斯-比奇爵士和德文郡公爵的积极支援。自从开除皮尔派保守党员以后，保守党从未承受如此可怕的损失。

　　但是，既然贝尔福先生没有感觉到应该在开始执政前先提出一次辞呈，如今他更不乐意让权力从他的掌握中被人夺走。此外，他把党

的分裂看作最糟的国内灾难，认为分裂党是不可饶恕的罪恶。因此他以惊人的忍耐和冷静竭力保护团结的外貌，以求平息风波并希望尽可能长久地保持风平浪静。他极为细心和巧妙地设计出一系列方案，旨在使有深刻分歧的人们能说服他们自己他们的意见还是一致的。当大臣们辞职时，他小心谨慎地对贸易自由主义者与贸易保护主义者各打五十大板，尽可能做到不偏不倚。像亨利八世一样，他于同一天斥退天主教徒和新教徒，因为他们各自都背离了他的中心，背离了他的矫揉造作的妥协方案。

在这种不愉快的形势下，贝尔福先生维持现状长达两年之久。要求大选的呼声不起作用，对他抓住职位不放的讥刺不起作用，朋友们的劝告不起作用，反对派企图迫使他进行决定性辩论也不起作用。这位首相以不变应万变、不知疲劳、沉着冷静，他继续做他的首相。他清醒正直的内心不理会细琐小事，对呼吁漠然处之。如上文谈到，他在俄、日战争的关键时期，采取极端坚定支持日本的政策。另一方面他拒绝所有诱惑，抓住俄国舰队在多格滩击沉我们的拖网渔船的机会与俄国作战。他组建帝国国防委员会做战争准备。他完成 1904 年与法国的协定，关于这个协定的重大意义在上一章已有解释。但到 1905 年，英国政界不再关心这些事情。政府支持度在不断下降。保守党继续在衰退。反政府的风暴不断增强，反垂危政权的联合力量也不断增强。

1905 年 11 月下旬，贝尔福先生正式向国王提交辞去首相职务的辞呈。亨利·坎贝尔-班纳曼爵士的政府组成，并于翌年 1 月举行公民投票。这届政府代表了因布尔战争而从自由党分裂出来的两翼。自由党中以杰出才干知名的帝国主义分子占据了几个最重要的职位。阿斯奎斯先生担任财政大臣；爱德华·格雷爵士担任外交大臣；霍尔丹担任陆军大臣。另一方面，首相本人代表自由党主张的主流，他任命罗伯特·里德为大法官，任命约翰·莫利先生为印度事务大臣。这两位政治家虽不反对在南非的实际战争措施，却也曾不停地谴责这场战争；入阁的劳合·乔治先生和约翰·伯恩斯先生是在政见上走得更远的民主政治家。政府的信誉因值得尊敬的人物的参与而提高，他们是里彭勋爵、亨利·福勒爵士以及新近从印度总督任上回来的埃尔金勋爵。

　　1906 年 1 月选举的结果是保守党全面滑坡。继《改革法案》之后举行大选以来，不列颠议会史上从未有过如此的变故。例如在曼彻斯特，它是各党的主要战场之一，贝尔福先生和 8 位保守党同事落选，取代他们的是 9 位自由党或工党人士。保守党人经过近 20 年的当权，退缩到下院的只有 150 余个席位。自由党人获得多数席位，比其他各党加在一起还多 100 多席。两大党都对对方深怀不满，对卡叽大选的错误和大选中的权力滥用感到愤懑，对中国劳工的不公正呼声提出反诉。

*　　*　　*

　　当亨利·坎贝尔 - 班纳曼爵士应爱德华·格雷爵士之召参与一件性质完全不同的工作时，他依旧得到全国各地自由党人、热爱和平者、反侵略主义者和反战人士的热烈拥戴。此时阿尔赫西拉斯会议正处于紧张时刻。英、法关于埃及与摩洛哥的协议首次公布之后，德国政府默默接受了这个局势，既不抗议也不抱怨。德国首相比洛王子甚至在 1904 年宣布，德国对该协议中任何一条都没有异议。他说："在我们看来，这个协议是试图使用友好谅解的方法消灭存在于英、法之间的一些不同观点。我们从德国利益的立场出发，不反对这项协定。"但最使德国政府深感不安的是泛日耳曼和殖民地政党的开始插足。在这个压力下，德国政府的态度发生改变，一年后德国公开指责这个协议，并寻找机会宣称她对摩洛哥的权利。不久便出现了这种机会。

　　1905 年早期，一个法国外交使团来到非斯。使团人员的言语和行动似乎表现出有意把摩洛哥当作法国的保护国对待，因而不理会《马德里条约》规定的国际义务。摩洛哥苏丹向德国呼吁，查问法国是否得到授权以欧洲的名义说话。此刻德国得以作为国际协定的捍卫者站出来说话，指责法国破坏协定。在这种指责的后面有明显的意图，也就是告诉法国，她承担不了与英国订立协定冒犯德国的后果。德国采取的行动具有最严厉的性质。有人劝德皇去往丹吉尔，在那里他一反以前的明智判断，于 1905 年 3 月 31 日发表由他的内阁成员选择的毫不妥协的讲话，公开向法国挑战。德国外交部广泛地传布这份演讲。4月 11 日和 12 日把两份具有威胁性的急件火急火燎地送往巴黎和伦敦，要求《马德里条约》所有主要签字国开会。德国使用所有手段要使法国懂得，倘若她拒绝开会，后果将是一场战争；为了有双重把握，他们为这个昭然的目的派了一名特使从柏林去巴黎。[2]

法国对战争毫无准备，陆军的状况很差；俄国更没有能力作战，加上法国又缺乏充分理由。可法国外交部长德尔卡塞先生不愿意让步。德国的态度越来越咄咄逼人，6 月 6 日法国鲁维埃先生的内阁几乎在炮口的瞄准下一致同意接受召开会议的原则，德尔卡塞先生立即辞职。

迄今为止德国都非常成功。运用战争的直接威胁，德国迫使法国屈从于她的意志，法国牺牲了与英国谈判协定的那位部长。鲁维埃内阁真诚地寻求友好的解决办法，一方面使法国免遭在此种环境下被迫参加会议的侮辱，另一方面要确保不对德国做出实质性的让步。但德国政府决心尽可能利用他们的胜利，在开会之前和会议期间使法国处于尴尬。会议最终于 1906 年 1 月在阿尔赫西拉斯召开。

现在英国登上舞台，显然国内混乱没有使她失去常态和平静。她一点也不鼓励法国拒绝与会。但是，如果德国加速对法开战的直接原因是法国与英国新近公开订立的协定，世人认为英国不可能持漠不关心的态度。因此亨利·坎贝尔-班纳曼爵士指示爱德华·格雷爵士在阿尔赫西拉斯大力支持法国。作为和平、紧缩开支和改革时期的第一个行动，他还授权启动英国与法国总参谋部的军事会谈，旨在战争发生时协同一致地作战。这是一个有重大意义和深远反响的步骤。此后两国参谋部的关系日益亲密和信任。我们两国军人的

21　思想明确地进入一个特殊的轨道。在军事关系中一方面不断增强相互信任，另一方面加强了相互预警。不管两国政府多么明显地申明在这些技术性讨论中两国没有任何政治上的约定，事实上两国已建立起极强有力的纽带。

　　英国在阿尔赫西拉斯的态度使德国处于不利地位。俄国、西班牙和其他签字国站在英、法一边。奥地利向德国透露了她不想逾越的底线。因此德国发现她陷于孤立，她以战争威胁获得的优势在会议桌上烟消云散。最后奥地利提出的妥协方案使德国得以不公开丧失尊严地撤退。可是，这些事端种下后果严重的种子。欧洲分裂成两个体系的事实越来越明显。德国感觉到有把奥地利紧密地与她连在一起的必要。她公开恐吓法国的企图，给法国公众舆论留下深深的印象。法国军队进行了迅速而彻底的改革，与英国的谅解更加强而坚定了。阿尔赫西拉斯会议成为走向大规模战争的里程碑。

＊　　　＊　　　＊

　　1908 年初亨利·坎贝尔 - 班纳曼爵士的患病和逝世为阿斯奎斯先生的执政铺平了道路。这位财政大臣原是前首相的第一助手，随着首相体力的衰退，他日益挑起重担。他担负起实施《许可证法案》的责任，该法案是 1908 年议会会议通过的主要议案，由于这项任务，他博得了党内一个极端且教条主义派系的忠诚，而先前他的帝国扩张政见曾使他们与他疏远。阿斯奎斯决心使自己与劳合·乔治的民主政治才能及蒸蒸日上的声誉联在一起。因此职位顺利地从一个人手中传到另一个人手中，阿斯奎斯先生成为首相，劳合·乔治成为财政大臣和政府的二把手。新内阁像旧内阁一样，是不明言的联合政府。在跟随亨利·坎贝尔 - 班纳曼爵士而形成的内阁、党内多数的激进和平主义分子和自由党帝国扩张分子之间，保持着一条十分明显的分界线。作为首相的阿斯奎斯先生现在采取不偏不倚的立场，但他的内心和同情一

直向着爱德华·格雷、陆军部和海军部一边，每当他务必公开观点的
重要时刻，他便明确地和这些人站在一起。可是，首相不能像亨利·坎
贝尔 - 班纳曼爵士所做的那样，给予爱德华·格雷爵士可能希望他给
予的那么多的有效支持。老首相的话是党内极端分子的法律，他们几
乎愿意接受他所说的一切。他们深信，他在外交和国防事务上所做的
不会超过绝对必要的限度，而他做必要事务时的方式决不想满足好战
分子的情绪。可阿斯奎斯先生关于布尔战争的意见很不"稳当"，他是
外交大臣的终生好友，而后者甚至在顺利进入爱国大道时也徘徊不前。
因此他在某种意义上受到怀疑，他在对外事务上采取的每个措施，都
受到资深政界人士的警惕的审视。如果与法国的军事商谈不是亨利·坎
贝尔 - 班纳曼爵士的授权，如果不是爵士的政治道德无懈可击，我怀
疑阿斯奎斯先生是否能够开始或继续进行这样的商谈。

　　由于我于 1904 年在下院自由贸易问题上曾转而投支持反对党的
票，因而工作中与劳合·乔治先生有密切的政治联系。他是欢迎我的
第一个人。我们在贝尔福先生下台前作为反对党时期坐在一起并一起
行动，在亨利·坎贝尔 - 班纳曼爵士政府期间工作得十分和谐，那时
我担任殖民地事务部次长。当我进入新内阁担任贸易委员会主席时，
这种合作继续着。一般说来，虽然角度不同，但我们都站在那些主张
在对外政策和军备上持遏制态度者一边。读者必须了解，这些态度与
看法的分歧，尽管在历届强大的英国政府中都以不同形式表现出来，
但决不会妨碍政府中主要人物的和谐与愉快的关系，而我们的事务在
谦恭有礼、友好和善意气氛的许多礼节中继续进行。

　　　　　　　　　　*　　　*　　　*

　　没过多久，新的欧洲危机就爆发了。1908 年 10 月 5 日，奥地利
未经警告或谈判就宣布并吞波斯尼亚和黑塞哥维那。土耳其帝国的这
两个省份根据 1878 年《柏林条约》一直由奥地利治理，合并的宣布仅

仅是形式上宣告业已存在的事实。那年夏天出现的青年土耳其革命运动对奥地利来说，似乎是重申土耳其对波斯尼亚和黑塞哥维那的主权，而这点正是奥地利担心的，因而先发制人进行阻止。合理而有耐心的外交手段有可能保证奥地利所需要的缓和局势。事实上，与最有关系的大国——俄国的谈判取得了有利的进展。但突然和意外地，奥地利外交大臣埃伦塔尔伯爵在决定对俄国做适当让步之前宣布了合并，从而中断了谈判。这种实质上的公然破坏行为冒犯了俄国，也轻视了俄国谈判者伊斯沃尔斯基个人。

这次合并引起各方愤怒和抗议的风暴。根据1871年伦敦会议的声明："国际法的基本原则就是任何大国不可不受条约规定的约束，不得擅自修改条约的条款，除非得到签约各方同意，"英国拒绝承认奥地利吞并波斯尼亚和黑塞哥维那以及与它同时发生的保加利亚独立宣言。土耳其大声抗议这个不合国际法的行为，土耳其政府组织对奥地利商品的有效抵制。塞尔维亚人动员起了他们的军队。但受影响最严重的是俄国。整个俄国激起的对奥深刻仇恨成为第一次世界大战的次重要原因。在这次国家间的争吵中，埃伦塔尔与伊斯沃尔斯基之间的个人不和也起了一定作用。

英国和俄国此时要求召开会议，对已发生的事件表示无法赞同。奥地利在德国支持下拒绝这个要求。塞尔维亚方面出现某种暴力行动的危险变得很明显。爱德华·格雷爵士明确表示，英国在巴尔干争吵中不想被拖入一场战争，接着他努力遏止塞尔维亚，安抚土耳其和给予俄国全面外交支持。争吵持续到1909年4月，争吵以如下值得注意的方式停了下来。奥地利人决定，除非塞尔维亚承认其对波斯尼亚和黑塞哥维那的吞并，否则他们就要下最后通牒对她宣战。在这个紧要关头，德国首相冯·比洛亲王出面干预。他坚持要俄国劝告塞尔维亚让步；大国应正式承认该次吞并，无须召开会议，也不必对塞尔维亚做任何补偿。俄国打算同意这个做法，事先不通知英国或法国政府。如果俄国不同意，奥地利将在德国全面和全力支持下对塞宣战。因此俄国面临与奥、德两国的战争，就像法国三年前一般，俄国在威胁下屈服了。只有英国还在捍卫着条约和国际法的神圣性。条顿民族取得了全面胜利。但它是以充满危险的代价得来的胜利。法国在经受 1905 年粗暴对待后，开始彻底地重整军备。此时俄国于 1910 年大大加强她已经很庞大的军队；法、俄两国遭受了同样痛苦的经历，密切了三军的合作，巩固了她们的联盟，并开始使用俄国的劳动力和法国的资金建造俄国西部边境急需的战略铁路系统。

*　　*　　*

接下来轮到英国感受德国力量的压力了。

1909 年春季，英国海军大臣麦克纳先生突然要求建造至少 6 艘"无畏"级战舰。他提出这个要求的理由是德国舰队的迅速发展以及她根据 1908 年《海军法》进行的快速扩充，这个情况引起海军部的极大焦虑。我对欧洲形势的危险仍是个怀疑论者，海军部的理由不能令我信服。在与财政大臣接触之后我立即开始审察这个计划，审核支持这个计划的理由。我们两人共同做出的结论是，建造 4 艘军舰的计划足以满足我们的需要。在这个过程中，出于需要细致地分析英、德海军现在和今后的特性与组成，我不同意海军部提出的论点，说危险的局势将在 1912 年来到。我认为海军部有关这个主题上的数字有点夸张。我不相信德国正在秘密建造比她们公布的"舰队法"所要求的更多的"无畏"级战舰。我认为，我们在主要的"无畏"级战舰方面，加上新计划建造的 4 艘"无畏"级战舰，在海军力量的差距上，能保证 1912 年（当时叫做危险年）之前我们掌握充分的优势。无论如何，由于海军部只要求在财政年度最后一个月（即 1910 年 3 月）开始建造第 5 艘和第 6 艘"无畏"级战舰，这些不影响我的计算，因而财政大臣与我一起建议 1909 年应批准造 4 艘，其余 2 艘应与 1910 年计划一起考虑。

根据后来实际发生的事件回顾这次争论的大批文件，毫无疑问（就有关的事实与数字而言）我们完全正确。海军部的悲观预料无论哪方面在1912年都未成为现实。我们发现英国在那一年的优势是足够的。不存在秘密的德国"无畏"级战舰，也不存在德国海军上将冯·提尔皮茨发表大量建造舰只的声明。

25

内阁中的争吵引起政府外的强烈不安。争论过程导致气氛的骤然紧张。争论中的实际论点从未成为问题。让整个国家真正感到惊恐的原因是人们第一次广泛认识到德国的威胁。最后达成了奇特的解决办法。海军部要求造6艘军舰，经济学家提出减为4艘，我们最终妥协为8艘。但8艘中的5艘在1912年"危险年"和平地过去之前尚未准备就绪。

尽管财政大臣和我在狭义上讲是对的，可我们在命运攸关的大潮中全然错了。最大的荣誉应该给予海军大臣麦克纳先生，因为他在捍卫自己的观点，并在争议中坚持了忍受他的党对他批评时的坚毅与勇敢的态度。在争议进行时，我几乎没有想到，在下一次有关海军的内阁危机发生时，我们扮演的角色会颠倒过来；他也意想不到，他顽强争取的舰只，当它们最终来到时，竟会受我张开双臂的热忱欢迎。

关于某一个特定年份所需舰只的确切数字，不管人们所持的想法有多大分歧，不列颠民族总体上已意识到这个无可怀疑的事实，即德国计划以海军加强她无比强大的陆军，到1920年德国的海军将远远比英国目前拥有的舰队强大得多。德国1900年的《海军法》经过1906年修正补充；而在1906年的增补的基础上，1908年又有了新的增补。1904年在雷瓦尔的一篇耀武扬威的演讲中，德皇已经自称为"大西洋海军司令"。英国所有头脑清醒的人开始陷入深度忧虑。德国为什么要拥有这么庞大的海军？德国用海军与谁对抗、与谁较量，除了我们外她使用海军对付谁呢？一种日益沉重的感觉不再限于政治和外交圈子，人们已意识到普鲁士人居心不良，他们妒忌不列颠帝国的辉煌，一旦找到于我们不利的良机，他们会尽可能利用它。此外人们开始了解，以放弃针锋相对之外的手段说服德国离开她的既定路线是毫无用处的。我方建设舰只的态度优柔寡断，在德国人看来是缺乏民族精神的表现，这再次证明骁勇的种族应该替代衰弱的、过分文雅的、追求和平的种族，后者已不能在世界事务中继续保持强大地位。任何人目睹英、德两国在英国自由党执政的头三年建设舰只的一系列数字，都会感到英国置身于危险（如果不是致命）的阴谋中。

1905 年英国建造 4 艘，德国 2 艘。

1906 年英国削减其计划建造 3 艘，德国增加其计划建造 3 艘。

1907 年英国进一步削减其计划建造 2 艘，德国进一步增加计划建造 4 艘。

这些数字极为重要。

无疑可以下这样的结论，如果英国海军的发展持续落后，英、德间原有的差距将很快消失，这样的认识逐渐占据了几乎每一个人的头脑。

*　　　*　　　*

现在我们看到了德国的政策和军事力量 5 年时间里的增强如何最彻底地唤醒了世界上最强大国家中的三国。其中两国（法国和俄国）在公然的战争威胁下已屈服于德国的意志。这两国都被一个邻国公开宣布她将不惜使用一切武力的意图所镇服。两国都感到，只有屈服才能逃脱血腥的折磨和可能发生的灾难。对未来遭受公开侮辱的恐惧加重了昔日的屈辱感。第三个大国——没有进行战备，但岛国难以进入，而她在世界事务上不能被忽视——英国也感到有一双手正在挖其赖以生存的真正基础。很快而且肯定，德国海军将编队整齐地出现在我们门口，它必然置我们于危险境地，只有顽强的努力以及几乎像对待实际战争那么紧张的警惕才能避开这个危险。在法国与俄国增加武装力量的同时，英国也在同样的压力下增加她的舰队。此后这三个不得安宁的国家将更密切一致地行动，以免一个接一个地被她们的对手征服；此后她们的军事部署将逐步趋于一致；此后她们将有意识地面对共同的危险。

啊！愚蠢而勤奋的德国人，工作如此努力，思想如此深邃，在自己祖国的阅兵场上大步前进和后退，钻研着超繁琐的计算，对新发现的繁荣充满激情，不满足于平凡的成功，有多少支柱支撑着你们的和平与光荣，你们别亲手不断地把它们砸烂！

当时冯·比洛亲王的继承人冯·贝特曼-霍尔韦格写道："在1909年，局势的发展基于这样的事实，即英国坚定地站在法、俄一边。这是实施她的传统政策，那就是反对当时最强的欧洲大陆国家；德国紧紧把握她的海军计划，指出她东方政策的明确方向，而且必须防范法国的敌意，这种敌意在她近几年的政策中决不会减轻。如果说德国把英国宣布的与法、俄双边同盟的友谊，看成是法、俄政策所有侵略性倾向的可怕加剧，那站在这个同盟一边的英国越来越把德国舰队的加强和我们东方政策中对她古老权利的破坏看作威胁。双方已经有过争论，气氛极不友好和充满不信任。"用他自己的话说，这些就是这位新德国首相的继承物。

如今，他将给这个世界增添更多的忧虑了。

注释：

[1]　指1900年南非布尔战争后，英执政党为摆脱国内不利局势而举行的议会突击大选。——译者

[2]　特使为亨克尔·冯·东内斯马克亲王。

第三章　阿加迪尔危机

1911 年春天，一支法国远征军占领非斯。德国在摩洛哥问题上日益加剧的不满，加上法国的这个行动，促使德国政府在 7 月初突然采取手段。当时在欧洲金融界十分活跃的一家德国公司曼内斯曼兄弟公司宣称，他们在摩洛哥海岸的大西洋沿海地段一个港口及其腹地拥有巨大的利益。这个港口名叫阿加迪尔。德国外交大臣冯·基德伦-韦希特向法国人提出这个意见。法国政府完全理解，他们在摩洛哥获得了利益，使德国有理由在刚果河流域找寻一定的殖民利益作为补偿。另一方面，德国新闻界不满意德国拿在气候温和的摩洛哥的利益去交换他们已经多得过剩的不利健康的热带地区。牵涉的问题很复杂但在本质上又极其不重要。法国人做好了长期谈判的准备。就这个港口和阿加迪尔的内陆地区而言，看来没有什么困难。他们完全否认那里存在任何德国利益。他们说那里只有一块人所未及的沙湾；那里的岸边没有德国产业，没有贸易机构，没有一座房屋；在腹地也没有德国的利益。这些事实只要两国可信任的代表走一趟便能轻易查明。双方都表示很愿意安排一次查明事实的勘查。他们还表示急于进行有关刚果边界的讨论。

7 月 1 日清晨，德国突然和出人意料地宣布，德意志皇帝陛下指派其炮舰"美洲狮"号驶往阿加迪尔维持和保护德国利益。宣言发布时这条小小的兵船已经上路。全欧洲所有警钟立刻开始颤动。法国感到她面临无法解释的行动，行动背后的目的更无从推测。英国查阅了地图后开始琢磨非洲大西洋海岸出现一个德国海军基地会对

28

其海运安全意味着什么。英国"注意到"（水手们互相写信时经常说
的术语）这个事实必须与以下情况联系起来看：德国在马德拉和加
那利群岛的活动，以及从南美和南非的给养运送路线与贸易路线都
在这些水域汇合和经过。欧洲感到不安，法国感到真正的惊恐。当
梅特涅伯爵将德国人的行动通知爱德华·格雷爵士时，后者告知他，
局势是如此严重以至于必须由内阁加以讨论。7月5日英国内阁开会
后，爵士告知伯爵，英国政府不能对摩洛哥问题漠然置之，在弄清
德国意图之前，他们必须持保留态度。从那天起到7月21日，德国
政府一言不发。毫无疑问，英国清醒正确的姿态使德国外交部大为
吃惊。随后在两国政府间出现当时被称为"沉默期间"的一段时间。
与此同时，德国和法国报纸展开了激烈的笔战，而英国报纸呈现出
十分沉闷的气氛。

　　要从驻欧洲各国大使馆每天发来的一份份电报中，猜度德国行
动背后隐藏的真实目的是困难的。我专心地听取内阁对这个问题的
一再讨论。德国是在找寻对法国开战的口实呢？还是仅仅试图通过
制造压力和不安定以改善其殖民地位呢？若是后一种情况，在一段
紧张时间之后纠纷自会得到解决，过去有过很多这种情形。大国在
两边列队集合，受精心设计的外交缓冲礼节的引导和保护，相互展
示各自的行列。在最前面是两个主要争执国（德国和法国），其他国
家按照其资源与资格顺次以不同距离排列左右，形成了同盟国与当
时开始被称为协约国的阵营。在合适时刻，其辅佐者或支持者会发
出某种含义模糊的言语，表示其内心状况。作为这些呼喊的结果，
法国或德国会后退或前进一段非常小的距离，或者可能稍稍向右或
向左移动。当重要的欧洲平衡——实际上也是世界平衡——做出这
些微妙的纠正时，可怕的军队将撤回到自己的地界，撤退时有仪式
和礼节还有相互道贺，或者彼此轻轻耳语对结果表示慰藉。以前我
们见过几次这种情况。

30　　可是，即使是这种过程也不是没有危险的。人们一定得想一想那

些日子里这些国家相互交往的性质，她们不是棋盘上的棋友，也不是穿着美丽有褶裥的衣服在方阵舞上彼此做鬼脸的木偶，而是有动能或潜能的庞大组织，她们像行星体一样，不可能在太空中彼此接近而不产生巨大的磁反应。要是她们相距太近，电将开始闪光，超过某一点，她们可能从限制她们的轨道上相互吸引到一起，引起可怕的碰撞。外交手段的任务就是阻止这样的灾难；如果在任何国家和民族心中不存在有意识的或下意识的战争目的，外交也许会成功。但在这种严肃而微妙的接触中，任何一方的一个暴力行为都会撕碎和搅乱所有人的克制，将世界投入黑暗深渊。

我在思索，德国人对原先的《英法协定》有一定的不满。我们在埃及得到许多实际利益。法国在摩洛哥获得巨大好处。如果德国人感觉到这些安排会损害其相对地位，她没有理由忍耐而和善地说她不会提出和坚持自己的观点。在我看来，大国中最离群和最少结盟的英国，有可能施展缓和局势和减轻紧张以及促成和解的影响；当然这正是我们努力去做的事情。不过，如果德国的意图邪恶，这样做的用处极少。在那种情况下，必须说出斩钉截铁的话，而且要在不太晚之前说出。我们从世界政治舞台完全隐退也于事无补。倘若我们这样做，我们所有的遏制影响将消失殆尽，随之必然会出现敌对力量的紧张加剧。因此，我阅读丌始传递怀疑心态的所有报纸和电讯，我能看出爱德华·格雷爵士平静底下日益增长的、有时十分严重的焦急。

欧洲局势阴霾密布，并且由于我们自己会议室中各种力量令人难以捉摸的表演而复杂化。在这里再现了外面外交形势的平衡与保留的缩影。执行英国外交政策的大臣们，他们背后是显示着海上威力的巨大的三叉戟，他们完全属于政府中的自由帝国扩张派。他们受激进分子的密切监视，被迫保持平静，他们中包括受尊敬的人物如莫利勋爵和洛雷本勋爵，而财政大臣与我通常倾向他们一方。很明显，如果某种危险状况随后发生，这种平静会容易地使得英国不可能以坚定果断的语气说话。因此，我们既不应远避危险而洁身自好，也没有能力采取果敢行动及时把危险挡开。在这样的环境中，财政大臣的态度具有特殊的重要性。

有几个星期他没有表现出他将遵循什么路线的迹象，在我们多次的谈话中，他给我的印象是有时站在这一方有时站在另一方。但到7月21日早上，当我在内阁开会前拜访他时，我发觉他变成了另一个人。他已下定决心。他十分清楚地看到要走的道路。他知道要做什么以及在什么时候该怎样去做。他对我说话的要旨是我们正滑向战争。他详细谈论我们所关心的德国的令人压抑的沉默。他指出，德国目前的行为，近于将英国看成一个无足轻重的国家；德国完全忽视我们强大的形象；德国继续对法国施加最严厉的压力；灾难可能随即发生；要避免这场灾难，我们必须斩钉截铁地说话，我们必须立刻就说。他告诉我，当天晚上他要出席一年一度的银行家晚餐会并对他们发表讲话。他想要清楚地告诉他们，如果德国想打仗，她会发现英国将成为她的劲敌。他让我看他准备的讲稿，并且告诉我，内阁会议后他要把讲稿让首相与爱德华·格雷爵士过目。他们会怎样说？我说，他们当然会感到十分宽慰；他们确实感到宽慰，我也感到宽慰。

劳合·乔治先生从政府反对派手中接管外交政策是一件决定性的大事。我们从此能立即采取坚定而一致的政策。那天晚上在银行家协会中，财政大臣说了如下的话：

"如果维持和平的代价是：英国放弃几世纪英勇奋斗所赢得的伟大和有利地位，要英国在她利益攸关的地方任人摆布，似乎英国在国际会议上无足轻重；如果强加给我们的是如此局势，那么我要明确地说，以这样的代价换来的和平，对我们这样的大国将是一种难以忍受的侮辱。"

伦敦城听他演讲的银行界人士，他们的内心因劳合·乔治预算的不公和预算使他们财产蒙受的可怕损失而感到不安。他们极少想到未来，所以并不理解他们听到的讲话的意义和重要性。他们把这些话看作大臣关于外交事务的一次寻常的老生常谈。然而欧洲国家的大臣们却一致跳了起来。

4天后，大约在下午5点半，财政大臣与我正在白金汉宫的喷泉旁散步，后面赶上来一个信使，问财政大臣能否立刻去见爱德华·格雷爵士？劳合·乔治先生突然停止脚步，转过身来对我说："一定是为了我的演讲。德国人可能要我辞职，就像他们要德尔塞卡辞职一样。"我说："那将使你成为英国最得人心的人。"（当时他实际上不是最得人心的。）我们尽快回去，在下院爱德华·格雷爵士的办公室里见到了他。他第一句话是"我刚收到德国大使的信件，语气十分强硬，我们的舰队可能在任何时候遭受攻击。我已派人去请麦克纳，叫他提高警惕！"然后他简短地告诉我们他刚刚与梅特涅伯爵进行的谈话。这位大使说，听了财政大臣演讲后，德国不能再做任何解释。他用尖刻的言词说，要是法国拒绝皇帝政府伸向她的手，为了维护尊严，德国将以一切手段迫使法国全面尊重德国的条约权利。然后他宣读针对劳合·乔治先生演讲词的一份长长的抗议书："至少可以说，这篇演讲不能被理解为对德国讲话的警告，事实上英国和法国的报纸已经把它解释为接近威胁的警告。"爱德华·格雷爵士认为以如下方式作答是正确的，指出由于刚才读给他听的那份信件语气无礼，要对财政大臣的演讲进行解释已有损英王陛下政府的尊严。当我们正在进行谈论时海军大臣到来，几分钟后他匆匆离开去发布警告命令。

这些致命的措辞听起来十分谨慎和恰当，柔和、平静的语调和谦恭、庄重、正确估量过的、充满和平气息的文字。但就是这个德国，她是会不加警告就开炮把各国打倒在地的。所以现在，海军部的无线电报悄悄地通过电波传到战舰高高的主桅，舰长们在甲板上踱步沉思。没有事情，根本没有事情。在20世纪想到这些真是太愚蠢和太荒唐。难道会有人从黑暗中跳出来袭击和谋杀，要我们性命？难道鱼雷会撕破还未睡醒的舰艇的腹部，过了一夜到太阳升起时海军优势已不复存在？一个守卫一直良好的岛屿最后竟不能自卫？不，绝不会发生这种

事情。没有人会做这种事情。文明已足以制止这种毁灭。各国间贸易
与交通上的相互依赖、人们的公法意识、海牙公约、自由原则、工人
政党、巨额融资、基督教慈善事业以及人类的常识使得这类噩梦不可
能成真。你有把握吗？想错了真遗憾。这样的错误只能犯一次——犯
一次就足以遗恨千古。

伦敦市长官邸的演说使各国大吃一惊：它对德国政府更是一声惊
雷。他们所有的情报曾使他们相信，劳合·乔治会是主和派的领袖，
英国的行动将是中立的。从一个极端跳到另一个极端，现在他们意料
英国内阁是绝对团结一致的，财政大臣是英国政府从所有其他人中精
选出来作为英国政府中最激进的大臣来发表这个声明的。[1] 他们不能
理解，德国在英国的代表和间谍怎么会被如此严重地误导。他们的恼
火，决定了梅特涅伯爵的垮台，机会刚一成熟他就被召了回去。居住
在伦敦10年的大使竟不能预测一个最有权力的大臣在这种性质的问题
上的行动。从上文所述情况，可以看出这种看法对梅特涅伯爵太苛刻
了。他怎能知道劳合·乔治先生将要做什么？在几个小时之前他的同
事也不知道。连与他一起工作关系密切的我也不知道。没有人知道。
在他明确地下定决心之前，他本人也不知道。

现在看来，德国人在这次事件中可能无意挑起战争。但他们有意
要摸摸底，在这样做时他们准备走到悬崖的边缘。在悬崖边上人很容
易失去平衡：轻轻一推、一阵风、片刻的晕眩，所有一切全都会使人
突然落入深渊。在英国方面公开表态之前，不管德国人内心有还是没
有战争的意图，但此后他们没有这样的打算。

在财政大臣的演讲及其引起的余波之后，德国政府不再怀疑，如
果在这关键时刻把战争强加在法国头上，英国一定会对她作战。他们
没有立即从其原有立场上后退，但他们尽量小心避免新的挑衅行动；
他们与法国谈判的各种处理方式倾向于调和和退让。对于我们来说要
估计问题的不同阶段的确切意义依旧极为困难，在整个7、8、9三个
月里形势继续不明朗和令人压抑。德国外交政策特性上表现出来的细

微但决定性的改变难以察觉到，与此同时就我们所知，德国境内发生的某些预防性军事措施大大增加了我们的忧虑。因此，随着炎热的夏天一天天过去，英国的气氛变得越来越紧张不安。

迄今，作为内政大臣的我在这番事态变化中没有发挥任何特殊作用，尽管作为内阁成员的我极其注意它的发展。就在此时我突然受到猛烈震惊。7月27日下午我参加唐宁街10号一个游园会。在那里碰到警察总监爱德华·亨利爵士。我们谈起欧洲的局势，我告诉他局势严重。后来他陈述，根据一个奇特安排，内政部应通过伦敦市警察局负责保卫在查坦登和洛奇山的军火库，那个军火库贮藏着海军无烟火药的全部储备。许多年来这些军火库，由几个警察守卫着，并未出事故。我问他倘若一天晚上有20个德国敢死队员乘两三辆汽车全副武装来到那里会发生何种结果。他说他们能为所欲为。我立即离开游园会。

几分钟后我从内政部办公室打电话到海军部。我问谁在值班？回答是，管业务的海军大臣随舰队在克罗默蒂；第一海务大臣外出视察。当然我用有线或无线电讯很快与两人取得联系。此时有一位海军将军（不提其名）掌管部务。我要求海军陆战队立刻保卫这些对皇家海军至关重要的军火库。我知道在查塔姆和朴茨茅斯的兵站驻有大批海军陆战队。这位海军将军在电话里回答我，海军部没有责任也不想承担这个任务；他的语气很清楚地表明他讨厌危言耸听的文职大臣的打扰。"那么你拒绝派海军陆战队？"经过片刻犹豫，他回答道，"我拒绝。"我放回电话听筒改摇陆军部。霍尔丹先生在那里。我告诉他我要在当晚加强和武装在那里的警察，要求他为每个军火库增加一连步兵。几分钟内命令就发了出去，几个小时内陆军出动。到第二天海军无烟火药储备库安全了。

这是一件小事，也许我的担心没有根据。但一旦人们开始以这个角度看形势时，就不可能考虑其他做法。四周充满和平、舒泰、心境平静的英国人的忙碌生活。街道上群集着男男女女，他们根本就没有感觉到任何来自国外的威胁。几乎近一千年没有外国军队登上英国的土地。英国本土的安全有一百年未受威胁。人们以充分的信心和相当的无知一年年一代代做生意、参加体育运动、上学校和参与党派争论。他们的所有思想都来自和平环境。他们的所有安排都是长期和平的结果。如果有人告诉他们：我们可能正在接近一场大规模战争，也许就在这个居住着从世界各地来的可信任外来客人的伦敦市内，一些死心塌地的外国人可能正打算向我们所信赖的伟大武器和防卫屏障发动致命的打击，那么大多数人会表示怀疑，许多人会感到非常恼火。

我开始调查容易遭受攻击的要害部门。我找到当时帝国国防委员会助理大臣、有远见的海军上校汉基，他已经着手编制战时手册，将要害部门进行分类。该书的规划此前实际上已开始。[2] 我进一步问到破坏、间谍及反间谍问题。我又访问了一些平平常常的用不起眼的工具默默无闻且严肃认真地工作的军官。他们告诉我关于在英国各海港活动的德国间谍和特务的情况。迄今，内政大臣还必须在必要时签发许可证，检查经过皇家邮政的特殊信件。此时我签发了一般许可证，授权检查名单上特殊人物的一切来往信札，这份名单不断有所增添。用这个办法立刻发现了一个由德国人出钱雇佣的英国特务组成的正规的庞大系统。这仅仅是内政部长有责任正式干预的准备工作中的很小一部分，但一旦我涉足进去，它在我心目中就比其他所有事务更加重要。有7年时间我几乎很少考虑其他问题。自由政治、国民预算、自由贸易、和平、费用削减和改革——所有我们选举斗争中的战斗口号在这个新的使人全神贯注的任务前面开始显得不现实。在一个个出现在眼前的严酷现实中，只有爱尔兰仍保持着她的位置。别的大臣无疑有同样的心理经历，但我只讲我自己的故事。

这时我开始深入研究欧洲的军事形势，我阅读提供给我的所有文件。我花费许多时间参与争论与讨论。国防大臣通知他的部下告诉我任何我想知道的消息。总参谋长威廉·尼科尔森爵士是我的老朋友。

我与他在 1898 年蒂拉赫远征结束时同是威廉·洛克哈特爵士麾下参谋部的年轻军官。他撰写精美、雄浑有力的评论文字，鼓吹明确而坚定的原则立场。但教给我最多知识的人是军事作战局长威尔逊将军（即以后的陆军元帅亨利·威尔逊爵士）。这位军官具有非同寻常的眼力与信念。他对欧洲大陆具有我认为的无比丰富的知识。他彻底了解法国的陆军。他洞察法国参谋部的机密。他曾是英国参谋学院院长。多年来他致力于一个目标，即如果战争爆发我们应立刻站在法国一边作战。他确信战争迟早会爆发。军事情报的线索尽在他掌握之中。在他小小办公室四面墙上挂着一幅巨大的比利时地图，清楚地标明德国陆军横越比利时入侵法国时每一条可以行军的道路。他的全部假日，都用来审核这些道路及周围乡村。他没法去德国详细了解情况，因为德国人对他知道得太多了。

一天晚上，德国大使——仍旧是认识 10 年的梅特涅伯爵——邀请我共进晚餐。只有我们两个人，他拿出在德皇地窖里储藏过的著名霍克酒。我们关于德国做了一次长谈，谈到她怎样发展强大；谈到拿破仑在联合德国中扮演的角色；谈到普法战争及其如何开始和结束。我说，俾斯麦允许自己受军人逼迫割取洛林真是一大憾事，和阿尔萨斯 - 洛林如何埋下所有欧洲军备竞赛和对立结盟的祸根。他说这两地从远古时代起原是日耳曼的省份，直到一个极度平静的日子路易十四趾高气扬地越过边界占领它们。我说那里的人在思想感情上倾向法国；他说人们的感情倾向双方的都有。我说无论如何整个事情牢牢记在了人们的心间，法国人决不会忘记失去的省份，他们绝不会停止向她呼唤。我们的谈话转向性质相似但更严峻的话题。我问到他对于目前形势是否感到焦急？他说，人们试图把德国围起来并把她驱入网中，她可是一头强壮的野兽，要把她网起来可不那么容易。我说，她与其他两个第一流强国——奥匈帝国与意大利——是同盟，怎么能把她网起来？我们多年来常常处于孤独的地位，但并没有感到惊恐。他说对于一个岛国来说情况大不相同。但当你的国家经常遭受别国军队践踏、

37　掠夺和压迫，并且只有以你军队的胸膛去抵挡入侵者的时候，你便会感到心惊肉跳。我说没有人使德国感到惊恐，而是每个人都受德国的惊吓。

后来我们谈到海军。我说，德国试图在海上与英国对抗肯定是个大错误。德国肯定追不上我们。我们将建造的舰只与你们成二比一的比例，若有必要还会更多，这样在每一阶段两国间的对抗都会逐步升级。激进派人士和保守党人，不管他们彼此可能怎样指责，在这点上是完全一致的。任何英国政府，决不能允许危及我们的海军优势的海军存在。他说，劳合·乔治先生曾告诉他许许多多相同的意见，但德国人并不想占有海上优势。他们想要的只是一支保护他们商业和殖民地的舰队。我问道，有一支较弱的舰队有什么用途？它只是另一个随时都会失去的东西。他说皇帝深切地眷恋他的舰队，舰队是他自己的创造物。我忍不住说，毛奇曾公开宣告完全不同的意见，说舰队是德国的真正利益所在。

我记录了这些愉快但小心翼翼谈话的笔记，不是因为这些话有任何重要性，而是因为有助于表明不同的观点。后来我知道财政大臣在相同的环境中说得更加明白，他说，要是英国海军的优势受到真正的挑战，他将在一年中为它筹集一亿英镑。

梅特涅伯爵是个值得尊敬的人，忠诚地为他的主人服务，但又竭力维持和平，特别是英、德间的和平。在柏林一次将军和亲王们的集会中，有人说，英国舰队有一天会突然无缘无故地攻击德国。听到此话这位大使回答说，他在英国住了近10年，他知道这样的事情绝对不可能发生。他的话引起人们明显的不信任，他站起身来说他以德国官员的荣誉说这句话，他愿以他个人的荣誉保证它是实话。这些话暂时平息了集会者的议论。

缺乏思考能力的人习惯于嘲笑老式外交，并声称战争就是外交上搞秘密运作引起的。当人们看到引起大国间战争和许多纠纷的细小起因时，容易误认为是秘密外交的过失。当然这样的小事仅仅是

危险疾病的症状，只有从这一点上说小事才是重要的。在症状后面
存在着强大民族的利害、激情和命运。长期的对抗以琐屑小事表现
出来。从前有人说过："大规模的骚动由小事引起，但与小事无关。"
老式外交的拿手好戏是使小事情不生祸害，此外别无能耐。可是推
迟战争便可能消除战争。改变环境、改变联盟、出现新的集团、新
利益替代旧利益。许多可能导致战争的争吵被欧洲的老式外交手腕
化解了，用梅尔本勋爵的话说，被外交手段"平息"了。世上大小
国家，虽然对各自可怕的遭遇记忆犹新，但如果她们能够设计出较
广泛、较深刻的和平保证，将各自的家园建设在兄弟般相互依靠的、
较稳固的基础上，那她们依然需要欧洲老式外交家的典雅态度、有
礼貌和审慎的言辞、沉着冷静的举止、保密的观念和慎重的作风。
不过这些是题外话。

8 月 23 日，在议会休会大臣们离去后，首相非常秘密地召开帝国
国防委员会特别会议。他召集与外交形势和作战任务关系密切的大臣，
当然包括财政大臣。另外还有陆、海军的重要军官。我受邀出席，尽
管这与内政部没有直接关系。我们坐了一整天。上午由陆军发言，下
午由海军发言。

军事作战局长威尔逊将军谈总参部的观点。他站在特意运来的巨
幅地图边上，情绪特别激动，他披露（后来证明是极端精确的）了在
德、奥为一方而法、俄为另一方之间的战争中德国攻击法国的计划。
他的讲话简述如下：

首先，德国人将以近五分之四的力量对付法国，只留五分之一的
力量遏止俄国。德国陆军将集结在从瑞士边界到亚琛一线。他们将以
右翼横扫比利时，从而绕过保护法国东部边境的堡垒防线。德军右翼
的这种异常巨大的横扫行动需要利用从卢森堡到比利时默兹河的每一
条道路。这样的道路有 15 条，也许每条路可通过 3 个师。比利时默
兹河的流向与这些师的前进方向平行，并保护它们的右方侧翼。沿
这条河有 3 个重要的筑有工事的航道或桥头堡。第一个列日与德国最

近；最后一个那慕尔与法国最近；在两者中间是于伊堡。现在有个问题：德国人占领这些桥头堡之后是限制自己在比利时默兹河东边，并利用河流为防护屏障，还是抽出兵力，让相当大部分军队伸展其进攻矛头到默兹河以西，继续前进超越河界而不是限制在河界以内？这只是难以预料的他们计划的一部分。他们会根本不占据比利时默兹河以西地区吗？他们会只用骑兵掠过沿河狭长地带吗？或者他们会指挥步兵师甚至军团在河的西部进军吗？如我们现在已经知道的，当战争来到时，他们用整整两个集团军进军。但在当时，最恐惧的猜测也不超过一个军。

引证的最详细的证据表明，德国人为通过比利时进军做了极为细致的准备。接近边境的大量兵营、巨大补给站、铁路交通运输网、无穷尽的专用支线，极清楚和不容怀疑地暴露了他们的图谋。宣战后列日在数小时内即可被占领，甚至有可能在宣战以前，由从埃尔森博恩军营出发的汽车和摩托车队的突然奔袭予以占领。那个军营此时（1911年8月）驻满军队，好奇的人们和普通的乡下人已被粗鲁地挡回或阻止他们接近军营。

面对这样猛烈的袭击，比利时会怎么做呢？没有办法可以拯救列日，不过法国军队可能及时到达那慕尔帮助防卫。至于其余地方，假定比利时抵抗入侵者的话，比利时军队将撤入安特卫普的有战壕环绕的巨大兵营和堡垒。这块广大的地区有许多横竖交叉的河流与运河，有三圈碉堡防卫，将成为比利时王室与人民的最后避难所。

我们对荷兰的处境也做了审视。没有人认为德国人会像横扫比利时那样蹂躏荷兰，但德国人可能发现通过位于德国与比利时之间的荷兰的奇怪形状的凸出部分进军是十分方便的，那块凸出部分按当时英国参谋部的说法称作"马斯特里赫特阑尾"。如果德国要把大部队投入比利时默兹河以西，他们肯定会这样做。

没有详细地告知我们法国应付这个可怕形势的计划；但清楚的是，他们希望以他们自己的最大规模的反攻抢先拦阻和打破德军的包抄运动。

当动员完成时双方在各条战线上可投入使用的师，数目估计如下：　40

法国 ·······························85

德国 ·······························110

有人断言，倘若有 6 个英国师在宣战后立刻被派往防守法军最左边的阵地，在第一次世界大战中击溃德军的机会很大。要是法军知道他们不是孤军作战，将会有双倍信心打仗。关于俄国军队，威尔逊将军的话有正确的预见性，他对于俄军动员缓慢的描述消除了许多幻想。那种认为德国满足于留出几乎不到 20 个师以抵抗俄军的想法，似乎是不可信的。但英国参谋部认为这样的决定有充分的理由。我们不久将看到忠诚的俄国和沙皇怎样找到办法做出巨大牺牲把德军的很大一部分在决定性时刻引向东方。当时无法预见这样的行动，现在大多数人已经把它忘掉了。

在两点钟短时休会前当然有许多讨论和大量询问。当我们在 3 点钟复会时轮到海军部发言，第一海务大臣阿瑟·威尔逊爵士用另一幅地图评述在我们被卷入这样一场战争的情况下，他所认为应采取的对策观点。他没有向大家透露海军部的作战计划。他把这些计划紧锁在自己的脑海里，但他指明作战计划包含严密封锁敌人港口的原则。人们很快就明白，在陆军部和海军部的看法之间存在深刻的分歧。海军部的想法大体上是，我们应该把作战努力限制在海上；如果我们派数量不多的陆军去欧洲大陆，它会被那里大陆国家的巨大争斗吞噬光。要是把我们的陆军保持在舰队上，准备对德国海岸进行反击，它将迫使大量德军从其战线撤出。这个观点受到陆军将军们的猛烈抨击，没有博得大多数与会者的好评，而在关于这些军队登陆的许多细节上，陆军和海军当局完全不一致。在这种关键时刻，在基本问题上陆军与海军参谋部之间的严重分歧是我进入海军部的直接原因。会议解散后，霍尔登先生向首相暗示，除非建立海军部委员会，使它与陆军部计划协调工作，并由它组织适当的海战参谋部，否则他不想继续负责陆军

41 部的工作。当然我对此事一无所知，但此事注定很快以明确方式影响我的命运。

我认为总参谋部对法国陆军的看法过分乐观。我知道他们站在法国一边，所以担心他们的想法是一厢情愿。英国军人不可避免地热切希望见到自己的国家站在法国一边进行干预，并深信法国被德国毁灭将危及英国的整个未来，因此倾向于过高估计法国陆军的相对力量，将它的前景设想得比实际更光明。总参谋部的大多数情报来自法国。法国的总参谋部是坚定和有希望的。进攻原则是他们军事艺术的基础和法国军人的主要动力。虽然根据最可靠的情报，战前全面动员时法国的陆军只有战前德国陆军的四分之三，但法国下动员令后的第9天到第13天就能为战斗前线召集一支占优势的部队。法国将军抱有高度希望：大胆主动猛烈进攻阿尔萨斯 - 洛林将起到破坏德国人小心制定的通过比利时进军巴黎的计划。这种希望反映在英国总参谋部的评估报告中。

我不能同意这些意见，因而我起草了一份给帝国国防委员会的备忘录，其中包含我根据我在总参谋部得知的所有信息做出的结论。备忘录起草日期是1911年8月13日。当然其目的只是为了撕破未来的面纱、勾勒各种可以想象的前景、权衡数不清的因素、掂量无法估计的事物。可以看出，我把动员后第20天称作"法军被从默兹河一线驱逐撤退到巴黎和南部"的日子，把动员后第40天称作"德国内部和前线力量发挥到顶点""那时会出现考验决定性力量的机会"的日子。我乐于承认，我无意于使其成为精确的日子，而是把它们当作指引，表明有可能发生的情况。可是事实上，这些预言3年后几乎一点不差地被事实证实。

我在1914年9月2日重印这份备忘录，目的是以这样的希望鼓励我的同事，即如果关于第20天这个不利的预测得到证实，那么第40天的有利预测也会得到证实。后来确实如此。

欧洲大陆军事方面的问题
丘吉尔先生备忘录

1911 年 8 月 13 日

以下备忘录是根据……已经决定在欧洲大陆使用英国军事力
量的假设写的。本文不对那个决定做预见性判断。

假定在英、法、俄之间存在同盟，这些国家受到德、奥的
攻击。

1. 决定性作战将是法、德间的那些战役。德国陆军在质量
上至少和法军相等，而能动员军队人数为 220 万对 170 万。因
此法国人必须想方设法使双方力量比较均等，要么在德国人能
发挥其全部力量之前，要么在德国人竭尽全力之后。前一种情
况可能在第 9 天和第 13 天之间达到；后一种情况大概在第 40
天时达到。

2. 在动员时期的几天中，法军如果在前线与对方军力相等或
暂占优势，这一事实没有什么重要意义，除非法国打算采取战略
攻势。德国人不会选择他们不占优势的日子发动总进攻；如果法
国人进军，他们会立刻失去自己全部内部交通联系的有利条件，
他们在推进时会遇到前来增援的德军，从而丧失自己可能暂时拥
有的人数上的优势。因此在战争开始时，法国人没有选择余地，
只能保持守势，或者在自己的堡垒防线上或者在比利时边境后面
防守；何时是开始打第一次硬仗的日子，选择权掌握在德国人手
中，德国人一定足够聪明能选择最适当的日子，不会违反他们的
意志被迫进行决战，除非法国方面做出某些不顾后果和没有道理
的行动。

3. 英国方面在谨慎研究各种进攻机会时一定要考虑到，当德
军开始做有决定意义的进军时，它将有占充分优势的军队做后盾，

并在充分广阔的战线发动进攻，以迫使法军从比利时边境后面的阵地退却，即便法军可以守住凡尔登－贝尔福战线上堡垒群中的间隙。一连串大规模战事无疑会发生，各处的战况会有所不同，而德军遭到重挫的可能性也是一直存在的。即使德军的进攻停止，法军兵力也不足以反攻；无论如何我们一定不可对此抱有希望。更大的可能性是，在第 20 天左右法军将被从默兹河防线赶跑，撤退到巴黎和南方。所有以相反假设为根据所制定的计划太多地寄希望于命运了。

4. 不排除使用 4 或 6 个英国师参与这些最初的大战的计划。

这样的一支军队是一个有实在意义的因素。它对法军的价值大大超出数字显示的力量。它会鼓舞每个法国军人的士气，使得德军在用强力攻占边境时必须付出更大的代价。但对我们最有实际影响的问题是，德军突破边境和入侵法国开始之后将发生什么情况。法国没有能力在前线采取任何行动以成功地结束战争。她不够强大，无力入侵德国。她的唯一机会是在法国境内击败德国。就这个问题在做出任何最后决策前应予充分研究。

5. 德军经过比利时进军法国，由于下列全部或任何之一原因力量将被相对地削弱：

由于在攻势中免不了会遭受较大的损失（尤其是如果德军试攻法国堡垒防线失败）；

由于在外线作战必须投入更多的士兵；

由于必须保护他们通过比利时和法国的交通线（尤其从沿海侧翼过来的交通线）；

由于进攻巴黎（必须投入至少 50 万对 10 万的兵力），包围其他地方，尤其是在沿海地区也需要大量兵力；

由于英国军队的到达；

由于从第 13 天起日益加重的俄国压力；

一般地说由于德军的行动公开后，从右侧进军造成的不利的战略形势；

　　所有这些因素的作用会随着德军继续前进和时光一天天流逝而成正比地增加。

　　6. 海军封锁也需要经过一段时间之后才能对德国商业、工业和食品价格产生影响，如海军部备忘录所描述的；巨大的战争日常耗费的不堪重负，从德国的信誉和财政状况中反映出来也需要时间。所有这些压力将同时地且逐步地发展。（财政大臣特别注意这方面以及德国工业与经济组织的结构方面的微小变化。）

　　7. 到第40天，德国在内部及其战线上已达到强弩之末的境地，这种紧张状况将日益严重，直到最后垮台，除非德国在法国境内获得决定性的胜利，才能减轻重负。如果法军没有在突如其来的或险恶的战斗中消耗过多，40天以后，力量均衡将有利于法军，而且形势会日益改善。因为德军将面临越来越需要胜利的进攻的境地，但前线却很可能出现兵力日渐相等的形势，此时可能出现考验决定性力量的机会。

W.S. 丘吉尔

*　　　*　　　*

　　会议解散了，忧虑沉重地压在每个与会者的心头。　　　

　　陆军部在那些日子里忙碌于处理机密消息，无法采取最细微的公开行动，但做了每一件能事先想到的准备工作，用文件制定出了每一个细节。每个营的行动的严格时刻表或他们所称的行动图——甚至标明在哪里喝咖啡——都制定了下来。此外印制了数以千计的法国北部和比利时的地图。"由于威尔特郡及其邻近各郡缺水"推迟了骑兵的调动。新闻界按严格的党派划线，言论压倒性地倾向于主张和平，没有新闻检查，没有强迫行为，觉察到一种普遍的沉默。没有任何言论打破长期以来令人窒息的寂静。大规模的铁路罢工突然神秘地结束了。

劳资双方听了财政大臣推心置腹的谈话后相互做出了让步。

8月中旬我去乡间住了几天，脑子里除了战争的危险外没有任何其他想法。我处理了一些日常事务，但强烈照亮我心中的只有一个感兴趣的领域。8月30日在环绕梅尔山延展的生机盎然的乡村我给爱德华·格雷爵士写了一封信，内容如下：

有必要采取决定性行动的时刻也许来到了。倘若摩洛哥谈判失败，请考虑使用如下的对策：

建议与法国和俄国订立三国同盟以保护（特别是）比利时、荷兰和丹麦的独立。

告诉比利时，如果她的中立地位遭到破坏，我们准备援助她并将与法国和俄国缔结同盟以担保她的独立。告诉比利时，为此目的我们将采取任何最有效的军事行动。但比利时军队务必参战以配合英国和法国军队。比利时还必须立即适当地派兵驻防列日和那慕尔。否则我们不能对她的命运负责。

向荷兰和丹麦提供同样的担保，条件是她们做出最大的努力。

如有必要，我们应帮助比利时保卫安特卫普，并为驻守该地的要塞的军队提供给养与弹药。我们应准备在适当时刻向荷兰人施加最大压力，使她保持斯海尔德河为一切用途开放。要是荷兰人关闭该河，我们将以封锁莱茵河作为报复。

对于我们，有能力封锁莱茵河至关重要，而且随着战争进行下去而愈发重要。另一方面，如果德国人在战争开始时不利用"马斯特里赫特阑尾"，他们将永远不再需要它。

让我补充说明一下，我根本不相信严密封锁的那一套道理，我不喜欢海军部的说法。如果法国人派巡洋舰到摩加多尔和萨非，我的意见是我们应该（在我们方面）把我们的主力舰队开到苏格兰以北进入战时位置。我们的利益在欧洲而不是摩洛哥。这个举动的重要性就像我们派两艘军舰与法舰一起巡弋一样。

请告诉我你何时返伦敦；烦劳你把此信交给首相。

我的观点在此后三年的和平时期里没有改变。相反，我的所见所闻使我的观点更坚定、更充实。在某些方面，如取消严密封锁计划和命令舰队进入战时位置，我能够使其成为现实。对于另外一些事情，如保卫安特卫普，我没有权力及时去做我认为同样必要的事情。但我并不像有人经常宣称的那样凭愚蠢的冲动行事，我尽力遵循基于沉思与研究的坚定信念。当我眼见自己的一些信念在那个可怕和无比动乱的时期是怎样一个接一个得到证实时，我不由自主地对自己信念的真实性产生强烈的信心。对该做些什么，我从不感到怀疑，我唯一的困难就是说服或劝导他人。

*　　*　　*

无论如何阿加迪尔危机终于和平地过去了。它以用外交手段抵制德国而终止。德国又一次以突然性的威胁姿态干扰了整个欧洲。她又一次对法国使用最粗暴的恐吓。她第一次使英国政治家有了直接接触战争危险的感觉，这种感觉在欧洲大陆人民的心头从未消失。可是法国人做出了让步与补偿。关于在西非法、德领地边界的错综复杂的谈判（谣言的传播发挥了重要作用），两个宗主国间最终订立了一个协定。在我们看来法国赢得相当的利益。但法国并不特别高兴，在那些焦虑不安日子里主持工作的总理卡约先生被免除职务，其原因在当时很难领会，但从以后的事态来看便能较易理解。德国统治阶层里的紧张程度必定极为严重。德国殖民大臣冯·林德奎斯特还没有来得及在
协定上签字就辞职了。毫无疑问，在德皇居住的宫殿内，众多穿着光彩夺目制服的朝臣们内心正充满着深刻而强烈的屈辱感和仇恨的激情，而这些充满激情的人中皇储本人是代表。世界把无限的污秽积聚在这个不幸者的身上。事实上他也许与一个普通的年轻骑兵中尉不相上下，

他没有受过公立学校的一般教育，也不必考虑如何谋生。他具有相当的个人魅力，他主要把魅力滥花在女人身上，但在黑暗的日子里他的魅力迷惑了维灵根的青年人。在高级指挥官、政府高级官员和政党领导人充满激情的眼光的注视下和言辞的阿谀下，他已被冲昏了头脑。因此他纵身投入这强劲的爱戴潮流中，成为一股权势，或者应该说是一个权势的中心，有了这种地位，德皇也得刮目相看。德国再次着手增加自己陆、海军的力量。

冯·提尔皮茨写道："问题是我们要绷紧神经，继续大规模扩充军事力量，避免所有挑衅，而且要耐心等待，直到我们的海军力量建立起来[3]，迫使英国人让我们和平呼吸。"仅仅是和平呼吸！需要什么可怕的装备来保证获得这个简单的呼吸动作！

*　　*　　*

现在我们得追述法国对这些事件的反应。

1911 年早期，最高国防会议副主席和法国指定的陆军战时总司令米歇尔将军为战役计划草拟了一个报告。他宣称德国肯定会通过比利时进攻法国；德国人的包抄运动不会限于比利时默兹河南面，而会越过它伸展到很远的地方，其范围包含布鲁塞尔和安特卫普。他断言德国参谋部立刻使用的不只是他们的 21 个现役军，还要加上众所周知的他们打算通过总动员组建的 21 个后备军的大部分。因此法国应准备面对通过比利时的庞大包抄运动和一支一开始就包含 42 个军大部分的敌军。为迎击这次入侵，他建议法国人应该从一开始就组织和使用自己后备军的大部分。为达到这个目的，他希望与每一个现役编制并行建立一个后备编制，使两个单位在率领现役单位的军官的指挥下一起开上战场。使用这个办法动员起来的法国陆军将从 130 万人增加到 200 万人，德国入侵军将面对至少相等人数的法军。许多法国军的编制将提高到 70 000 人，大部分的团将成为由 6

个营组成的旅。

米歇尔将军下一步将部署这些部队。他建议把最大部分的军队近50余万人布置在里尔和阿韦讷之间，以抗击德国包抄运动的主要兵力，他把第二大兵力30万人放在50万最大兵力的右面——在伊尔松和勒泰勒之间；他指定22万兵力守卫巴黎，这部分人也用作总预备队。其余军队沿东部边界配置。这就是法国军队领导人1911年的计划。

这个计划与法国军事思想主流直接相反。总参谋部不相信德国会采取通过比利时做包抄运动的战略，肯定不会通过比利时的北部。他们不相信在刚开始的战斗中德国会使用他们的后备部队。他们也不认为后备队不经过长期训练就有能力参加战斗。他们认为情况正好相反，德国人只会使用其现役部队，他们将以极快速度进攻，在穿过东部防线时法国反击部队一定要迎击并阻止他们。为了达到这个目的，法国人的编制应该尽可能大比例地保持实际作战的军队和尽可能小比例地保持后备队。怀着这个目的，他们要求制定《三年兵役法》，保证至少得到两支由年轻士兵组成的完整部队。在法国参谋部里，除了参谋长外，占主导地位的思想属于进攻学派，他们中间最活跃的鼓吹者是格朗迈松上校，他们热切地相信，胜利能够通过一次对敌人的激烈而凶猛的突然攻击在最初一刹那夺得。

这种意见冲突决定了米歇尔将军的命运。可能是他的个性和气质与他深邃而敏锐的判断力不相称。这样的差异常常损害到真正的政策。在国防会议上他的同事联合成绝大多数来反对他。在阿加迪尔危机紧张期间他们的争议达到紧要关头。新任国防部长梅西米上校坚持在全 体会议上讨论米歇尔的计划。这位副主席处于孤立地位；几乎任何一个将军都直截了当地宣布不同意他的方案。在这种情况下，没过几天国防部长便通知他：他已失去法国陆军的信任，7月23日他辞去国防委员会副主席的职务。

政府的意图是，米歇尔的职务由加列尼或波继任；可是波要求任命一些将级军官，而部长不接受他的请求。他的任命没有继续进行下去，表面上以他的年龄为理由，一旦提出这个借口，对加列尼似乎更加不利，因为后者比他年纪更大。就是在这种环境下，选择落在霞飞将军头上。

霞飞是工程兵军官，在马达加斯加，他在加列尼麾下和在摩洛哥担当不同职务后，获得思想稳健、沉默寡言和意志坚强的名声，1911年担任最高国防委员会委员。很难找到一个人物比他更不像英国人想象中的法国人——这个人大脑袋，宽肩膀，思考慢条斯理，行动迟钝，土里土气。也不容易找到像他那种类型的人：第一眼看来就觉得不适合编织和拆散深奥复杂而庞大的现代战争之网。他是国防委员会中资格较浅的委员。他从来没有率领过军队，甚至没有在战争演习中指挥过军队大规模调动。在这类演习中他只扮演过交通线监察长的角色，而当时他被委派在这个岗位上做动员军队的工作。

霞飞得知这个意想不到的任命提名时感到忧虑和困惑，这是自然的也是可信的。他的迟疑因得到保证卡斯泰尔诺将军由他特别安排而消除。这位将军深谙法国参谋部的计划与理论，特别精通打大仗。因此霞飞作为法国参谋部提名的主要人选和他们理论的代表而接过权力。他一直不变地忠于这个概念，三年后法国注定要遭受的巨大灾难，从那时起就几乎是不可避免的了。

霞飞将军的品格适合为战争前的几届短暂法国政府提供最有用的服务。他代表并体现变动世界中的"稳定"和派系斗争世界中的"不偏不倚"。他是具有明确政治观点的"优良的共和主义者"，而不是擅长搞政治的军人或参与阴谋的军人。没有人怀疑他的宗教信念，另一方面也没有人能指责他牺牲天主教利益支持无神论的将军们。在政治家对今后的大决战只会喋喋不休、怒气冲冲和七嘴八舌讲空话的时候，法国对这位将军无论如何有某些可以托付的地方。在近三年的一次接一次的政府更迭中，霞飞连任他的职务，我们有把握说，在局势变得日益险恶的岁月里，他在技术事务上的建议，几乎总是被任期短促的部长们所采纳。他在卡约和梅西米手下任职，在普安卡雷和米勒兰手下任职，在白里安和艾蒂安纳手下任职，当战争爆发时，他再次在维维亚尼和梅西米手下任职。

＊　　　＊　　　＊

最后让我们再谈谈英国的情况。

10月阿斯奎斯先生邀请我与他一起在苏格兰住些日子。在我到达那里的第二天，当我们在从海边沙地去他家的路上时，他十分突然地问我愿不愿去海军部。当他刚担任首相时也向我提过同一问题。这次我不再犹豫怎么回答。我的内心满是战争的危险。我欣然接受了。我说："我当然愿意。"他说明天霍尔丹先生来看他，我们一起谈这件事。但我知道他的心意已决。傍晚的夕阳映照出远处慢慢驶出福斯港湾的两艘战舰的轮廓。在我眼中，它们似乎有新的意义。

当晚，在我上床时，我在卧室中看到放在桌上的一本大《圣经》。我得到的消息占据了我的内心，职位的完全改变和托付给我的任务激荡着我的思绪。我想到英国的危险，她热爱和平却考虑不周和缺乏准备；我想到她的力量与美德，想到英国提倡的良知和公道的使命。我想到强大的德国，高高耸立在其帝国光辉上，用她深邃、冷静、有耐心、无情的分析方法进行钻研。想到在陆军1907年布雷斯劳演习中，我曾目睹这些矫健男儿从我面前一拨又一拨地跋涉而过；想到1910年在维尔茨堡四周、在山冈上以及沿马路，几千匹强壮的马拖着大炮和大批榴弹炮。我想到德国人的教育和他们的一丝不苟的精神，以及他们在科学和哲学方面的建树所具有的含义。我想到德国赖以建立权势的突然而成功的战争。我随意打开《圣经》，在"申命记"的第9章中我读到：

1. 以色列啊，你当听！你今日要过约旦河，进去赶出比你强 50
大的国民，得着广大坚固、高得顶天的城邑。

2．那国民是亚衲族的人，又大又高，是你所知道的；也曾听见有人指着他们说："谁能在亚衲族人面前站立得住呢？"

3．你今日当知道，耶和华你的神在你前面过去，如同烈火，要灭绝他们，将他们制伏在你面前。这样，你就要照耶和华所说的赶出他们，使他们速速灭亡。

4．耶和华你的神将这些国民从你面前撵出以后，你心里不可说："耶和华将我领进来得这地，是因我的义。"其实耶和华将他们从你面前赶出去，是因为他们的恶。

5．你进去得他们的地，并不是因为你的义，也不是因你心里正直，乃是因这些国民的恶，耶和华你的神把他们从你面前赶出去，又因耶和华要坚定他向你列祖亚伯拉罕、以撒、雅各起誓所应许的话。

这段话看来是充满安慰与鼓励的启示。

注释：

[1]　冯·提尔皮茨的记述是完全正确的。根据他（冯·基德伦‐韦希特）的建议，宰相于 1911 年 7 月 1 日派遣炮舰"美洲狮"号去摩洛哥港口阿加迪尔，英国政府在询问理由时有许多星期不予答复，使她完全落入不知所措的境地。结果是，在 7 月 21 日劳合·乔治发表一篇在英国内阁中草拟的演讲，演讲中他警告德国，在挑战中她将发觉英国力量站在法国一边。

[2]　这个工作由艾德里安·格兰特‐达夫陆军中校开始，中校后来在埃纳河牺牲。

[3]　原文为斜体，现用着重号。——译者

第四章　在海军部 51

麦克纳先生与我以严格的礼节交换警卫。早上他来到内政部，我把他介绍给那里的官员。下午我去往海军部；他向我引见部里的委员和主要军官以及部门主管，然后告辞离去。我知道他对这次调动很不满，但没有人能从他的态度上猜度出来。他一走我立即召开委员会正式会议，会上秘书宣读任命我为海军大臣[1]的特任状，于是我根据枢密令成为"向国王和议会负责，统管海军部所有事务的大臣"。我将履行这个职责，并度过我一生最值得怀念的4年。

我毫不迟疑地致力于我认为需要立刻处理的那些头等重要的海军问题。第一，主力舰队作战计划，到那时为止，原计划依据的还是严密封锁的原则。第二，整顿其他舰队，以提高其迅即作战力量。第三，在突然遭受攻击时有全面的防备意外的措施。第四，组建海军战时参谋部。第五，建立海军与陆军两个部门的密切合作，协调海军与陆军的作战计划。第六，进一步提高军械设计，增加我们各级新战舰的火炮力量。第七，在舰队高级司令部和海军部委员会构成中做一些人事变动。

此外，我发布了某些个人指示，这样我才能"在床上安稳睡觉"。海军军械库在海军部直接负责下得到有效的保护。在海军部除了常驻人员外还要有海军军官的连续值班，这样在周一至周六、周日或节日，白天或黑夜的任何时候，海军部决不会无人发出警报，任何时候总有一位管军务的海军大臣在海军部大楼里或附近值班以接收警报。在我椅背后墙上，我安放了一个敞开的柜子，在后面的折门里挂着一幅巨

52　大的北海海图。在这幅海图上每天由一位参谋官用旗子标明德国舰队的位置。在战争爆发以前这个惯例从未省略过一次；遮住作战室整个一面的巨大地图开始发挥作用。每天一进入办公室，我都首先要看看我的海图，这已成为规律。我这样做与其说是为了了解情况，不如说是为了让自己和周围的同事对无时不在的危险保持警觉，因为我有许多其他的情报渠道。我们全都以这种精神工作。

现在我必须向读者介绍两位伟大的海军元帅费希尔勋爵和阿瑟·威尔逊爵士，他们的卓绝品质和在军舰上与海军部终生的工作，加上查尔斯·贝雷斯福德勋爵充沛的精力与爱国主义的影响，是皇家海军达到此时鼎盛状态的主要原因。费希尔与威尔逊两个名字一定会在本书里经常出现，因为他们在我要叙说的不寻常事件中发挥了决定性的作用。

至少在10年中，扩大、改善或更新海军的最重要措施都是费希尔的功绩。水管锅炉、"所有的巨型炮舰"、潜艇的采用（查尔斯·贝雷斯福德勋爵称它们为"费希尔玩具"）、普通教育方案、后备舰艇的核心水手制以及以后的——为应对与德国军舰的对抗——舰队在本国水域集中、淘汰大量战斗力很弱的舰艇、1908年和1909年的大海军计划、把12英寸大炮改为13.5英寸大炮——所有这一切主要都是他的贡献。

在实施这些意义深远的改革的过程中，他在海军中为自己树立了一些激烈的反对派，他引以为荣的方法就是激起反对派的强烈敌意，然后予以还击，他是很乐意回敬对方的。他要大家知道，事实上他曾公开宣布，反对他政策的不论哪级军官，必定毁灭自己的职业生涯；至于那些卖国贼，也就是那些公开或秘密打击他的人，"他们的妻子将成寡妇，他们的孩子将成无父孤儿，他们的家将成垃圾堆。"他一再重复这些话。"冷酷、无情和不能有怜悯心"是经常挂在他嘴边的言辞，许多"在海滩上"悲痛欲绝的海军将领和舰长的令人生畏的事例说明，他说到做到。他毫不迟疑地用最令人不快的语言来表述他的政策，似乎在向他的敌人和批评者进行挑战和表示蔑视。他在达特茅斯皇家海军学院的逻辑学课程教材中写道："偏爱是高效率的秘诀。"偏爱在他笔下的意思是，不管资历如何，只以公众利益为准则对天赋才能进行识别和选择；但是"偏爱"这个词一直留在人们的心头。有人说军官们生活"在鱼池里"——倘若不是这样他们就运气不好。他对不同意他的方案的那些人的意见与论点极为蔑视，随时随地以言辞和书信狠狠地辱骂他们。

可在皇家海军有不少具有社会势力和独立财源的军官，他们中许多人对费希尔怀有敌意。他们有接近议会和新闻界的机会。有很大一部分优秀和有才能的海军军官同情他们，尽管不赞成他们所有的做事方法。在所有反对他的人中，主要人物有当时海峡舰队（主力舰队）总司令查尔斯·贝雷斯福德。皇家海军出现了可悲的分裂，分裂遍布每一个海军中队和每一艘战舰，分成费希尔的人和贝雷斯福德的人。凡第一海务大臣提出的建议舰队总司令都反对，在整个海军中，校级和尉级军官被迫站在这方或那方。争论涉及技术问题和人身攻击。没有哪一方有强大力量足以压垮对方。海军部在舰队有它的支持者，舰队在海军部里有朋友，因此双方对于对方阵营中发生什么事情都能很快得到准确情报。要不是有很大一部分置身于两派之外的军官——他们不管要付出什么代价都拒绝参与这场斗争，这种分裂造成的可悲局面很可能破坏海军的纪律。他们默默地和坚定地干自己的工作直到派系斗争的风暴过去。对于这些军官大家应该感激他们。

53

毫无疑问，费希尔决心做的事情百分之九十是对的。他的伟大改革使皇家海军在它历史上最关键的时期保持了强大力量。他向海军敲响了英国陆军在南非战争时期经受过的震惊的警钟。经历长期安宁不受挑战的自满后，如今能够听得到远处隐隐的雷声。就是这位费希尔，他高高举起风暴信号并召唤全体人员恪守岗位。他迫使海军的每一个部门审查自己所处的位置和存在的问题。他提醒他们，他敲打和诱导他们惊醒起来紧张工作。但正当这样不停工作之际，海军成了令人不愉快的地方。纳尔逊传下来的"兄弟帮"（Band of Brothers）传统，这会儿——只是在这会儿——被抛弃了；在"兄弟帮"头领们公开表示相互的敌意的背后，到处呈现他们的追随者的恶意阴谋。

我问自己，是不是所有这一切都是无法避免？我们能不能实行费希尔的改革，但不要费希尔的做法？我深信，费希尔被他遇到的困难和阻碍激怒，每走一步都要经过艰苦斗争，这使他怒不可遏。在有艰巨战斗任务的政府部门中，必然要有政治权威和专业权威的结合。一位强有力的第一海务大臣要施行充满活力的政策，必须有海军大臣的支持，只有后者能够支持他和保护他，他们联合起来，权威才能倍增。当他们都是有效率的因素时，每一方都可以向对方提供其他一些十分重要的帮助。两者工作协调，双方的效率都能倍增。联合力量的集中，使得派系争斗没有活动的空间和机会。不管是好是坏，他们为海军利益一起做出的决定必定能被忠实地接受。费希尔工作的后几年是海军部由两位大臣统治的几年，不幸的是，这两位都患了严重的甚至致命的疾病。尽管考德勋爵和特威德莫思勋爵都是很有能力和很正直的杰出人物，但他们从 1904—1908 年任海军大臣时健康状况就极差。此外，两人都不是下院议员，未能在议会里显示才能，也就没有能力以不容怀疑的语气宣布海军部会遵循下院会批准的政策。当 1908 年麦克纳先生接任海军大臣时，出现了机会。这位大臣赋有惊人的清醒的头脑和坚定不移的勇气，年富力强且具有最充沛的体力和精力，并在下院获得稳固的政治地位，有能力施展立即使局势稳定的影响。可是对于费希尔来说这个机会来得太迟了。对立面的愤怒追踪着他；对立与仇恨已经发展得太深重。海军中的分裂、不和继续凶猛而公开地表现出来。

这个阶段费希尔遇到一件意外小事，即"培根信件"事件，这个事件与他这段生涯的结束紧密相关。培根舰长是海军中能力最强的军官之一，是一个强有力的费希尔追随者。1906 年他在查尔斯·贝雷斯福德麾下服役于地中海。费希尔要求他随时写信给他，告诉他发生的所有事情。他遵命写了些有分量、有价值的信，但这些信会招致别人的谴责，因为信里含有对顶头上司的批评。这一点本来不会引起注意；但这位第一海务大臣习惯于把有关技术主题的信件、短笺和备忘录用精心挑选的美丽字体印出来，目的在于教导和鼓励他的忠实追随者。费希尔喜欢培根信中提出的论点及说服力，并于1909年叫人把它们付印并在海军部广泛传阅。最后有一份流入对立分子手中，很快它被传送给伦敦的一份晚报。第一海务大臣被指责鼓励下属对他们的顶头上司不忠。这段插曲是致命的，在1910年初，约翰·费希尔爵士离开海军部，正如大家所预想的那样，他最后退役进入了上议院，虽然成就辉煌、满载荣誉，却在欢庆声中遭到了对手的许多攻击。

55

当我确定要去海军部时，便立即派人去请费希尔；他正在国外享受阳光。自从1909年有关海军预算的争论后我们彼此未曾见过面。他自认有义务忠实于麦克纳先生，但当他知道我与麦克纳互换职务的决定和我本人毫无关系时，便急忙回国。我们在赖盖特小隐修院一起度过了舒适的3天。

我发现费希尔是名副其实的充满知识与灵感的火山；一旦他知道我的主要目的，便立刻进入了热情迸发状态。事实上，对他来说，要他在平静的卢塞恩湖畔等待和无事可做，几个星期焦急地注视着久悬不决的阿加迪尔危机，肯定是极度痛苦的，而此时他毕生的杰作，即他心爱的海军随时都会经受最大的考验。一旦他开始说话，几乎就停不下来。我问他一些问题，他毫不保留地说出自己的想法。与他谈这些重大问题一直是我的享受，但我最感兴趣的是他促进舰船设计的所有相关工作。他还眉飞色舞地谈论海军里的将军们，但对他叙述的将军间的宿怨，听的人必须把它打个大折扣。我的意图是保持天平平衡，在大体上采纳费希尔政策的同时，坚持务必停止长期的敌对。

虽然对前文中所述的那些情况我已清清楚楚，但和费希尔开始谈话时我并没有想到要召回他。但到了星期天晚上，这个人的才能与力量已使我深信不疑，此时我已几乎下定决心做三年后将要做的事情，即让他再次担任海军领导人。我怕的不是悠悠众口，这时我对此已有充分的心理准备。我怕的是宿怨的复活和继续；根据他的性情很难避免争吵是很清楚的。同时我还担心他的年纪。我不能完全相信 71 岁的老人能保持心境平静。第二天上午在返回伦敦的途中，我真的想说"来帮助我吧"，如果他说一句希望回来的话，我肯定会把这句话说出来。但他保持了适度的尊严。一个钟头后我们到了伦敦。随后我产生了其他想法，而且听到了不少意见相反的劝告，几天后我打定主意到

别处寻觅第一海务大臣。

我不知道我是对还是错。

像费希尔勋爵这样多年担任高级官位，干的又是极为机密和至关重要的大事的人，他与人通信的数量大得令人惊奇，而且内容毫无顾忌。当我为写此书和为满足写他传记的作者的要求，将从这位将军那里收集到的全部亲笔书信打印出来时，排列紧密的打字纸多达 300 页。大体上这些信一再重复与其一生有关的海军的主要思想与信条。虽然很容易指出信中的许多不一致和明显矛盾，但其主旨未变。这些信还呈现出逗人高兴的掩饰，点缀着贴切的并有时深奥的引文、有光彩的短语和比喻，还有讽刺性的笑话和歹毒的个人攻击。所有这些都是他一想到便仓促写下的，他有力的笔跟随他傲慢的思想奔流直下。他常常把想到的事情大胆地振笔疾书，有些思想是其他人想都不敢想的。他的汹涌浪潮般的发泄引起这么多的敌人在他后面破口大骂，这并不足为怪。真正的怪事是他没有因此招来太多的灾难。是他天赋的乐观情绪支持他承受住了压力。事实上，在这些年的过程中，他的书信中大量不谨慎的激烈言语在某种意义上起了保护自己的作用。人们渐渐相信，这是与大海的卫士身份相称的活泼型的言语，而那位年老的海军将军在他多风暴的道路上傲然前进。

在这个准备时期，对于我来说，他的信件成了我快乐的源泉。他书写得很密的 8 页或 10 页特大信纸用小珍珠别针别在一起或用丝带缚在一起，信里面包含着各种消息和决策，有种种愤怒的谴责，也有至高无上的灵感或鼓励。收到这样的信令我欣慰。他给我的信件一开始

就充满深情和慈父般的亲切。信以"我亲爱的温斯顿"开始，结尾通常有变化，如"成为煤灰也属于你的""直到地狱结冰也属于你的"或"直到木炭发芽也属于你的"。下面接着又是附言，又写上两三页富有想象力和才华横溢的文字。我每次重读这些信件都不能不对他的烈火般的灵魂、火山般的精力、深刻的创造性思想、猛烈的直言不讳的憎恶、对英国的爱产生强烈敬爱的感情。唉！当地狱结冰、木炭抽芽和友谊化作煤灰那一天，当"我亲爱的温斯顿"变成了"大臣，我再也无法与你共事了"[2]，我为能记述下我们漫长而亲密的关系并未终结而高兴。

* * *

第一海务大臣阿瑟·威尔逊爵士以他平时端庄朴素的风度迎接我。57当然，他不会一点不知道派我来海军部的主要原因。当严格保密的对我的任命最初传到海军部时，他在与其他海军大臣的谈话中说："我们将有新的上司；如果他们希望我们为其工作，我们就干下去，不然，他们将找别人继续工作。"此前我只在帝国国防委员会会议上碰到过他，我对他的看法可分两方面：一方面，基于所有对他性格的评论，我钦佩他；另一方面，我完全不同意我所了解到的他的战略见解。他认为组建战时参谋部毫无必要；而我却建立了这个机构。他不赞成陆军部的计划，即战争发生时派陆军去法国；我认为应完善这些安排直到最小的细节。我认为，他迄今仍是严密封锁德国港口的鼓吹者。在我这个外行或陆军军人的眼中，鱼雷的使用看来已经使得这种战略成为不可能。[3]这些都是巨大而至关重要的分歧。在他这方面他也许认为，在阿加迪尔危机中我们陷入不必要的恐慌，认为我们不能正确地理解英国舰队的力量与机动性，也不能正确地理解英国战略力量的真正特性。除非他的任期延长，否则他在三四个月内将因年龄原因退役；而在我这方面，我来到海军部有一个十分明确的意图，即我要建立由我自己选择的全新委员会。在这样的环境下，我们的合作必然没有希望。

　　然而，此刻还是让我来描绘一下这位个性突出的海军人物吧。毫无疑议，他是我曾经遇到或甚至读到的最大公无私的人。他没有要求，他无所畏惧——绝对无所畏惧。不管他在指挥英国舰队还是在修理一辆老旧汽车，他都会同样热衷，同样感兴趣，同样满足。从重要的职位上进入完全的退休，从完全退休再回到海军部门的顶峰，这样的变迁对他稳定的心跳不会有任何影响。每一件工作都是任务。不仅仅是因为没有其他事情更加重要，根本不存在其他事情。一个人尽其可能做好工作，不管它是大事还是小事，自然他不索要任何回报。这就是他漫长一生生活在舰船上所凭借的精神，以他的典范作用，他把这种精神灌输给了所有海军的官兵。在许多场合，在人们看来他似乎对官兵冷漠无情。命令就是命令，不管是断送一个军官的职业生涯还是提升他使他名声大噪，不管命令涉及最愉快或最讨厌的工作，他对所有的诉苦，对各种各样的情绪和激动，总是咬紧牙齿露出淡漠的笑容。我从未见到他的镇定受过干扰。他从不毫无拘束地畅所欲言，从不放松自如。直到我倒霉的那一天为止，我从不知道我的工作在他的眼中是否值得赞许。

　　尽管他冷漠的态度，被人普遍称为"猛拉"（Tug，因为他总是在工作，即总是在拉、曳、拖）或者称为"老过分"，但他在舰队中同样得到热情的爱戴。士兵愿意做艰苦和枯燥的工作，即使当时他们怀疑做这个工作是否必要，因为这是他命令他们去做的，这就是"他的作风"。在克里米亚战争中他是海军候补少尉。每个人都知道他获得维多利亚十字勋章的事迹。当时在苏丹的塔迈，我们的方阵被击破，他的加特林机枪的子弹打尽，人们见到他用拳头一个接一个地打击德尔维希持矛士兵，挥舞着断剑的剑柄如同挥舞灰尘掸子。人们还说他对天气与气候反应明显迟钝。他在北海过隆冬，只穿一件薄薄的紧身短上衣，显得很舒服，而其他人穿上厚大衣还在发抖。他光着头站在热带太阳光下不会中暑。他有天生富有创造力的头脑和丰富的机械知识。

海军使用了40年的反水雷系统和一直用到被无线电报取代的桅顶信号，两者都是他灵巧头脑的产物。他是经验丰富和技艺高超的海上舰队司令官。此外他善于表述，书面文字清晰而细致，他草拟的文件论点确切详尽，剖析的范围广泛全面。从一开始他给我的印象就是具有最高的品格和思想境界，但我认为，他太多地停留在过去的海军技术上，当条件迅速转变时接受新思想不够。当然，他还极度地固执己见和顽固不化。

与他经过几番初步谈话后，我发现我们几乎不可能达成一致意见，我派人送给他一份组建海军战时参谋部的纪要，它惹起了明确无误的争议。他对我的意见提出理由有力的和毫无保留的拒绝，于是我决定立刻组建一个新的海军部委员会。海军部的大臣持有副大臣级的任命状，当然有必要将我的建议送呈首相并获得他的同意。11月5日我通知首相，鉴于阿瑟·威尔逊爵士反对海军战时参谋部的整个原则，而且我则认为在1月底之前设立海军部新委员会是绝对必要的。此后，我在11月16日把全部建议送呈首相：弗朗西斯·布里奇曼爵士为第一海务大臣，巴滕贝格的路易斯亲王为第二海务大臣，帕克南海军上校为第四海务大臣；布里格斯海军少将留任原职仍为海军审计署署长兼第三海务大臣。建议海军副司令海军中将乔治·卡拉汉接替弗朗西斯·布里奇曼爵士为国内舰队司令。但最重要的任命是委派约翰·杰利科爵士为海军副司令。这样他实际上已凌驾于现役军官名单上4或5名最重要的高级将领，事实上成为不久的将来被任命为最高指挥官的人选。

这些变动的宣布（11月28日）在当日深夜被议员得知时，在下院引起相当轰动。除一个人外所有的海军大臣全换了新人。立刻有人质问我："他们是辞职的还是被免职的？"等等。我简要地做了必要的解释。此时我处于强有力的位置，因为凡知晓阿加迪尔危机内情的人大多数都对舰队状况担忧，而派我去海军部就是要去做一番新的和激烈的努力，这是众所周知的。

阿瑟·威尔逊爵士与我以友好、礼貌但同时冷淡的言语分手。他对于少许缩短他的任期没有表示些微怨恨。他像以往一样好脾气和冷冰冰。只有一次他表现出最轻微的愤怒痕迹。当时我告诉他，首相有意将他的名字上呈国王请求封爵。他竭力要求不要把他的名字上报。他要这么个头衔有什么用呢？这个头衔是可笑的。然而，无论如何国王决定要赐给他功绩勋章，他最后被说服接受了。在海军部的最后一晚，他以真正的"兄弟帮"的方式设宴款待新任海务大臣们，然后退休回诺福克。我情不自禁、难过地想起著名的坦尼尔的漫画《领航员下船》。画中描绘没有经验和好冲动的德国皇帝漫不经心地注视着令人崇敬的人物俾斯麦从梯子上掉下来。但我的行动以崇高的公众利益为动机，没有其他杂念。我以这个理由来鼓舞自己的勇气。

人们将在合适的地方看到，我还将与阿瑟·威尔逊爵士再次共事。

我来到海军部几周后，有人告诉我，在希望来见我的几个海军将级军官中有海军少将贝蒂。我以前从未见过他，但我对他有如下印象：第一，他是舰队里最年轻的将级军官。第二，当我们进攻恩图曼时，他曾率领白炮舰上溯尼罗河尽可能近地支援第 21 枪骑兵团。第三，他曾多次见到陆军在陆地上作战，因此他有海战经验也有陆战经验。第四，他出身于骑兵世家；他的父亲曾在我自己的团里（第 4 轻骑兵团）服役，我刚刚参加军队时就常听人谈论他。我知道，这位将军是个非常高明的骑兵，有"恋乡癖"的外号。第五，在海军中有许多关于他受到很大压力的谈论。以上这些是这个军官的名字在我头脑中留下的印象，关于他，我叙述得很详细，是因为我有幸做出重用他的决定，这对皇家海军和对英国武装力量发挥了很大作用。

可是，在海军部有人对他的为人给了我绝对相反的忠告。他升迁得太快了，对岸上事务满怀兴趣。据说他的心不是完全贯注在海军上。在大西洋舰队里他曾经得到过一个适合他的少将军衔的职位任命。他谢绝了这个任命——在职位相对于候选人比例显得极少的时候，这是海军军官采取的后果非常严重的一步——其结果是今后将不会再有进一步的任命。提供进一步的任命将是违反先例的。他已有 18 个月没有职务，有可能长达 3 年无职务，期满之后按惯例退役。

我第一次遇到这位将军时立刻否定了这些不幸的忠告。他立刻成为我的海军秘书（或如任命书当时称呼的私人秘书）。从此我们在相通的两间并排房间里工作，在以后的 15 个月里，我们连续不断地讨论与德国进行海战的问题。我越来越明白他察看海军战略与战术问题的角度与一般海军军官不同：在我看来，他探讨这些问题更像是士兵的做法，他在陆地战争的经验更衬托出他曾接受过海上训练这个事实。他并不仅仅是工具主义者。他不认为武器装备本身就是目的，它们只是工具。他认为战争问题应从陆、海、空三方面通盘考虑。马球运动和猎场的形势使他的思维敏捷而灵活，在尼罗河炮艇上和岸上与敌作战的不同经历丰富了他的思维。我与他一会儿从这个角度、一会儿从那个角度讨论我们的海军问题，二人获得同样的愉快与好处。他完全不用技术行话进行评论，他的敏锐和深邃的洞察力越来越给我留下深刻的印象。

当 1913 年春季战列巡洋舰中队指挥官空缺时，我毫不犹豫地在众多人选中任命他去领导这个无比重要的指挥部，即后来著名的战列巡洋舰舰队——皇家海军战略机动部队，它作为指挥核心的速度与力量的高度结合一直受到海军部的关注。两年以后（1915 年 2 月 3 日），当我去"雄狮"号甲板上访问他时，军舰仍残留着从多格浅滩战斗中新沾上的胜利伤痕，我从他麾下的舰长和将军嘴里听到了他们对其领导者尊敬而充满热情的陈述。我记得，当我离开军舰时，那位沉着冷静的将军帕克南抓住我的衣袖，"海军大臣，我想私下跟你说句话"，他说话时声音中充满抑制着的激情，"纳尔逊又回来了"那些话常常在我心头浮现。

在我为战争准备舰队的努力中，有许多工作依靠巴腾贝格的路易斯亲王的指导和帮助，总的说来，他是我的主要顾问。他从 1912 年 1 月到 1913 年 3 月任第二海务大臣（当时弗朗西斯·布里奇曼爵士的健康暂时不佳），随后到 1914 年 10 月底任第一海务大臣。这里有必要对这位值得注意的亲王、值得注意的英国水手做一些描述。他的出身导致他在大战一爆发就被罢免，从而终止了自己长期的职业生涯，正因为这一点，更有必要描述他。

路易斯亲王是英国海军的孩子。他从年少时起就由大海抚育。英国军舰的甲板就是他的家。他的全部兴趣集中在英国舰队上。迄今为止，家庭的崇高地位既帮助也阻碍了他的事业：在到达某一点以前，身世起支持作用，但在此以后它确实又是不利条件。结果便是他 40 年海上服役的绝大部分时间，都是在岸上不太愉快的指挥部度过的。人们在马耳他听到，他经常率领巡洋舰中队以高速度在关键时刻进入小小的拥挤海港，在离岸剩下的空隙还不到 100 码时抛下锚，测量他的锚链，然后全速后退，使军舰安全地进入恰当位置。他对陆海作战的知识和对欧洲大陆的知识比我认识的大多数其他海军将军还要多得多。他的兄弟是保加利亚的国王，在斯利夫尼察战役中表现出非常之高的军事天赋。他本人精通英国海军的各方面细节，从理论到实践面面俱到。任命他为费希尔勋爵麾下作为我们组织核心的英国海军情报局的 62 局长不是没有充分理由的。他是受过完整训练和有成就的参谋官，具有清楚和通俗易懂的讲话才能，以及日耳曼民族那种一丝不苟和勤勉不懈的精神，我们从来不曾低估这种精神。

传闻有这么一件事情，当时他随英王爱德华访问基尔，一位德国高级海军将军非难他不该在英国舰队服务，于是路易斯王子绷起脸回答说："先生，当我于 1868 年加入皇家海军时，德意志帝国还不存在"。

在我经办的事务中，他发挥的作用可以作为未披露的故事记录下来。

我们第一件费力的事是建立战时参谋部。关于此事的所有细节全由路易斯亲王制定，由第一海务大臣批准。我还求助于当时在奥尔德肖特负责指挥的道格拉斯·黑格爵士。这位将军向我提供了一些精辟的论文，论文阐述了参谋组织的军事原理和在许多方面对现有海军工作方法提出了令人畏惧的评论。得益于这些不同意见，我于1912年1月发表了一份旨在尽可能消除对海军偏见的文件，向公众提出我的结论。

我一直不停地工作，为海军组建真正的参谋部而努力。

可是这样的任务需要一代人的努力。魔杖的挥舞不能够建立高级军官的思维习惯——依靠这种思维习惯参谋班子才能有效发挥作用。年轻的军官可以训练成才，但今后他们必须花费时间才能一步步走上海军中掌握权力的位置。专业军官的意见大部分倾向反对。以前没有参谋部，他们过得也相当不错。他们不想要一个声称比其余人更聪明的特殊军官阶层。在海上工作主要靠资格，其次才是靠技术才能。就这样，当我去往海军部时，我发觉那里对海军军官的专业训练一点也不重视，从来没有一个军官被责成读一本简单的有关海战的书，或者去参加极为粗浅的海军史考试。皇家海军对海军文献没有任何重大贡献。关于海军力量的标准著作是由一位美国海军将军写的。[4] 对英国海战和海军战略的最佳记述是由一位英国平民编写的。[5] "沉默的海军机构"并不是因为它专心致力于思索和研究才不说话，而是由于它被日常工作和许许多多日益复杂的技术压得喘不过气来才哑口无言的。我们拥有能干的行政官员、各种专业的杰出专家、无与伦比的领航员、严格的纪律执行者、优良的海军军官、勇敢和投入的心；但在战争升始时，我们的大多数军官与其说是军舰舰长不如说是船长。许多麻烦事就是由此产生的。要让皇家海军对战争问题和战争形势有开阔的观点，海军政策至少需要保持15年不变。没有这种观点，航海技能、枪炮操作、各种各样的工具主义以及最忠诚的献身精神均不能得到应有的发展。

15年！而我们只能有30个月！

*　　*　　*

我已说过，在阿加迪尔危机期间财政大臣对能为英国态度增加分量的每件事情是如何热心。但一旦危机过去，他就采取一种迥然不同的行动。他感觉到应该做出努力去消除任何可能使德国难受的痛苦，并就海军力量与其达成共同谅解。我们知道可怕的德国新《海军法》正在制定，不久就会颁布。如果德国下定决心要与英国对抗，我们必须接受挑战；但也许有可能用友好、诚挚和亲善的商谈避免这种灾难的发展。我们对德国殖民扩张不抱敌意，我们甚至可以采取积极措施促成她在这方面的希望。肯定能够做某些事情打断因盲目而引起可怕后果的链条。如果帮助德国扩大殖民范围是取得稳定局面的方法，这是我们乐意付出的代价。我完全赞成这个观点。如果我与财政大臣能携手合作，并能证明我们竭尽努力以求缓和英、德海军对抗却毫无成果，那么除其他一般理由外，我认为我会有更充分的理由要求内阁和下院给予必要的拨款。因此我们联合与爱德华·格雷爵士商量，然后征得首相同意，请欧内斯特·卡斯尔爵士前往柏林直接觐见德皇。欧内斯特·卡斯尔爵士适合承担这个任务，他与德皇很熟悉而同时忠诚于英国利益。我们带去一份简短但意义重大的备忘，冯·贝特曼-霍尔韦格在自己的著作中 [6] 比任何人都简练地概述了它的内容："接受英国的海上优势……不扩大德国海军计划……尽可能缩小这个计划……英国方面不阻碍我们的殖民扩张……讨论并改善我们的殖民雄心……建议共同宣布，两国不参加反对彼此的侵略计划或联盟。"卡斯尔接受任务后立刻启程。他在柏林只待了两天，一回来就即刻来找我。他带回德皇的一封热情友好的信和冯·贝特曼-霍尔韦格关于《德国海军法》的相当详尽的声明。我们在海军部彻夜贪婪地阅读这份极为宝贵的文件。文件表明，我们考虑了 6 年的计划（4、3、4、3、4、3 对他们 2、2、2、2、2、2），如今必须增加为 5、4、5、4、5、4 以对付他们预期的 3、2、3、2、3、2。这样我们将在"无畏"级战舰和"无畏"级巡洋舰方面对德国保持 60% 的优势，这样我们将建造 2 艘对他们外加 3 艘中的 1 艘。由于德国建立第三支巡洋舰中队，我们将被迫召回在地中海的战舰，把地中海防务交给法国。为了对付德国在人员上的增加，我们不得不将拟议中兵力增加的数量再翻一番，当年增加 4 000 人，第二年再增加 4 000 人。

我们把这些事项提呈内阁，内阁决定应派一位内阁部长前往柏林，并选定霍尔丹先生担此重任。经两国政府初步交换意见后，国防事务大臣在欧内斯特·卡斯尔爵士陪同下于 2 月 6 日启程赴柏林。

几个星期前我就打算在贝尔法斯特发表演讲支持地方自治法案。对这个方案的剧烈敌意，在北爱尔兰省一触即发的首府迅速蔓延。因为曾做过公开承诺，我别无选择只能努力履行我的保证，但为了避免不必要的刺激，把聚会场所从乌尔斯特会议厅改为该市郊区树立的大帐篷里。每一方都大声宣告要以暴力和骚动威胁，接近 10 000 人的军队集中在那个地区以维持和平。我的计划是，如果在贝尔法斯特一切顺利，我第二天继续前往格拉斯哥视察几处沿克莱德河的造船厂，并就海军形势发表演讲，我将十分平易地说明我们的根本意图，旨在对霍尔丹使命做必要的支持。当我在伦敦火车站等候去爱尔兰的火车时，我在晚报上读到德国皇帝在国会开幕式上的演讲，宣布增加陆军与海军拨款的法案。新《海军法》对英国人和德国国民同样还是秘密，可是我知道它的规模和特性，并将它与陆军法案联系起来看，此刻我产生了一种危险临近的强烈感觉。有一句充满德国人自我宣泄情绪的话惹人注目。"保持和加强保卫德国人民的陆上与海上力量是我不变65的责任和关注，德国不缺乏适合扛起武器的青年人。"事实上这话是对的。人们想起出生率下降的法国，通过她的堡垒群凝视宽广的德国土地，默默地沉思着如何对付这些"适合扛起武器的青年人"，而这些青年人在德国的确是"不缺乏"的。我的思绪匆匆地跳过爱尔兰骚动的一天，暂时忘却我面临的演讲烦恼，固定在格拉斯哥，好像此地也许能对德国控制欧洲大陆的威胁提供某种反击的力量。欧洲可能要再次在一个岛上找到反抗军事霸主的护卫者，这个岛屿过去和将来从不"缺乏从他们孩提时代就培育的适合于海上服役的训练有素和能吃苦耐劳的水手"。

因此，在爱尔兰磨难过去后，我在格拉斯哥说：

英国海军力量的目的在本质上是防卫性的。我们不想侵略，也从来没有任何侵略的思想，我们也不把侵略思想加到其他大国身上。但在英国海军力量和伟大而友好的德意志帝国——我相信它有可能长久地保持为一个伟大而友好的帝国——海军力量之间存在分歧。英国海军，对我们说是必需品，从某种观点上看，德国海军对他们来说在本质上更多的是一种奢侈。我们的海军力量涉及英国的生存。海军对我们是生存，对他们是扩张……

我们这个国家里有大量的海员储备。可以采取措施比迄今认为可能的更好地利用我们的储备；我已指示由我信任的海军专家仔细研究那个主题。我们的储备是一项巨大的资源，它源自皇家海军和商船队，这个岛屿现在和将来从不缺乏从他们孩提时代就培育的适合于海上服役的训练有素和能吃苦耐劳的水手。

国外不论发生什么情况，这里不会有呜咽声，不会发出遇险信号，不会有要求帮助或救济的呼号。我们将像我们的祖先那样面对未来，没有忧虑，没有狂傲，有的是冷静的和不屈不挠的决心。我们应是欢迎海军对抗推迟或缓和的第一支力量。我们不应是用空话而应是用行动迎接任何这样的缓和……

如果欧洲大陆要加强对抗，我们将不惧困难地迎接对抗，直到这个国家满意为止。由于海军竞争更加激烈，我们将不单增加我们建造舰只的数量，而且要扩大我们海军力量与其他海军强国的海军力量的比率，这样随着竞争紧张程度的增加，我们的优势差距将变得更大而不是较小。因此我们要使大家明白，其他海军大国不但无法通过增加努力超过我们，反而会由于我们自身采取的措施而远远落在我们的后面。

这篇演讲在德国引起一阵相当大的喧嚷，而这阵喧嚷立刻激起国
内自由党报纸很大范围的反响。看来，"luxury"（奢侈，费钱的）这
个词译成德语时有不良含义。"Luxus Flotte"（奢侈舰队）在德国成
了人们愤怒传告的一个词。如我预期的那样，当我回到伦敦时我发觉
我的同事正在生气。他们对格拉斯哥情况的不满使他们对贝尔法斯特
态的祝贺话也说不出来。两天后霍尔丹先生从柏林回来，内阁召开
会议听取他对这次任务的报告。可是与普遍预期相反，国防事务大臣
宣称，我在格拉斯哥的演讲不但不是对他谈判的阻碍，反而是最大的
帮助。事实上他在前一天对冯·贝特曼 - 霍尔韦格发表了几乎相同的
论点。他告诉这位首相，"倘若德国增加建造第三中队，我们将不得不
在领海内保持 5 个或甚至 6 个中队，也许会从地中海调回舰只加强它
们"，要是德国在现有计划之外增加造舰数量，我们将"立即着手建
造 2 艘军舰对德国新增加的 1 艘"；而为了海军，"人民不会埋怨多付
一个先令的所得税"。他描述他怎样对德皇和冯·提尔皮茨亲自朗读我
演讲中最重要的段落，来说明和证实他本人在上几次讨论中所说的话。
就我而言，他的话解决了我的问题。这只是说明霍尔丹先生在任何时
候和任何有关这个国家准备对德作战问题中扮演的英勇而忠实角色的
另一个例。

霍尔丹先生亲自带回新《德国海军法》的真实文本。这是德皇在
讨论过程中递给他的。这是一份精心制定的技术文件。霍尔丹先生在
此文件未经海军部专家审查之前谨慎地拒绝对它发表任何意见。现在
我们要严格审查这个文件。结果更多地证实了最初留给我们的不好的
印象。

3 月 9 日，我指出，根据海军部的观点，与德谈判的根本性建议
应是：现有的《德国海军法》不应该增加，如有可能还要减少建造舰
只；但情况正好相反，德国肯定有一项新法律要颁布，它将规定不但
在 1912 年而且在今后 5 年内海军将有巨大的和不断地增加。实际上，
五分之四的德国海军将永久性地以战争为立足点。德国政府在一年

67　四季将可以动用 25 艘或 29 艘全部编入现役的战舰，但"在目前，英国政府在领海内全部现役的战舰，即使算上大西洋舰队，也只有 22 艘"。

　　因而在根本性建议上我们遭遇了顽强反对的态度。然而我们也坚持不让，于是讨论转向反对侵略性计划的共同宣言问题。关于这点爱德华·格雷爵士提出如下方略："英国将不会对德国发动无缘无故的攻击，不对她奉行侵略性的政策。入侵德国并不是英国的目标，英国现已加入的任何条约、谅解或联盟都不以此为目的，她也不愿成为抱有这种目标的任何组织的成员。"德国政府认为这个方略不够充分，通过她的大使提出如下附加条款："因此在德国被迫进行战争时英国应至少遵守善意的中立，"或者"因此，理所当然，如果战争硬加在德国头上，英国将保持中立。"

　　这最后条件可能使我们远离初衷，据此，在"被迫的"战争或在被说成"被硬加在"德国头上的战争中（如由奥地利和俄国争吵引起的战争），我们援助法国的权利很可能被剥夺。这肯定要被看作协约的终止。此外，即使我们走了这一步，新《德国海军法》也不会撤销。最多稍加修改。谈判就这样在最初阶段陷入了完全的僵局。然而，我们把至少建立友好精神看得如此重要，我们又是如此希望安抚德国和满足她的愿望，以至于我们一直坚持努力达成对德国在殖民领域有利的协议。这些谈判仍在进行，几乎达成了确实有利于德国的结局，此时战争爆发了。

＊　　　＊　　　＊

　　3 月初，虽然新《德国海军法》仍未公布，但有必要向下院提出我们的支出预算。当然，让任何暗示从我口中传出，说我们已经知道新《海军法》的内容，将是破坏向德皇做出的诺言。因此我不得不令我关于海军问题的第一次演讲纯粹以假设为基础："如果德国舰队没有进一步的扩充，这就是我们准备做的。要是我们听到的传说不幸成为事实，我将不得不向议会提出补充预算，如此等等。"

在这篇演讲中，经过内阁同意，我明确地制定出今后 5 年我们海军建设的原则以及主力舰只应达到的火力标准。这个标准规定如下：只要德国坚持现在宣布的计划，在"无畏"级战舰上我们要超过她 60%，对于建造的每一艘外加军舰，我们以二比一的比率建造。由英联邦自治领提供的舰只是额外的，不在我们自己可能建造的数量之内。否则联邦自治领的努力将不促成我们海军力量的任何增加，反而可能抑制这种增加的努力。根据这些方针我制定英国建舰 6 年计划，数量为 4、3、4、3、4、3，以应对德国建舰计划不变的 6 个 2。这些数字得到下院完全通过。我们没有把握确定德国人是否遵守向霍尔丹先生提出的削减在他们新《海军法》上包括的 3 艘外加军舰中的 1 艘。无论如何，这最后成为了未决的问题，但不管怎样它是霍尔丹先生这次使命带来的实实在在的结果。在提尔皮茨的记录中这样说："他（霍尔丹）随后又提出延迟建造 3 艘军舰的建议；问我们能否在 12 年中逐步建造它们？……他要的只是我们准备满足英国要求的象征性的表示，更多地是为了形式上的缘故……霍尔丹本人建议，'为了使谈判顺利进行'，我们应放慢我们增加舰只的速度，或者至少应该撤销 3 艘军舰中的 1 艘。他自愿地以书面形式概述了我先前心中决定的作为可能让步的同一原则。因此我牺牲这艘军舰。"

因此我们"牺牲"了 2 艘假设的军舰，而我们本来会是 5、4、5、4、5、4 的增加计划最终宣布为 4、5、4、4、4、4。马来亚联邦辉煌的礼物"马来亚"号把第一年的建舰数从 4 提高到 5。

这个月晚些时候，在向议会宣布这些决定时，我公开和明确地提出"海军裁军期"建议，就英国和德国而言这些建议并无结果，但这个原则此后被世界上以英语为母语的民族所采用：

　　拿 1913 年作为我提出供普遍考虑的这个建议的例子。在那一年里，我担忧德国将建造 3 艘主力舰，因此我们必须建造 5 艘。

　　假如我们两国都赞同那一年为海军裁军期，在误解之书中插入一张空页；假设德国那年不建造新舰只，她本身可节省 600 到 700 万英镑。但这还不是全部。一般情况下在德国开始建造之前我们不会开始建造舰只。德国不建造 3 艘军舰从而英国则自动消除不少于 5 艘潜在的超级"无畏"舰。那将是他们能够做的超过我所预期的一个光辉的海军行动。

　　到 4 月初，可以肯定与德国实施海军裁军期的总安排已不可能。德皇通过欧内斯特·卡斯尔爵士给我一封彬彬有礼的信表示他深深的遗憾，同时补充说，这样的安排只有在盟国之间才有可能。

＊　　　＊　　　＊

　　德国海军的扩充产生不可避免的后果。英国舰队为了安全的原因必须集中在领海水域。我们被迫从地中海撤回战舰。只有这个措施才能得到训练有素的官兵在领海水域内组建装备齐全的第三战列舰中队。内阁决定我们必须在地中海保持强大的海军力量。最后由 4 艘战列巡洋舰和 1 艘装甲巡洋舰编成的中队便以马耳他为基地留在地中海。内阁进一步决定，到 1916 年还应在地中海组建一支"无畏"级战列舰中队，其实力相当于日益增长的奥地利作战舰队。做出这些决定有深思熟虑的目的，那就是重新获得完全的行动自主。但从地中海撤回战舰，即使只有几年，也是值得注意的大事。这将使我们在那些水域似乎要依靠法国舰队。与此同时，法国人也在重新部署他们的军力。在德国军事力量不断增强的压力下，英国把她的全部作战舰队调到北海，法国把她的全部大型军舰驶入地中海。两国海军间相互依靠的意识急速增强。

令人惊异的是冯·提尔皮茨海军上将从不担心他的政策必定会产生什么样的后果。甚至到战后他还写道：

> 我们的舰队在此时给予积极外交政策一张王牌，为了估计这张王牌的力量，人们必然记得，由于我们的原因，英国将舰队集中于北海，结果使得英国海军在地中海和远东水域的控制实际上已终止。

德国从这个政策上获得的唯一"王牌"是促使英国与法国日益紧密地团结在一起。从法国和英国舰队以这种新方式部署之时起，我们共同的海军利益就变得非常重要。而法国在遭受德国攻击时要求英国支援的道义上的权力——不管以前我们有过什么相反的规定——已被大大扩展了。事实上，我试图阻止这种必要的召回，因为我担心太紧地把我们与法国束缚在一起，会剥夺了我们的选择自由，而我们阻止战争的能力可能要依靠这种自由。

1912 年 8 月，内阁决定在法国海军部与英国海军部之间展开对话，就像两国参谋部从 1906 年起举行的商谈一样，就在此时我向首相和外交大臣提出一份纪要，尽可能清楚地表明这个观点，即我们应尽最大的努力保护我们自己。

1912 年 8 月 23 日

首相及爱德华·格雷爵士：

我迫切想要捍卫的是，在紧要关头出现时我们的选择自由以及由此造成的事先影响法国政策的力量。如果法国能够说他们的海军撤出大西洋海岸集中于地中海，是因为他们相信与我们一起做出的海军新部署，那么我们的选择自由就会明显地减少。说这是共同部署，那是不真实的。如果我们不存在，法国人也不能做出比现在更好的部署，他们的力量不足以单独面对德国，更不能同时在两个战场上支撑下去，因此他们正确地把海军集中于地中海，在那里它们可能是安全的，占有优势，并能确保与非洲的交通。说我们依赖法国以维持我们在地中海的地位，也是不真实的……如果法国不存在，我们也不会做出不同的海军部署。

据我们判断可能出现这样的一些情况，即我们会出动全部陆海军力量援助法国，这对我们来说是合乎希望和正确的。但我们不要求回报。如果德国向我们进攻，法国人让我们单独战斗到底，我们不会因此而指责法国人不守信用。海军和陆军的新部署不应使我们处于这样的境地，即一旦战争爆发而我们拒绝参战，我们将会受到英国人不守信用的指责。

这是我的看法，我确信我与你们在原则上是一致的。具体怎么执行，我并没有特别的要求；我也不在乎用什么文件予以公布。但（考虑到）如果法国能够说："按照你们海军当局的忠告和部署，我们撤除了北部海岸的防务。我们不可能及时赶回，"那法国掌握的用以迫使我们进行干预的武器将是多么惊人。事实上（我多了一句前后不连贯的话），此刻不管写下什么都可能具有决定性的意义。每个了解情况的人都知道，我们只有联盟的义务而没有联盟的好处，最重要的是没有精确的权利和义务的界定。

W.S. 丘吉尔

71　　事实证明，这种困难确实存在。海军的技术性谈判只有在如下基础上进行，即法国舰队应集中于地中海，如果发生两国都参加的战争，保卫法国西部和北部海岸的责任落在英国舰队身上。如我预见的那样，法国人自然提出这一点：要是英国不参加战争，他们的北部和西部海岸将完全处于无防卫状态。但我们在承认这个困难的同时，坚定地拒绝同意让海军安排在任何政治意义上束缚我们。最后双方同意，如果出现战争威胁，两国政府应事先一起商量，协调他们应采取的共同行动。法国人务必接受这个立场，明确地确认海军商谈不牵涉共同行动的任何义务。这是我们为我们自身和他们能够做的最好方案。只要时机来到，英国愿意做什么就不容怀疑了。

*　　　*　　　*

舰队组织与陆军组织全然不同。陆军只需一小部分军人服现役。这些士兵组成以营为单位的体系，在和平时期训练士兵和守卫国土。当发布动员命令时，所有受过训练但在家过平民生活的男子在需要他们时都要应征入伍；此时或在此之前陆军都可以打仗。

而海军则处于全时准备状态。英国海军的所有最好军舰均满额地永久地配置专职士兵（称为现役级）。因此从素质上看，海军的整个力量总是常备不懈、可以使用的。甚至从数量看，几乎四分之三的军舰不必召集后备兵员就能参加战斗。只有最老旧和最过时的军舰在战时要配置海军后备人员，也就是那些已离开海军恢复平民生活的人。那些过时舰只占全部舰只的一小部分，它们像欧洲陆军一样需要"动员"。

因此动员兵力——这是所有强大陆军的基础——在舰队中只发挥很小的作用。每艘真正像样的军舰永远准备着，一旦命令到达立刻开火战斗。

在我来到海军部时，英国领海水域舰队的组织，似乎处在习惯于军事对称的心理状态，尚有许多不足之处。从各中队组成时的等级来看，不同中队的准备程度和效率并不具有明显的分别。在与弗朗西斯·布里奇曼爵士、路易斯亲王和新建的战时参谋部参谋长特鲁布里奇将军商谈中，我为舰队设计了新的对称的组织。

为国内防务使用的所有舰只分作第一、第二和第三舰队，一共包括 8 个战斗中队，每个中队由 8 艘战列舰组成，再加上它们的随从巡洋舰中队、小舰队和辅助舰艇。第一舰队包括 1 艘舰队旗舰和由"完全满员"的舰只组成的 4 个战列舰中队，配置全部现役级官兵，做到随时待命。为组建这支舰队有必要调来以前的"大西洋舰队"，它以国内港口为基地不再驻在直布罗陀，此前驻在地中海的战列舰以直布罗陀为基地不再以马耳他为基地。经过这样的集中，由战斗力极强的舰只（"爱德华国王"级）组成的一支外加战列舰中队在领海水域随时待命。第二舰队由 2 个战列舰中队组成，也全面配置现役级官兵，但有约 40% 官兵在炮兵、鱼雷和其他学校学习。这支舰队被称为"作战满员"舰队，因为它可在任何时候投入战斗；但要发挥它最大效率，它就必须靠拢国内港口，从学校召回空缺的水手。在以上所说的 6 个战列舰中队中，包括它们的巡洋舰中队在内每一艘新式舰和中龄舰，不允许有一个后备役军人。因此整支海军不需要动员即可参加战斗。第三舰队由我们最老的舰只构成的 2 个战列舰中队和 5 个巡洋舰中队组成。这些中队只配置保养和维修人员，它们在出海前需要召来后备役军人。为加速第三舰队主要战列舰中队和某些巡洋舰的动员，现在组成一支特殊的后备队叫做"立即预备队"，预备队官兵报酬较高，定期训练，有义务在总动员之前应召服役。

德国的远洋舰队正在增加第三个中队，因此她的常备力量从 17 艘增加到 25 艘。作为回应，我们采取上文所述的措施和因过于专业在这里难以详述的其他措施，我们的常备舰队的战列舰从 33 艘增加到了 49 艘，并以类似比例提高其他海军力量。经过动员，德国的数字可以上升到 38 艘；英国数字开始时为 57 艘，最后随着组织完成将达到 65 艘。

除非能掌握这个新组织的含义，否则读者很难懂得有关大战前夕舰队完成编制和动员的种种问题。

*   *   *

1912 年春季我们在波特兰进行海军大集合。几十面海军将军
的军旗、许多海军准将的宽广长条旗和 150 艘军舰的三角旗一起飘
扬。国王乘皇家大游艇莅临，艇前面是海军部旗，中间是王旗，后
桅上是表示国籍的小旗，它停留在水兵之中达 4 天之久。有一天舰
队作长距离巡航，遇到浓雾，舰只相互间完全隔绝，整个舰队全都
看不见前后左右地一起行驶，依靠不可思议的尾笛鸣响保持编队位
置。似乎不可置信，竟没有一艘舰只受到损伤，然后突然间浓雾散
去、能辨认远处的目标时，战列舰排成的整条长线一艘艘地显现在
眼前。突然见到巨大的火焰闪光，军舰发射炮弹发出震耳欲聋的巨
响，同时炮弹落海处激起高高的喷泉。舰队返航——3 个战列舰中队
并驾齐驱，巡洋舰和小舰队首尾相接地排列。航速提高到 20 节。每
艘舰只的船头激起有白色泡沫的条纹。陆地近了。宽广的海湾欣然
接受这些迅速移动的巨大舰艇编队。排成队形的舰只已经占满海湾。
与我一起站在"魔女"号舰桥上的外国军官焦急不安地注视着。我
们依旧快速行驶。5 分多钟后舰队的前卫将抵岸。4 分钟、3 分钟。
最后，到啦！瞧信号！一条光灿灿的旗帜从"海王星"号的升降索
降落。每艘军舰的锚一起落下；它的链索通过锚链孔发出响亮的啷啷
声；每一架螺旋桨在舰尾旋转。在 150 码内每艘舰只都固定下来。沿
着直线看，这一行几英里，那一行几英里，舰只排得像用尺量过一
般。外国观察员惊叹得直吸气。

这是一段伟大的日子。从黎明到午夜，一天接一天，人们的整个
思想全被蜂拥而至的迷人和新奇的问题所吸引。整日里感到有一种力
量促使人们去行动，去创建，去组织；所有海军中最有能力的军官已
做好了准备，他们忠诚而热切，他们有论据，有指导，有情报；每个
人都感觉到一种巨大的危险与我们擦肩而过；在这种危险回来之前只
有极短的喘息时间；下一次我们必须准备得更好。星期六、星期日和

任何其他闲暇日子，我总在朴茨茅斯或波特兰或德文波特的舰队上，或者在哈里奇的小舰队里度过。各种级别的军官都到甲板上吃午餐或晚饭，不断地讨论海战和海军管理方面的问题。

海军部的快艇"魔女"号现在主要成了我的办公室，也几乎成了我的家；供我工作供我单独居住和娱乐，在战前 3 年中我在海上一共花了 8 个月时间。我访问了不列颠群岛和地中海上的每一个造船坞、造船厂和海军设施，以及每一艘重要的舰只。我亲自检查了每一个战略要点，每一件海军部的财产。我必须了解每件东西的模样，每件东西在什么地方，一件东西如何与另一件东西相配合。到最后我能得到我所要的任何东西，并彻底了解了我们海军事务的目前状况。

我生动地回忆起我第一次从朴茨茅斯到舰队停泊地波特兰的航行。阴沉沉的下午，天色接近黄昏。就在我第一次见到舰队从暮霭中露出来时，一个朋友提醒我，"遥远处连成一线的饱受风吹浪打的军舰是伟大陆军从未见过的"，但这些军舰在他们辉煌的日子里曾"阻挡了拿破仑通往征服世界的道路"。在波特兰港口，快艇四周停泊着许多军舰；整个港口因各种大小船只来来往往而充满活力，等到夜幕降临，海上和岸边千万只电灯突然发光相映生辉，由于舰只和中队彼此使用灯光交谈，每一个桅顶上的信号灯闪闪发光。为这样的事业服务谁会不做好工作呢？当黑暗中似乎充满着战争逼近的威胁时，谁会不做好工作呢？

想一想这些舰只，它们本身如此庞大，但在海上又如此渺小，如此容易在视线中消失。当时我们充分信任它们，但只有 20 来艘。它们是我们拥有的全部。如我们想象，在它们身上寄托着大英帝国的力量、威严、统治权和国力。我们历经几个世纪的漫长历史，我们在世界各地创立的业绩，我们忠实、勤劳、积极的人民所有的生活与安全的手段都依靠它们。如果有一天，英国舰队在遥远的英国港口不得不打开海水阀，让它们沉入海面之下，几分钟之内——最多半小时——世界的整个前景就会改观。大英帝国将如梦幻一般解体；每一个孤独的社会团体只能各自向前挣扎；英联邦的中心凝聚力量破碎了；那些强大的省份，它们本身就是一个个帝国，将会失去控制，沦为其他国家的战利品；欧洲在一阵突然的惊厥之后将落入条顿民族的铁拳和统治之下，落入条顿制度全部规则的统治之下。只有依靠大西洋彼岸尚未武装起来、尚无思想准备、也没有这方面经验的美国单独维持人类的法律与自由了。

好好保护他们，海军将军和舰长、吃苦耐劳的水手和个子高大的海军陆战队官兵；好好保护他们和忠实地引导他们。

注释：

[1] 海军大臣统管海军部所有事务，下辖第一、第二、第三、第四海务大臣统管海军军务。——译者

[2] 见第二卷第十五章。——译者

[3] 在费希尔勋爵任期中颁发的 1909 年战时命令中规定严密封锁德国港口。阿瑟·威尔逊爵士不向任何人透露在新条件下他所做的修改。

[4] 马汉海军将军。

[5] 朱利安·科贝特爵士。

[6] 冯·贝特曼-霍尔韦格，《对世界大战的反省》(*Reflections on the World War*)，第 48 页。

第五章　北海前线

　　来海军部以前，我从未充分意识到麦克纳先生和费希尔勋爵于1909年把军舰大炮口径从12英寸改为13.5英寸的巨大跃进为舰队立下的殊勋。大炮口径增加1.5英寸足以使英国炮弹从850磅提高到1 400磅。皇家海军正在船台滑道上实际建造的舰只中不少于12艘装备了这种极为出色的武器，它当时在世界上首屈一指，发射的炮弹中将近一半比德国舰队发射的最大炮弹还要重一倍。

　　我立刻设法将尺寸增大一号。此事我向在赖盖特的费希尔勋爵提起，他立即以极大的热情投身于实现这个主张。"新海军计划中的所有战列舰和战列巡洋舰必须装备15英寸的大炮。完成这种大炮的装备等于获得海上的伟大胜利，从这个努力退缩就是对帝国的不忠。使杰克·约翰逊能击倒对手的是什么？是一记重拳！使用堆满于舰上无用的玩具大炮的那些不幸士兵而今又在哪里呢？"一旦被纯技术问题挑起兴致，这头老狮子就会情绪激动、口若悬河，若非亲眼所见是无法想象他的模样的。我决心做出巨大努力确保获得这个值得追求的东西，但困难和风险是极大的，而回头看这件事，人们感觉到只有成功才证明了这样做是对的。扩大大炮口径意味着扩大军舰，而扩大军舰意味着增加成本。此外，重新设计事不宜迟，一旦回转炮塔准备好时大炮必须立即就绪。当时还没有像现代15英寸大炮那样的东西。没有人造过那样的东西。向13.5英寸前进本身已经是跨了一大步。这种大炮的力量已经更大，精确性已经更高，使用寿命也更长。英国设计师能否在更大规模上以更强的构造再次取得这种胜利？军械委员会开始工作，他们迅速制出设计图纸。在绝密情况下与阿姆斯特朗家族相商，由他们承担制炮任务。我与这些专家开了几次颇令人担忧的会议，对于他们的科学知识我当然完全不熟悉，我只是想知道，他们是哪种人以及他们对这个任务的真正想法。他们全都胜任这项工作。这一点不是弹道学专家也能觉察得出的。海军军械署长穆尔海军少将准备为这项工作而拿他的职业生涯做赌注。但毕竟没有绝对的把握。我们对 13.5 英寸大炮很了解。但在 15 英寸模型上可能产生各种各样新的压力。如果我们只造出一座试验炮，彻底加以检测，然后再订制所有 5 艘军舰的大炮，这样做没有风险；但这么做我们将失去整整一年的时间，在此期间 5 艘大舰将装着低一档次的武器开往战线，而我们却有能力给它们更好的。我们与几个权威人士商量，他们认为还是损失一年时间较为谨慎。因为，要是大炮失灵，军舰也会严重受损。我记不起还有任何其他行政决策比这更使我焦急的。

我再次去找费希尔勋爵。他态度坚定甚至有点激烈，因而我也铁了心跳入险境。先立刻定制大炮的所有装配件。根据我们的安排应在 4 个月内以最大努力赶造出一门大炮，以便检验它的射程和精确度，以及根据实际射击效果计算出射程表和写出其他复杂的资料。从此时起，我们义无反顾地投入整个武器的制造，这些军舰的各个细节、乃至数千个零件都要重新设计以便能与大炮配套。设想一下，要是有一个失效会引发何等可怕的灾难！我们将难逃责任。任何借口都是不能被接受的。这将完全归罪于我——"鲁莽的无经验者"，"他到那里还不到一个月就完全改变了他前任的计划"，造成"这个完全糟透了的失败"，"把这一年所造舰只弄得残破不堪"。我能说什么呢？更有甚者，尽管这个决策一旦开始行动就不可能取消，长期的搁置——至少 14 或 15 个月——难以避免。但我不能露出重重疑虑，我写信给第一海务大臣说："除了战争时期，和平时期也必须冒风险，现在付诸设计的勇气可能为以后赢得一场战争的胜利。"

所有事情的结局都很好。英国制炮技术被证明是精确而可靠的，英国的制造工艺声名远扬，至今仍居世界领先地位。第一门大炮在埃尔斯威克工场叫做"远程猛炮"，在官方所有文件一律叫做"14英寸实验炮"。它被证明是一项辉煌的成功。它能射击1 920磅重的炮弹，射程35 000码；它在任何射程下都能达到惊人的精度，不论怎样频繁地使用都不会缩短它的使用寿命。当然我是过分地焦虑了，但当我一年后第一次看到大炮射击并得知一切正常时，我感觉到我仿佛被人从极可怕的险境救出了似的。

1913年，在战前经常出版的那些梦魇似的小说中，我读到一本大战的故事，书中描述令战败的英国舰队吃惊的是，德国新战舰以骇人的前所未闻的15英寸的大炮开火。当时我感到一种真正的满足，因为如今事实恰好相反。

这种大炮成为战舰最重要的武器，它是那时我们在设计中所做全部更改的主要根由。一开始，我们计划建造一艘装置10门15英寸大炮的战舰，因此它至少有600英尺长，舰内有装置引擎的空间，引擎能驱动战舰时速达到21节的速度，并且有能装载厚钢板、炮座和指挥塔的装甲板，厚度达到英国海军前所未有的13英寸。装甲较少航速较快，装甲较多航速较慢，基本上情况就是这样。但此刻开始出现一种新的概念。8门15英寸大炮一次舷炮齐射大致上可发射16 000磅炮弹。10门最新13.5英寸大炮只能发射14 000磅炮弹。因此，我们得出这样的结论，8门15英寸大炮猛击的火力实实在在地大于10门13.5英寸大炮的火力。前者的优越性还不止于此。炮弹尺寸越大，它容纳炸药的量增加得越多，火力增加的比例不完全按几何级数，因为还有其他应考虑的因素。但总的效率是这样，在攻击力量的猛增上是毫无疑问的。另一方面看一下速度，21节的速度很了不起。但假定我们能得到还要快得多的速度，假定我们能够使装在舰体内的马力，足以驱动在大炮和装甲的设置方面都优于最重级战列舰的这种强大的军舰，并达到迄今只有轻装甲12

英寸大炮的战列巡洋舰才有的速度，我们不是向海军战争注入了新的要素吗？

现在我们不谈物质领域。随着议论的展开，我逐步确立起一个程序，当然所有的程序以同步关系展开，其结果是显示出一种巨大的可能性。像上文所述的军舰的那种东西，如有需要就可以建造。是否需要呢？它是急需建造的东西吗？它的战术价值足以证明增加费用和改变全部设计是有正当理由的吗？我们必须从战术领域寻找答案。

在速度上占有明确优势的军舰中队可以将自己的舰队排列成向敌人靠拢的队形，不管敌人可能怎样部署，你都能隔一定间隙向敌人领头战舰加倍射击。你也可以包围它和阻挠它，从而迫使它团团打转，把它带入海湾，使其永远没有机会逃跑。

迄今为止在我们所有的战役计划中，这个任务指派给战列巡洋舰。它们的速度肯定能使它们获得成功。可是我们必须想象它们也会遇到敌人的战列巡洋舰，于是它们很可能打一场一对一的战斗，暂时与主要战役不发生关系。再则，我们的战列巡洋舰，一群美丽的"猫"（人们对它们的中队不够尊敬的称呼）[1] 与敌人最强大的战列舰比起来装甲较薄，而据推测敌人会把这种战列舰放在舰队的前面。让只有 7 到 9 英寸装甲的战列巡洋舰与有 12 或 13 英寸装甲的战列舰对战显然是不公平的比赛，更何况战列巡洋舰的火力较弱。

可是，假设我们能使一支分舰队的速度快得足以抢占优势位置，在火力和装甲上和任何战列舰一样强，我们几乎肯定能占有无法估计和决定性的优势。从国内舰队司令部新调来的第一海务大臣弗朗西斯·布里奇曼及其大多数主要军官肯定都是这样想的。快速分队是他们战役计划的愿望。但我们能得到这类舰只吗？能把它们设计和建造出来吗？

在这个阶段人们要求军事学院在战术盘上设计出快速分队需要的在速度上占优势的节数，以便保证这个分队能够与德国舰队周旋，就像 1914 年和 1915 年时它能做到的那样。

答案是，要是快速分队行驶速度达到 25 节或者更多，它便能做所有必要的事情。因此我们在速度上需要提高 4 或 5 节。我们怎样做到这一点呢？每增加一节航速需要的马力数累进增加。我们新造军舰行驶速度为 21 节。若要行驶 25 节到 26 节，它需要 50 000 马力。50 000 马力意味着更多的锅炉，把它们放置在哪里？是呀，它们显然只能放在准备造第五座回转炮塔的地方。我们已经考虑到 15 英寸大炮增加的轰击力，所以我们可以省却建造第五座回转炮塔的空间。

但即使做到这一点还不够。我们还是得不到使舰只航速达 25 节所需的动力，除非使用石油燃料。

液体燃料带来的优点是无法估量的。首先是速度。在同样的舰只上，石油给予的速度大大超过煤，而且能够大大提高加速过程。它比使用相同重量的煤增加 40% 的舰队活动半径。它能使舰队极方便地在海上补给燃料。若有必要，一支燃油的舰队在无风浪天气中能够在海上排好位置从油轮加油，不必花费四分之一的能源不断驶入海港加煤，在回港和出港的旅途浪费燃料。为军舰加煤的艰苦条件使船上水手的精力消耗殆尽。在战时，加煤夺去他们短暂的休息时间；它使每一个人极不舒服。使用石油，几条管子连接岸上或连接油轮，军舰吸入燃料几乎不需要一个人动一根手指。照料和清洁燃油炉所需要的司炉工人数不到燃煤时的一半。燃油可以贮藏在军舰空闲的地方，而在那些地方不可能贮煤。随着燃煤舰只不断消耗煤，必须使用越来越多的人力，如有必要，还得把炮塔上的士兵也叫来，从远处不方便的煤舱将煤运到接近锅炉的煤舱，或将煤送入锅炉，因而，也许会在战斗的最紧要关头削弱军舰的战斗力。例如，"雄狮"号上近 100 个士兵不断地从一个钢舱到另一个钢舱铲煤，甚至看不到白天或炉火的亮光。使用燃油有可能使各种类型的军舰以较小的舰身或较小的费用，获得更大的火力和更快的速度。单是燃油一项就有可能实现某些类型军舰的高速，而高速对它们的战术目的至关重要。所有这些优点就是简单地在锅炉底下用燃油代替燃煤而取得，如果在任何时候有可能完全取消锅炉，使燃油在内燃机的汽缸里燃烧，各种优点将成 10 倍地增加。

我到达海军部时，我们已经建造或正在建造完全用燃油的驱逐舰 56 艘和只能以燃油驱动的潜艇 74 艘；几乎全部舰只都使用一定比例的燃油向燃煤炉喷射。但我们依赖燃油的程度并没有造成燃油的供应成为海军的严重问题。额外建造大量的燃油舰，意味着我们的海军优势建立在石油储备上。可是在我们的岛屿上找不到数量可观的石油。如果我们需要石油，我们必须在和平或战争时期经过海上从遥远国家运来。另一方面，我们拥有大量可供应的世界上最好的锅炉煤，这种煤出自我们自己的煤矿，稳稳掌握在我们自己的手中。

改变海军的基础，从英国煤转移到外国石油，这本身就是令人忧惧的决策，如果采用这个决策，必然引发一系列复杂的问题，而解决所有问题都需要大量的初期费用。首先在英国必须积贮庞大的石油储备，足以使我们作战许多个月不需输入一船石油。为贮藏这些石油必须在各个海军港附近建造庞大的油罐设备。这些设备不会受到攻击吗？它们能受到保护吗？它们能被隐藏起来或被伪装起来吗？当时还没有人知道伪装（camouflage）一词。必须建造运油船队，用以从遥远的油田将石油越洋运到不列颠群岛，再用其他运油船只将石油从我们的海军军港运往海上的舰队。

由于用以约束我们自己的财政制度，不允许我们借入资金或得到"一次付清"的经费。每个便士都必须一年一年地向议会争得。势必上升而且已受严重质疑的海军预算，又将面临明显的增加。在这些困难之外，隐约之中还面临难以确定的市场和垄断问题。世界石油供应掌握在由外国控制的大石油托拉斯手中。海军不可改变地使用石油实际上犹如"向无穷无尽的困难宣战"。浪涛汹涌，风暴遮天，浪尖白沫连片，惊涛骇浪涌向我们的避风港。我们是应挺身而出面对狂风，还是应满足于停留在原来的地方？顶住风浪就能迎来巨大希望。如果我们克服困难超越风险，我们就能提高海军的整体实力和效率，明显地达到较高的水平：更好的军舰、更好的官兵、更大的节约、更热情的作战力——一句话，冒险的奖赏就是优势本身。领先对手一年就可能使局势改观。那就前进吧！

1912年、1913年和1914年的三个计划使皇家海军历史上力量增加最快，但支出也最大。除了1913年战列舰令人惋惜的例外——后来也纠正过来——新造舰只中没有一艘燃煤的。潜艇、驱逐舰、轻巡洋舰、快速战列舰，全部都不可逆转地使用了石油。当决定建造快速分队时，决定命运的孤注一掷就开始了。此时，与我们性命攸关的海军最好的军舰第一次使用石油而且只能使用石油。在此之后自然地决定较小舰艇也使用石油。一旦吞下骆驼，小昆虫自然非常容易吞下去。

现在我说一下建造战列舰快速分队和使用石油的这些决定在1913年和1914年带给我的困难。我不能否认我的同僚有理由抱怨那些不能预见到的、但与他有关的特别巨大的费用支出。当时每艘战列舰的建造费用为225万英镑。"伊丽莎白"级快速战列舰费用每艘超过300万英镑。建立石油储备加上它的油罐和油轮需要费用1 000万以上，显然其中一部分钱是非花不可的。不止一次我害怕被压垮。但我有首相可靠的支持。财政大臣就其责任而言应该是我最严厉的批评者，但也是我最友好的同僚，因此所有的困难过去了。始终坚定地面对这些困难的海军部委员会得到了幸运之神的报答，给予我们来自仙境的奖赏，它远远超过我们的最大期望。

一系列不间断的因果关系引导我们参加英国—波斯石油会议。第一步，建立皇家石油供应委员会，邀请并劝导费希尔勋爵主持该委员会。在建立委员会的同时，我们实行由海军部自身来勘探石油。在弗朗西斯·霍普伍德爵士和弗雷德里克·布莱克爵士[2]的建议下，我立即派斯莱德将军率领一个专家委员会去波斯湾实地考察油田。这几位绅士兼任海军部在皇家委员会的代表。成功的主要荣誉应归于他们。

在随后的财政工作阶段，英格兰银行行长即后来的坎利夫勋爵，以及英国—波斯石油公司和皇家伯马石油公司的董事发挥了最大作用。整个 1912 年和 1913 年我们的努力一直在进行。

就这样一个环节衔接一个环节。最初扩大大炮口径的愿望引导我们一步接一步走向快速分队，为了建立快速分队迫使我们使舰队的最主要部分要依赖石油燃料。随后导致普遍采用石油燃料，这又导致要求普遍供应石油，又要求建设庞大石油储备库。这些项目引起庞大的费用支出和有关人员对海军支出预算的极大反对。可是这些环节是绝对不可能倒退的。我们只能奋勇前进，最后我们设法达成英国—波斯石油协定和合约，实现合约的最初投资为 200 万公款（随后增加到 500 万），这不但确保了英国海军获得大部分石油供应，而且使政府得到石油财产和利益的控制份额，仅此一项现值几千万英镑，以及导致海军部石油购买价相当低廉，这个状况至今依然存在。

可以说这个投资已实现的和潜在利益的总数不仅足以支付那一年建造大小舰只的所有计划和整个战争前石油燃料设备，而且我们可以有理由地期望有一天我们将有资格宣称，1912、1913 和 1914 年下水的强大舰队（它是同期任何强国曾经建造过的舰队中最强大的）是不花纳税人一个便士加入到英国海军中来的。

这就是建造快速分队 5 艘著名战列舰（"伊丽莎白女王"号、"沃斯派特"号、"伯勒姆"号、"爵士"号和"马来亚"号）的故事。它们全都用石油驱动，最少能行驶 25 节，装置 8 座 15 英寸大炮，具有 13 英寸装甲保护。这些军舰直至今天仍在舰队的 15 个最重要单位中服役，我们以后将看到它们在日德兰半岛发挥什么样的作用。

书的篇幅不允许我在这里详述（尽管我想这样做）新型轻甲巡洋舰的设计，在和平和战争期间我们为海军建造的这种军舰最终不下 40 艘。

*　　*　　*

海军部的传统作战政策是在长期与法国的战争和对抗中发展起来的。它包括战争爆发时立刻严密封锁敌人的海港和海军基地，使用强有力的小舰艇组成的小舰队进行封锁，用巡洋舰加以支持，以有优势的战列舰队作为后备。200 年的经验使得所有海军战略家同意这个基本原则："我们的第一道防卫线是敌人的海港。"

当鱼雷被发明出时，法国人试图建造大量鱼雷艇以便挫败这个著名的英国策略，几年后海军部通过建造鱼雷驱逐舰予以反击。这种驱逐舰具备两个条件：一个是舰身足够大，可以在大多数天气下留在海上，并能在足够长的时间中穿过海峡作战；另一个是它们的炮较大，足以击沉或控制法国的鱼雷艇。因此，尽管有鱼雷的出现，我们仍保持着使力量较强的小舰队留在敌人海军基地附近的能力。与此同时，沿英格兰南海岸，在我们庞大海军设施邻近有一系列设置防鱼雷工事的海港，这些海港能为我们的实际上没有出海的战列舰及其他支援舰只提供安全、严密和方便的驻地。

20 世纪初，我们的潜在敌人第一次由法国转为德国。我们的海军战略前线从南海岸转移到东海岸，从海峡转移到北海。可是尽管敌人、前线和战场变了，英国海军战略的健全原则仍继续有用。我们防御的第一线还是敌人的海港。海军部的政策仍旧是以较强的小舰队严密封锁那些港口，适当地用巡洋舰和最后用战列舰队加以支援。

不能期望我们对这个新前线的安排能迅速地达到与许多世代的战争在海峡中逐渐形成的安排有相同的完善程度；就我们的海军基地而言，当大战开始时我们尚在转变过程中。但更严重的是这种转变对我们驱逐舰的效用产生了影响。不像过去那样在跨越海峡 20 或 60 英里处作战，并有近在身边安全港口的支援舰船，现在要它们穿过 240 英里海面，在黑尔戈兰湾作战，没有比泰晤士港或福斯港更近的能够支援它们的让战列舰队停泊的合适基地。尽管如此，海军部继续坚持传

统的战略原则，而他们的作战计划直到 1911 年依旧考虑一旦宣战立刻
严密封锁敌人港口。我们建造驱逐舰使其具有增加抗海上风浪的特性
和巨大的火力优势。另一方面，德国人却坚持法国人的概念，即将鱼
雷艇作为攻击我们的大军舰的手段。我们在驱逐舰建造中主要依靠火
力的巨大优势和抗海上风浪的特性，而他们则依赖鱼雷和良好天气条
件时的高速度。但我们的驱逐舰现在必须在北海作战，远得多的距离
大大降低了它们的效率。横跨海峡时它们可以分两班换防，现在则要
求它们分三班横跨北海。因此在任何特定时间可使用的战斗小舰队只
有总数的三分之一而不是以前的二分之一。敌人能在任何时候以全部
力量进攻这三分之一。为了从国内基地出发执行我们的老战略，应要
求我们的小舰队在数量上至少是德国小舰队的 3 倍，也许是 4 倍。我
们没有这个优势，也不可能具备这个优势。

因此，从 1905 年前不久与法国签订协议起，直到 1911 年的阿加
迪尔危机，海军部计划占领一、二个德国岛屿。目的是在岛上建立海
外基地，战争开始后我们的执行封锁任务的小舰队可以在那里补充给
养和供人员休息。随着战事延伸，那里将发展成为我们海上力量的前
沿要塞。通过这个方法海军部仍可实施他们传统的战争政策，即把敌
人的小舰队和轻型舰艇逼入他们的港口和一如往昔的严密封锁。

德国人也想到了我们的这些计划。他们大大地增加黑尔戈兰的防
御工事，他们还在像弗里西亚群岛那样被认为可能成为我们目标的岛
屿上一个接一个修筑堡垒。与此同时，战场上出现了一个新的和强有
力的因素——潜艇。潜艇不但使得占领和保持海外基地更加困难——
某些权威人士坚决认为不可能，而且潜艇会带来毁灭我们的巡洋舰和
战列舰的威胁，而没有它们的持续支持我们的小舰队会被敌人的巡洋
舰轻易击破。

这是 1911 年 10 月份的形势，当时紧接着阿加迪尔危机我便接任
了海军大臣，着手组建海军部新的委员会。鉴于我们当时没有驱逐舰
数量上的优势来足以制服潜在敌人在其领海内的驱逐舰，也没有力量

以重型舰只支持我们的小舰队，还考虑到在种种情况下攻占现在已经设防的敌人岛屿的困难和危险，我们立即着手彻底修改那个作战计划，在征得军舰上主要指挥官的完全同意后，以1912年海军部作战命令规定的远距离封锁政策代之。

远距离封锁政策的实施不是出于选择而是出于必要。它不表明海军部方面否定进攻性海军战略的基本原则，只是遇到无法解决的实际困难时暂时放弃这个原则；海军部的意图是，在宣战之前和以后应该尽所有努力克服这些困难。我们准确地预见到，封锁从北海进入大西洋的出口之后，德国与世界的商业联系将几乎被完全割断。我们预计由这样的封锁产生的经济与财政压力将致命地伤害德国进行战争的力量。我们期待这种压力将迫使德国舰队驶出来，不是在它自己的防御水域，而是在军舰数量上处于极大不利的公海上作战。我们认为，我们能继续享有完整的制海权，同时也不会危及我们的海上交通，不危及我们的陆军调动，并消除不列颠群岛受敌人入侵之虞。此时人们有理由假设这些条件会无限期地继续存在下去，因为我们自己有不会缩减的优势，敌人将面临不断增加的压力。就海面上的所有舰只而言，肯定在战争头3年中，这些预期将为事实所证实。

根据这些作战命令，舰队做了战略性的部署，把主力舰队布置在斯卡珀湾，对着丹佛海峡设置驱逐舰的包围圈，由较老旧的战列舰支援，由一定的布雷区施加保护，从而封锁北海的出口。这些结论经得起战争的考验。以后的历届海军部委员会都没有在重大部署上背离这些结论。英国海军运用这种手段夺得并保持住了对世界所有海洋的有效控制。

*   *   *

在威胁大英帝国的一切危险中，没有一件可与对舰队的突然袭击相提并论。如果舰队或舰队的主要部分受到意外的或无防备的打击，我们的海军优势将由此遭到破坏，那么我们就被打败了。除非万能的征服者[3]发慈悲，否则无限的灾难将降临在我们的头上。近年来我们已经见到，一些获得完全胜利的国家对已被击倒在地的敌人是如何缺乏同情心。英国如果被剥夺海军防护，它很快就会因挨饿而完全屈服于征服者的意志。她的帝国将被肢解；她的联邦自治领、印度和大量非洲与岛屿属地将被剥夺或者转让给胜利者。英国的旁边将建立起一个充满敌意、完全武装的爱尔兰共和国；陷入无助境地的英国人民，将肩负有可能压碎他们的社会制度的难以承受的赔款，即便他们实际是没有沦落为爱德华·格雷爵士尖刻话语中所说的"被强国征召的附庸"。现在那种给予德国的较不严酷的条件，如果给予英国，足以一下子永远毁灭这个帝国。海军防御着实是生死攸关。如果我们保持着海军防御能力，我们就是安全的，比任何其他欧洲国家的命运都要牢靠；如果海军防御失败，我们将遭到不可避免的彻底毁灭。

那么，德国人策划毁灭英国舰队到了何种程度？根据他们邪恶的品格来看，有必要假定他们在考虑战争问题，我们必须估计：他们将以何种方式进行攻击？当然，倘若德国无意打仗，这些推测仅仅是梦魇。可如果她有打仗的意图和打算，显然不难从与法国或俄国纠纷中找到借口，制造战争无可避免的形势，并在对她最有利的时候利用这种形势。弗雷德里克和俾斯麦挑起的战争就表现出极不寻常的急速与突然，这是普鲁士国家对其敌人进行攻击的惯常方式。欧洲大陆一直是一座火药库。仅仅一个火星便可引起巨大爆炸。我们见过1870年法国的遭遇。我们见过疏于预防于1904年带给阿瑟港外俄国舰队的灾祸。现在我们又知道1914年比利时的遭遇，同样值得注意的是1914年8月1日德国决定向法国提出的要求：如果法国希望在德国攻击俄国时保持中立，她必须把凡尔登和图勒的要塞交给德国卫戍部队作为担保。

因此很明显，"飞来横祸"的危险绝不是幻想出来的。然而，人们

90

不能合理地预测某种征兆吗？也许在大国之间进行某种纷争特别值得海军部警惕。我们可能希望得到敌人陆军与海军调动的情报。几乎可以肯定世界交易所会出现金融混乱，表明紧张局势的加剧。我们能因此指望在受到任何打击之前有一星期的通知、3 天的通知或至少 24 小时的通知吗？

在欧洲，大国的庞大陆军相互对峙，她们有一种对付突然袭击的自动预防措施。在军队动员之前不会发生决定性的事件，而动员军队至少要两星期时间。例如，法国的出色防御能力不打一场大战役不可能被制服，在此时间法兰西民族的主要力量就能动员起来经受住压力。但英国海军享受不到这样的保证。海军不需要动员就能使用全部现代军舰相互攻击。他们只要升高蒸汽和把炮弹运到大炮跟前就可打仗。在这种无情的事实之外又出现了鱼雷的威胁。单就火炮而言，我们的主要危险是，舰队在分散状态时遭到打击，舰队的主力被摧毁而敌人却没有受到同等程度的损坏。但无线电报大大减小了这种危险，无线电报能立即指示分散军舰驶向共同会合点，在实现集中之前避免战斗。此外，火炮是双方都可玩的游戏。人们不能想象舰队的主力会不采取适当的预防措施而进入对方射程之内。但鱼雷本质上是突然袭击甚至是背信弃义进行攻击的武器；千真万确的是，一艘海面舰艇的鱼雷要使用 10 倍力量才能对付一艘潜艇的鱼雷。

显然存在着界限，超越界限就不可能保卫自己。这不是简单的特别提防几个星期的事情。英国海军在和平时期必须过普通生活。它一定得有巡航和演习，有它的离队和重新装备时期。我们的海港向世界商业开放。要绝对避免能想到的最坏的背信弃义行为，实际上是不可能的。从另一方面说，即使背信弃义的攻击也不容易发生，因为它需要不同岗位上大量人员的合作，需要启动大量复杂的器械。帝国国防委员会经过认真争论后做出规定，海军部务必不可断定，如果德国人认识到胜利与失败的区别，他们会停止在和平时期未经警告或没有借口地攻击我们的舰队。我们必须尽最大努力遵守这个准则，我相信我们基本上遵守了这个准则。当然我们每天都要思考英国舰队的位置与条件并与德国舰队做比较。我习惯时时出其不意地询问工作人员如下问题以检查我们的准备工作，"如果与德国的战争今天开始会发生什么？"我总能得到这样的回答，大意是我们在舰队的任何部分开赴战场之前有能力完成兵力的重大集中。在我们知道德国远洋舰队处于冬季重新装备之前，我们舰队的巡航不会远到西班牙海岸。当我们举行大演习时，我们十分注意安排加煤与休假，以便保证我们有能力应付在某个时候可能来到的打击。我知道，在我所描述的这个阶段，直到宣战之日为止，英国舰队不可能遭到德国海面舰只的突然袭击，也不可能在分散或分隔状态下遭到打击。在和平时期敌人试图以潜艇攻击停泊在海港岗位或在海上演习的英国海军中队，或者在预计进行演习的区域布雷都是难以彻底预防的；但这样做成功很可能只是部分的。而且，我不相信德国海军部、政府或皇帝会想出如此卑鄙奸诈的办法。虽然要尽可能地防止最坏的可能性，但我自己确信，引起争吵的原因将伴随经济危机和市场萧条一起出现，而后紧跟着宣战，或者紧跟着战争行为与宣战同时发生，后者有可能发生得略微早一些。实际上，确实发生的事情与我认为将要发生的事情没有什么不同。

*　　　*　　　*

在战时，敌人将做什么和下一步会发生什么完全是难以预料的。然而一旦你处在战争中，任务是明确和高于一切的。关于敌人或未来不管你怎样推测，你自己的行动都被限制在实际界限之内。放在你面前的只有一定数目的可供选择的办法。同时，你生活在现实世界中，在那里理论不断受到经验的纠正和束缚。由此产生的事实积累起来在 88 很大程度上支配着下一个决策。

可是，假设整个战争过程被带出现实世界进入想象领域。首先，你必须认定在任何情况下肯定要发生战争；其次，当战争来到时你的国家将参加战争；第三，你将作为一个团结的民族进入战争，全体国民将及时团结起来充满信心，并在不太晚之前采取必要的措施——这样，实际上思索的过程变为推测性的。有必要做出的每种假设，面对未来的黑幕又升起不同密度的新幔帐。在和平时期爱思索的陆、海军军人的生活中满是这样一些经历——在每一种可以想象的、使人分心的事物中，在许多混杂的假设中，尽力地找出实际上在某一天将发生的事情和在结束那一天前为解决那件事找到实际上必须要做的事情。而此时，四周那些权力较大和通常智力较高的人都把爱思索的人看作出谋划策的恶棍，或者最好也只是把他看作耍玩具的、而且是耍危险玩具的大孩子。

在战争爆发之前的那些日子里，我们能做的大部分事情是尝试估计和预测对德战争爆发时和最初几个星期里英国将遭遇什么事情。要看得更远就为人力所不及了。若试图看得更远些，那只能使任务复杂化，以至于超出人的心理承受力。思路分叉得太快时，有时会问，会不会发生大规模海战？那么情况将会怎样？谁将在大规模陆战中获胜？没有人能回答。显然首要的事情是做好准备，不要被敌人偷袭；要集中力量，不要分散挨打；要使最强大的舰队尽可能及时到达最好的作战位置，具备最好的条件。如此，如果战争来到，人们便能够以坚定的信心等待结果。因此，重要的是防止突然袭击，更重要的是防止分散，最重要的是在进行海上决战时增加可使用舰队的力量。

然而，假定敌人不打海战，假定陆上战役不是一下子能决定胜负，并且假定战争进行不是几星期或几个月而是几年，那么当时判断这些事情就容易得多。如果每个人都很警觉，都清醒和积极，保证能采取必要的措施，而且有采取措施的时间，那么下判断就容易得多。任何阶段都没有第一阶段那么困难或危险。第二年的战争问题必须用第一年的战争经验去应对。第三年的战争问题必须以第二年观察和理解得到的结果去应对，如此等等。

因此，我代表我主持到 1915 年 5 月底的海军部委员会断然拒绝针对 1917 年和 1918 年发生事情的所有指责。这些年出现的教训不会使我变得愚蠢。不用对我说什么如果德国人在战争前 3 年像他们在战争开始后 3 年那样建造潜艇，英国早就完蛋了；或者说什么如果英国在 1914 年 8 月就拥有我们一年以后才有的陆军，那么本来不会有战争。每种环境引起另一种环境。英国能允许德国在和平时期建造庞大的目的在于击沉我们没有武装的商船队以饿毙和毁灭这个岛国的潜艇吗？德国会等到英国建成一支强大的义务制陆军来帮助法国然后再攻击她吗？

必须摆正与当时环境的关系（只有在这样的关系上）才能判断每一件大事。

注释：

[1] 包括"雄狮"号、"猛虎"号、"玛丽女王"号和"皇家公主"号。

[2] 海军部条约司司长。

[3] 指 1066—1070 年征服英国的诺曼底公爵威廉一世。——译者

第六章　爱尔兰和欧洲均势

在 1913 年整整一年内，我遭受了石油供应日益增加的困难。现在我们充分使用石油作为舰艇的唯一动力，包括所有最新和最主要舰只在内的大部分舰只。海军部委员会和战时参谋部极度担忧我们的油料储备。第二海务大臣约翰·杰利科爵士竭力争取实现预期储备规模的极大增加。战时参谋长不但关心储备的数量，而且担心使用如此易爆物作为战舰燃油可能出现的危险。最后，费希尔勋爵领导的皇家委员会受海军部惶惶不安的驱动，表示他们将争取拥有相当于 4 年预期战争消费量的储备。战争消费量本身是由海军参谋部根据最宽松的尺度估计出来的。建立石油储备的费用无论如何是极为巨大的。石油不但要在垄断市场购买，而且必须建造油罐这样的大型设施和必须为此目的购买土地。虽然这种油料储备一旦建立，不论为民用、为军用，显然与英格兰银行的黄金储备类似是国家资产，但不允许我们把它当作资本支出，必须全部列入当前的预算支出。与此同时，财政部和我在内阁中的同僚对海军费用之大越来越感到气愤，费用成为争论重点主要是由于我贸然着手燃油战列舰的建造和任性地增加舰只的大炮口径以及它的速度和装甲。因此，一方面我受到不断增加的要求加强海军装备的压力，另一方面又受到对增加费用支出的坚决抗拒。我们的海军力量夹在这些压力之中左右为难。

我就这样必须整年在两条战线上作战：一条是拒绝皇家委员会和我的海军顾问们主张的而我认为是过分和浪费的要求；另一条是向财政部和内阁不懈地谋求必要的资金供应。我还得十分小心，不使打算在一条战线提出的论据让另一条战线上的对手知道。

我们的所有财政开支由于物价的上涨以及海军装备的愈益复杂和精密而扩大，到 1913 年底，后一年的预算支出首先必须呈交财政部，而后必须呈交内阁，至此财政开支的困难达到了顶峰。 91

我们与财政部进行的初步讨论未能达成一致，到 11 月底将全部问题提交内阁。接着是将近 5 个月的极端紧张的争论。在这段时间里海军预算支出成为内阁 14 次全体和延长会议讨论的主要且常常是唯一的主题。从一开始，我发现自己几乎处于孤家寡人的境地。我不打算放弃任何具备实质重要性的主张，尤其是关于战列舰的计划，决不背离已经计算出来和宣布的海军力量标准，因为它是整个对德政策的基点。内阁在 1912 年决定在地中海保持与奥地利同等的力量，其中 4 艘"无畏"级战舰正在稳步地建造。但是，这个问题因有希望得到 3 艘加拿大"无畏"级战舰而变得复杂。加拿大政府规定这 3 艘军舰应是 60%力量对比以外添加的军舰。我们曾正式宣布这些军舰是英国海军不可分割的一部分，由于这个保证，罗伯特·博登爵士在加拿大卷入了剧烈的党派斗争。现在清楚，由于加拿大参院做出决定，这些"添加的""不可分割的"军舰在下一年下不了水，而我不得不要求 1914—1915 年计划的战列舰至少有 3 艘应该早日下水。这点要求内阁批准极为困难。到了 12 月中旬，在我看来我必须辞职。海军政策的基础受到挑战，大臣级的批评者一直争论不休，他们特别熟悉海军部业务，精通问题的每一个细节，有权得到每个要点上的正确消息。可是，由于首相的态度保持不偏不倚，所以处理问题没有导致实际的破裂。有几次大家表达了全体一致的坚决反对，此时首相便中止讨论以免做出与海军部相反的决议。到 12 月中旬，这样的讨论再也不能继续下去，他决定延期讨论，整个问题直到 1 月中旬再议。

在这个供大家反思的间隙，形势发生了某种变化，当 1 月中旬我从法国南部回到英国时，我的几个最重要的同僚告诉我，他们认为海军部问题在重大实质上有所好转。可是争论以强劲的势头重新展开。 92

我们连续不断地从海军部抛出文件和论据，详细论述受到挑战的每一个新论点。

同时，政府中的争论引起了报界的反响。早在1月3日，财政大臣在接见《每日记事报》(*Daily Chronicle*)记者时对军备费用支出的愚蠢深表遗憾，尖锐地提到伦道夫·丘吉尔勋爵因经济问题而辞职，并发表意见说，世界的现状与前景从来没有像目前那么和平。自由党与激进派的报纸对经济问题开始大声起哄，反对海军部的相当强大的运动在下院我们最有影响力的支持者中间形成。可是议会很快重新开会，爱尔兰问题开始成为众人注意的中心。地方自治议案的热烈拥护者并不急于看到由于海军部整个委员会的辞职而导致政府力量的削弱。我们已经在党派斗争中受到极为沉重的压力，以致任何一个大臣的缺点都可能引发严重的后果。没有人希望我在默默无闻中消失。可怕的海军动荡的前景加上爱尔兰的紧张局势令人忧虑。为了增强我自己与我伙伴的力量，我积极参与爱尔兰问题相关争论；在此种岌岌可危的形势下，整个2月份和部分3月份在没有任何一方让步的状况下过去了。

最后，由于首相不可动摇的耐心以及他牢固而沉默的支持，海军支出预算基本上按原样得到通过。在这争吵不息的几个月中，我们只被削减海港防御用的3艘小型巡洋舰和12条鱼雷艇。提交议会的预算数为5 250万英镑。我们为获得这场胜利不得不在有关未来问题上做出某种一般性的保证。我同意在合适的石油储备条件下，允诺下一年预算支出有相当分量的缩减。

但下一年来到时，并没有人一定要我履行这个承诺。

*   *   *

1914年春季和夏季的欧洲显得特别平静。自阿加迪尔危机后，德国对英政策不但合适而且体谅。在整个纷争不断的巴尔干会议过程中，

英、德的外交政策在协调中进行。外交部逐渐形成的长期不信任，虽
然没有消失，但有明显的改善。那些习惯于提出警告的人，至少开始
感觉到需要修正他们以前的判断。代表德国外交政策的那些知名人物，
似乎第一次成为可以与其对话且可以与其共同行动的人。巴尔干难题
的和平解决为彼此间的信任感提供了理由。几个月里我们商讨了最敏
感的问题，虽曾局部濒临破裂，但并未出现破裂。如果有任何大国想
要制造战争，肯定有大量机会可资利用。德国似乎愿与我们和平相处。
虽然国外的军备以加速度不断增加，虽然德国已在征收 5 000 万的资
本税，使得那些没有把头埋进沙堆的人们听到警钟长鸣，但是清晰的
乐观主义情绪掠过英国政府和下院的心头。似乎还有一种前景，那就
是双方重要人物之间发展起来的个人善意和相互尊重在未来可能发挥
有用的影响；有些人期望英国和德国更广泛地联合，抛弃对对方友好
国家和联盟的偏见，这样有可能一起使欧洲敌对的两个阵营和睦相处，
给所有严重不安的国家以安全与公平的可靠保证。海军对抗当时已不
再是摩擦的原因。我们正在坚定不移地连续第三年根据方案和宣言实
施一系列计划。德国从 1912 年初起没有进一步增加其海军。就主力舰
而言，可以肯定我们不会被他们赶上。

＊　　　＊　　　＊

欧洲形势出奇的平静与国内党派斗争加剧的激烈形成明显的对
照。自由党人和保守党人之间的争吵，其强烈的痛苦与仇恨大部分是
由于爱尔兰事务引起的。按照议会立法机制，当地方自治法案肯定即
将通过成为法律时，厄尔斯特（北爱尔兰）的新教徒各郡便公开准备
武装抵抗。他们这样做得到了整个保守党的支持与鼓励。爱尔兰民族
主义的领导人——雷德蒙特先生、狄龙先生、德夫林先生等——以忧
虑的心态注视爱尔兰北部形势的日益恶化。但在他们背后还有一些人，
这些人的凶猛好斗和暴力行为是无法形容的；而爱尔兰议会党方面的

每一步温和行动或姿态都会激起高昂的愤怒。面对这些困难，阿斯奎斯先生的政府想方设法寻觅解决的途径。

94　　从 1909 年刚开始讨论地方自治法案起，财政大臣与我一直主张在地区自治或某种类似程序的基础上实行北爱尔兰分治。我们都碰到这样的令人困惑的论点，即这样的让步很可能是解决问题的最后办法，但直到此时毫无结果。现在时机业已来到，地方自治问题已经达到它的最高点，内阁成员普遍同意，如果不能有效地保证北爱尔兰的分治，我们不能采取进一步的行动。因此，到 3 月份我们通知爱尔兰领导人说，政府已做出这样的决定。他们激烈抗拒。他们说他们有力量在任何时候驱逐政府，他们将从自由党内部得到有力的增援。毫无疑问，爱尔兰领导人担心（甚至认定）法案的任何削弱会导致法案本身和他们被爱尔兰人民抛弃。但是，面前无可怀疑的事实，即政府不会在这个问题上因害怕失败和垮台而退缩，他们让步了。他们构想出修正方案，它保证北爱尔兰的任何一个郡都有权在联合王国连续两次大选之后通过投票退出地方自治法案。不可能有比这更有力的实际保护措施了。修正方案维护了爱尔兰统一的原则，但它明确表示，除非新教徒集中的北部、能见到都柏林议会在至少 5 年期间确实经受住考验而表示自由意志的同意，否则决不能达成统一。

这些建议在议会宣布后立刻遭到保守党反对派傲慢的拒绝。然而，我们把这些建议收录在法案文本中，迫使爱尔兰党投票赞成这样做。现在我们觉得可以心安理得地前进了，可以通过法律对付所有向它挑战的人。我个人的观点一直是，我决不胁迫厄尔斯特服从都柏林议会，但我会做所有必要的工作阻止厄尔斯特妨碍爱尔兰其余人拥有他们向往的议会。我相信这个主张是健全而正确的，为支持这个主张，我肯定准备以任何必要的手段维护英王和议会根据宪法赋予的权威。我于 3 月 14 日在布拉德福德做了表达这个意见的讲话。

大家都希望英国政治领导人一定不要再次让自己在相互（或受追随者）刺激、鼓动和驱使下陷入如 1914 年那样让双方都不光彩的党派偏见，派性本身仅仅是为权力而长期连续出价和还价的结果，这点在上一章中已间接提到。不参与这种权力竞争的人不能理解政界人士遭受的压力之大，也不能理解他们本性中每一个动机（不论是好是坏，或不好不坏）全被引向为取得胜利而做进一步斗争。群众顺从党派偏见和追随党派斗争（好像这是争取奖品的斗争），他们情绪激动，他们的眼睛闪闪发光，如果他们认为他们攫取猎物受阻，他们则急速爆发愤怒，对政敌表示不信任和轻视；错误的观念相互交替，强制执行誓言，盲目追随忠诚，赞扬配合暴力，冰冷地蔑视，对诚实失望，向每个妥协建议高呼"背信弃义"，与追随者保持忠诚关系的愿望，认为己方正确的意识，认为对方行动粗暴不合理的观念——所有这些相互加在彼此身上的行为与反应，达到危险的极点。落在群众后面就是无用和低能，不忠实、不勇敢；站在群众前面，即使只是指挥他们和引导他们，常常也会激起暴烈行动。在某个阶段把争吵限制在言词和法律范围内几乎是不可能的。武力，这个最后的仲裁者和最后的清醒者可能突然会冲上舞台。

北爱尔兰人继续做准备。他们宣布了自己建立临时政府的意图。他们继续组建和训练军队。他们非法甚至武装输入武器。不需要多说，各种同样的征兆开始在民族主义者中间显现出来。招募了数以千计的志愿者，并通过种种努力去获得武器。

随着所有这种危险迹象的增加，爱尔兰北部的小型军事据点，特别是那些包含武器库的据点成为陆军部特殊关照的对象。驻贝尔法斯特军队的态度也是陆军部最关心的对象。爱尔兰新教徒从来不伤害皇家部队。有把握认为，军队同他们是友好的。可是政府发现自己的权威在整个东北厄尔斯特被完全破坏。在这种情境下陆军和海军的事先防范必不可少。3月14日，当局决定用小量增援部队去保护卡里克弗格斯和某些其他地方的军火库，同时我们预料爱尔兰大北方铁路会拒绝装运军队，便做好准备从海上运送部队。当局也决定调动一支在阿罗萨湾巡航的战列舰中队和小舰队到拉姆拉什，从那里它们能很快到达贝尔法斯特。人们认为，以皇家海军的受欢迎程度和影响力，即使在陆军失败时也可能产生和平解决的机会。除此之外没有一件事得到授权。可是陆军司令官们眼见自己面对的是极可能爆发内战的形势，96 他们根据根本不可能的假设——爱尔兰新教徒军会激烈抵抗英军并对他们开火，开始研究一个性质更加严重的计划。

这些军事措施尽管规模有限，但可能产生的后果在陆军军官中引起极大的忧虑，3 月 20 日爱尔兰总司令和其他将军对在卡勒集会的军官发出耸人听闻的呼吁，要求军官们在任何情况下都要履行宪法责任，但遇到普遍的拒绝。

这些令人震惊的事件在议会上激起无比的愤怒，动摇了国家的基础，保守党人指责政府阴谋屠杀忠于厄尔斯特的人们，屠杀只是由于陆军的爱国主义才没有成功。自由党人回答说，反对党公开卷入反叛的准备工作，正在寻求颠覆宪法的途径，并通过宣传唆使军官（不是军队）不对国家效忠。争吵在 4 月、5 月和 6 月间歇地继续进行，我们读到记录不能不怀疑，我们的议会制是不是坚强得能经受住激情爆发的震撼而生存下去。德国间谍报告且德国政治家也相信，英国因派系斗争而陷于瘫痪，逐步走向内战，不再需要在欧洲局势中把她视作一个要素，这不令人惊讶吗？他们怎能辨认出或估量出深藏在狂风暴雨之下没有表达出来的内心世界呢？

在整个 5 月和 6 月，党派之争继续以最刺眼的形式进行，但在表面之下两大党之间的和解谈判也在继续举行。这些谈判导致最终于 7 月 20 日由国王发出召唤令，召集保守党、自由党和爱尔兰各党领袖在白金汉宫开会。

* * *

97 6 月底，英国海军同时访问喀琅施塔得和基尔。几年来英国与德国海军的最精良军舰第一次在基尔港并排停泊，周围是各种班轮、游艇和游乐船只。双方商定不准打听不适当的技术问题。双方举行了各种比赛、盛宴、演说。这里有阳光，有皇帝。军官和士兵亲如兄弟，在水上和在岸上相互款待。他们一起臂挽臂地在好客的城市里漫步，以充分的善意在集体食堂和舰上餐厅用餐。他们一起在为一位在驾驶一架英制水上飞机时蒙难的德国军官举行的葬礼上脱帽致哀。

在这些喜庆的日子里，6 月 28 日传来斐迪南大公在萨拉热窝被刺的消息。皇帝接到这个消息时正驾船出海。人们看得出他情绪激动地上岸，取消当晚其他安排离开基尔。

与其他许多人一样，我常常试图回想起当年 7 月那些日子留给我的印象。处于灾难边缘的世界显得五彩缤纷。由王公权贵们统治的国家和帝国巍然挺立在各方，长期的和平为这些国家累积了巨量财富。这一切都固定在看来很安全的一支巨大的悬臂梁上。两大欧洲阵营相互对峙，它们身披全副盔甲，闪闪发光、叮当作响，但带着平静的凝视的目光。一种彬彬有礼、谨慎而和解——总之是诚实的——外交手腕将双方连接在一起。电讯中的一句话、大使的一席言、议会中意义含糊的片言只语，似乎足以调整日常交往中这个庞大结构的平衡。但每一句话都值得考虑，甚至窃窃私话也要注意，点一下头可以表示一个意思。这个以平衡联合和同等军备为准则而建立的、对更加复杂和更加棘手的暴力行为进行的核查和反核查的非凡体系，究竟能否使我们获得世界安全与普遍和平？这样集合的、结伙的、紧密关联的欧洲，它会联合成一个共同而光荣的机体并获得和享受连做梦也想不到的由大自然与科学共同给予的丰厚礼物吗？日落时分的旧世界看上去歌舞升平。

但人们感觉到有一种奇怪的趋势。有些国家不满足于物质富足，无休止地热衷于国内或国外倾轧。在宗教衰落中不适当地高涨起来的民族热情，其猛烈但却是掩蔽着的火焰在几乎每个国家的表面下燃烧，几乎使人们认为世界甘愿受苦。可以肯定地说，渴望冒险的人们无处不在。所有各方的军事准备、预防措施和反预防措施已经达到高峰。

法国有她的三年制兵役法；俄国有她的日益伸展的战略性铁路。古老的哈布斯堡帝国新近受到萨拉热窝炸弹的严重打击，成了过度高涨的民族主义压力和极度腐败的牺牲品。意大利与土耳其对峙，土耳其与希腊对抗，希腊、塞尔维亚和罗马尼亚反对保加利亚。英国因党派倾轧而分裂，看来几乎可以不把她放在眼里。美国在 3 000 英里以外。

98 德国用 5 000 万资本税扩充了武器装备，她的陆军扩充已经完成，基尔运河就在那个月里向"无畏"级战列舰开放，很久以来她目不转睛地凝视着国际舞台，如今她的凝视突然变成了满眼怒火。

*   *   *

1913 年秋天，当我根据下一年度的预算反复思考明年的海军部政策时，我给第一海务大臣送去一个备忘录，建议为了节约起见删去 1914—1915 年的大演习，代之以动员发展第三舰队。随即，动员全部皇家舰队的后备力量以及所有后备军官在第三舰队的军舰上进行一周或 10 天的训练，实施他们在战时会碰到的整套作战方案，并以此对整个动员制度做一次真正的测试。接着在当年的晚些时候，再把整个皇家海军志愿后备队在正规训练之外，在第一舰队军舰上做一星期的动员训练。

路易斯亲王同意采取必要措施，并于 1914 年 3 月 18 日向议会提出计划。在执行这些命令时没有在任何方面与欧洲形势相结合。试验性动员于 7 月 15 日开始。虽然并无法律规定强迫后备队人员应召报到，但普遍反应热烈，有多达 2 万名后备人员来到海军兵站。就这样，我们的全面动员在海军史上第一次经受实际测试和彻底检查。海军部专门派出军官在每一个海港察看动员过程，以便报告动员制度中的每一个缺憾、缺点或故障并加以纠正。路易斯亲王与我在查塔姆亲自视察动员过程。全体后备人员都扛着他们的个人用具来到指定的军舰上。第三舰队全部军舰装足煤开动蒸汽机驶向斯皮特黑德海峡集中。7 月

17 日和 18 日在这里举行了海军的盛大检阅。这是世界史上无可比拟的海军最大集合。国王本人亲自出席检阅每一等级的军舰。19 日早晨，整个舰队出海进行种种不同的演习。舰队每艘军舰的甲板上都彩旗飞扬，军乐齐奏，挤满了水兵和海军陆战队的士兵，它们足足花了 6 个多小时以每小时 15 节的速度驶过国王乘坐的"皇家游艇"号，同时头上的海军水上飞机和陆上飞机不断盘旋。可是此时，在国王及其他在场大臣们心里最紧迫考虑的也许不是眼前英国庄丽雄伟舰队纵列行进的壮观景色，也不是欧洲大陆咄咄逼人的、甚至令人窒息的政治气氛，而是威胁着要把不列颠民族分裂为两个敌对阵营的、发狂似的、肮脏的、悲剧性的爱尔兰纷争。

军舰一艘接一艘渐渐在天际消失。它们将开始一次远航，比任何人知道的都要更遥远。

第七章　危机

7月24日—7月30日

　　星期五下午，内阁开会长时间反复讨论爱尔兰问题。白金汉宫的会议破裂。分歧与对抗似乎和以往一般剧烈与无望，但在如此命运攸关问题上，双方观点的差距却意想不到地细小。争论主要集中在弗马纳区和蒂龙郡的界线上。爱尔兰各党派在它们失去理性的战斗中能够驱使他们各自的拥护者拼命向前。就在解决这一簇簇简陋教区的问题上，大不列颠的政治前途此刻被打乱了。北部不愿意同意这一点，南部不愿意同意那一点。双方领导人希望局势稳定下来，但双方带领他们的追随者向前走到他们敢走的极点。双方似乎不能退让一英寸。与此同时，爱尔兰问题的解决又必须与英国党争的立刻中止一起进行。而且双方迫切呼吁其领导人实行的团结与合作的方案，也就是劳合·乔治先生于1910年提出的方案，有必要立即公诸于世。另一方面，如果调停不成功，则意味着我们必然会陷入完全像内战那样的冲突的深渊，任何人均无力回天，因此内阁以这样和那样的方式寻找解决僵局的出路，艰苦地逡巡在弗马纳区和蒂龙郡泥泞的小道上。人们原以为4月份发生在卡勒平原上和贝尔法斯特城的事件会剧烈震惊英国的舆论，会形成足以使爱尔兰各党派安定下来的团结局面。显然团结的局面没有实现。显然双方还要把冲突进一步进行下去，且在各自退让之前会产生难以估量的恶劣后果。自从拜占庭帝国蓝党与绿党纷争以来，党派的倾轧很少达到像今天这样荒谬的地步。看来即将发生烈度无以复加的震动。

内阁的争论最终未能达到一致，在将要散会的时候，大家听到爱德华·格雷先生以平静庄重的声调念了一份刚从外交部送来的文件。 它是奥地利给塞尔维亚的照会。在他念了几分钟之后，我才把心思从刚结束的令人生厌和使人困惑的争论上收了回来。我们全都十分疲惫，但随着他的话一句接一句飘来，我头脑里形成了性质完全不同的印象。这份照会显然就是最后通牒，而且是现代世界从未见过的最后通牒。随着读声继续，人们听得出，这样的照会是世界上任何国家都绝对不可能接受的，或者说，这样的照会不管怎样委屈地被接受也不可能满足侵略者的欲望。弗马纳区与蒂龙郡教区慢慢隐没在爱尔兰的迷雾与动荡之中，一种奇特的光亮，立即开始以感觉得到的速度慢慢变化，落在欧洲地图上并不断扩大。

我一直对阅读战争怎样落到不同人头上的记述有极大的兴趣。当最初印象突然闯入他们心头，当他们第一次感觉到这种势不可挡的可怕事件的魔爪正向他们的生命伸来时，他们在哪里，在做什么。我对最小的细节都不会嫌烦，我相信只要这些记述是真实的和非造作的，它们对子孙后代就会有一定的价值和能让他们产生经久的兴趣。因此，我要简短地、精确地记录我当时的经历。

大约在6点钟我回到海军部，我对许多年来帮助我工作的朋友[1]说，现在存在真正的危险，可能发生战争。

我对形势感到震惊，扼要地写出在我心中想的一系列工作要点，要是形势没有好转，这些要点就必须要一一照办。我的朋友在随后的好些日子里把这些要点放在身边当作核对要领，在它们得到解决时一项一项将其勾销。

1.第一和第二舰队。休假和部署。

2.第三舰队。装足煤和补给品。

3.地中海调动。

4.中国部署。

5. 海外巡航舰的伪装掩蔽。

6. 商船自卫的军火。

7. 巡弋小舰队。部署。

             休假。

             完成。

             35 特大海岸炮。

8. 立即储备。

9. 旧战舰驶往亨伯湾。小舰队驶往亨伯湾。

10. 在紧急状态期间的军舰。

     为外国建造的舰只。

11. 海岸守卫。

12. 油库的高射炮。

13. 飞机准备就绪。飞艇和水上飞机。

14. 德国间谍。

15. 军火库和其他易受伤害部门。

16. 爱尔兰军舰。

17. 潜艇部署。

第二天（星期六）早晨我与第一海务大臣讨论目前形势。但从眼前看，我们还无事可做。但在过去 3 年时间里，我们从来没有像现在这样准备充分。

试验性动员业已完成，除了直属后备队外，所有后备人员已经得到酬劳金动身回家。但全部第一舰队和第二舰队已全面做好作战准备，并集中于波特兰港，它们将在那里呆到星期一早上 7 点钟，然后第一舰队将以中队为单位分散做各种不同的演习，而第二舰队的军舰驶往它们的国内各军港，让多余的水兵退伍。因此在星期一早上以前，海军部无线电天线杆上瞬间发到"铁公爵"号旗舰的一个命令，足以把我们主要舰只留在一起。如果到那时没有命令传来，它们将开始分散。但在它们分散后的 24 小时之内，若有需要可以在 24 小时内把它们再次集中；但如果在 48 小时内没有传来命令（也就是到星期三早上），那么第二舰队的军舰将开始让他们多余的士兵在朴茨茅斯、普利茅斯和查塔姆上岸，各种炮兵学校和鱼雷学校将重新开课教学。如果在命令到达前另一个 48 小时已过（也就是到星期五早上），一定数量的舰只将驶入船坞重新装备、修理或暂时搁置。这样在这个星期六的早上，我们至少有 4 天时间让舰队听候调遣。

昨晚（星期五），晚饭时我碰到了巴林先生。他刚从德国来到这里。我们是邻座，我问他关于局势的看法。听了他所说的开头几句话，我就明白他来此不是肩负愉快的使命。他说局势很严重："我记得老俾斯麦去世前一年告诉我，有一天欧洲大战会因巴尔干该死的蠢事而爆发。"他的这句话可能不幸要言中。这全取决于沙皇。如果奥地利惩罚塞尔维亚，沙皇会怎样做？几年前那里本来没有危险，因为沙皇非常担心自己的皇位，但现在他再次感觉到自己的皇座已较之前稳固，此外任何反对塞尔维亚的事情都会让俄国人感到很不舒服。接着他说："倘若俄国向奥地利进军，我们必然进军；要是我们进军，法国必然进军，英国将如何做？"我不能多说什么，只是说假定英国什么也不做将是个极大的错误，我又说英国将在事情出现时做出判断，然后做出决定。他以十分诚挚的语气回答说："假设我们必须与俄、法交战，假设我们打败法国但不要她在欧洲的任何东西，不要她一英寸领土，只要一些殖民地作为赔偿。这会使英国的态度有所改变吗？假设我们在事先就做出担保，如何？"我还是坚持我原来的一套，即英国要待事情发生再加判断，认为不论发生什么事情，我们都置身事外将是错误的。

我挑了个适当时机将这番谈话报告爱德华·格雷爵士，下一个星期之初，我又将此事向内阁报告。继巴林先生向我提出关于德国不谋求法国领土但企望以殖民地作为赔偿的建议后，星期三他又从柏林正式打电报给我们提出这个建议，但立即遭到拒绝。我毫不怀疑，巴林先生直接受命于德皇，负有找出英国将怎么做的使命。

　　巴林先生记录了他在这个关键时刻访问英国的印象。他写道："即使一个本领平庸的德国外交官也能容易地理解英国和法国，她们曾尽力确保和平和阻止俄国发动战争。"编辑他回忆录的编者在加注中说："在伦敦的人们确实严肃地关心奥地利的照会，英内阁希望保持和平的程度，可以从他们分别时丘吉尔几乎热泪盈眶地对巴林所说的话中看出（作为一个例子），当时他说：'我亲爱的朋友，不要让我们走向战争。'"

　　我计划与我的家人在克罗默过星期天，我决定不改变我的计划。我在电报局布置了一个特别报务员，以便确保昼夜连续值班。星期六下午，消息传来说塞尔维亚已经接受最后通牒。我上床时有一种感觉，认为事情可能平静过去。如本文所述，我们以前有过这么多的惊恐。好多次乌云升起、密布、吓人、不断变化，好多次乌云又散去。看来我们要脱离战争危险还有漫长的路要走。塞尔维亚接受了最后通牒，奥地利会做进一步要求吗？如果战争爆发，它能被限制在欧洲的东部吗？例如法国和德国能站在一旁让俄国和奥地利去解决她们的争端吗？往前再走一步就是我们自己的事情了。显然存在召开一次会议的机会并未失去，爱德华·格雷爵士有充分时间着手采取和解性的手段，如去年在解决巴尔干纠纷中被证明十分有效的办法。但无论发生什么情况，英国海军正处于从未有过的良好状态并拥有从未有过的巨大力量。也许对它的召唤不会出现，如果出现，那现在正是最佳时候。从这些反复思考中得到慰藉，我安宁地睡着了，并没有召唤来打扰那个夜晚的平静。

　　第二天早上9点钟，我打电话给第一海务大臣。他告诉我，谣传奥地利不满足于塞尔维亚接受最后通牒，但除此之外没有新的事态发生。我要求他12点钟再来电话。我躺在沙滩上与孩子们玩耍，海潮退后有细流流向大海，我们筑坝阻拦这些细流。天气非常好，北海水面上阳光闪耀，直到遥远的地平线。在海天互相融合的那条地平线之外有什么呢？沿着东海岸，从克罗默蒂到多佛尔，在不同的海港里停泊着我们的驱逐舰和潜艇的巡航小舰队。在英吉利海峡，在波特兰军港的防鱼雷堤后面英国海军大量军舰静静等待着。在东北方远处，在我们面前大海的对面，一个中队一个中队的德国远洋舰队巡弋在挪威海岸外。

到12点钟我再次与第一海务大臣通话。他告诉我来自不同国家首都的好几条消息，没有重大新闻，但每条都增加了形势的严重性。我问他所有后备役人员是否都已经打发走了。他告诉我他们都走了。我决定返回伦敦。我告诉他我将在9点钟去看他，同时他应做任何必要的事。

路易斯亲王在海军部等我。形势明显地越来越坏。星期日报纸的号外表明几乎每一个欧洲国家的首都都充满紧张与激动。第一海务大臣告诉我，根据我们在电话中的谈话他已通知舰队不要分散。4个月后在我接受他辞呈的信中我提到这一点。我很高兴在那悲伤而痛苦的时刻公开为他证明，我们大规模海军动员的第一号命令就是由他那忠诚的手签发的。

然后我去见爱德华·格雷爵士，他租了我在埃克尔斯顿广场33号的房子。除了外交部威廉·蒂勒尔爵士外没有人和他在一起。我告诉他我们正把舰队聚集到一起。从他言谈中我知道他心目中的形势极其严重。他说在真正严重的危机到达以前有大量事情等待我们去做。但他压根儿不喜欢这件事开始的方式。我问他要是我们公开说我们正使舰队集合在一起，会对事情有所帮助还是正好相反。他和威廉·蒂勒尔竭力主张我们应尽可能早宣布这个消息，这样做可能具有使同盟国清醒和欧洲镇定的效用。我回到海军部，叫来第一海务大臣，起草形势所需的公报。

第二天早上，所有报纸都刊出如下布告：

105

英国海军的措施
给第一舰队与第二舰队的命令
不准演习调动

今日凌晨我们接到海军大臣如下声明：

命令集中在波特兰的第一舰队现在不得为演习调动而分散。

第二舰队所有舰只以接近于足额的兵员留驻在国内各港口。

星期一开始举行第一次讨论欧洲形势的内阁会议，以后每天一次或一天两次继续开会。希望关于内阁这个时期意见动态的详细报道或早或迟能够汇编成册公诸于世。当然，任何人都可以要求维护和平，或要求加入一场正义而且必需的战争，他们完全无需为自己提出的这些真诚的忠告感到羞愧。同时，他们做的也只能是，在不破坏宪法精神的前提下，使用最一般的措辞议论发生的事情。

内阁保持最大的平静。至少有四分之三的内阁成员已下定决心不让英国被拖入欧洲的争吵，除非英国本身遭到攻击（这不大可能）。抱这种心态的那些人往往相信：首先，奥地利和塞尔维亚不会打起来；其次，要是真的打起来，俄国不会干预；第三，要是俄国干预，德国不会出手参与；第四，他们希望如果德国打俄国，法国和德国一定有可能相互保持中立，互不打仗。他们不相信，如果德国打法国，德国会经过比利时进行攻击，或者如果她真这么做了，比利时也会殊死抵抗；但务必记住，这个星期的全部进程说明，比利时不但从未向担保的大国要求支援，而且明显地表现出她希望不受干扰。所以这里的六七种立场，没有一种立场是无懈可击的，也没有一种立场可以提出最终的证据，唯一能提出的证据就是事件的发展本身。直到 8 月 3 日星期一，比利时国王直接呼吁法国和英国的支援，才使绝大多数大臣团结起来，使爱德华·格雷爵士能够在当天下午在下院发表演讲。

在这些事态发展中我的看法非常简单。首先，事实证明外交局势并未走在海军形势的前面；在德国能知道我们会不会参战以前（有可能在我们自己已经做出决定之前），我们的主力舰队应该进入战备。其次，还要指出，如果德国攻击法国，她一定通过比利时进攻，她所做的一切准备全为这个目的，她不会也不可能采取任何别的战略或走任何别的道路。我坚决相信这两件事情。

每天 11 点钟后有漫长的内阁会议。电报从欧洲每个国家的首都像流水般涌入。爱德华·格雷爵士一心投入艰巨的双重斗争：（1）阻止战争，（2）如果战争发生不遗弃法国。我以崇敬的心情注视他在外交部的活动和他在会议上的冷静态度。这两项任务随时在相互起作用。他必须尽力使德国明白我们决不置身事外，同时又不能使法国人与俄国人感觉到我们已加入他们的阵营。他必须在所做的事情中有内阁与他同心合力。我们一起在内阁工作了许多岁月，在更早时候我还阅读过他在外交部所拟的电报，我认为我已学会理解他与人讨论和争论的方法，也许我可以描述这些方法而不至于冒犯他。

经过深思熟虑和深入研究之后，这位外交大臣习惯于在重要争论中选择一个或两个要点，以他的全部智谋与毅力加以辩护，这些要点是他的重点防御区。外国的战斗时紧时松，要是这些要点到夜幕降临仍旧在他掌握之中，他的斗争就胜利了。所有其他论点都耗尽了，而这些关键要点留了下来。经过他反复选择的这些要点被证明是不可推翻的。它们特别适合防护。明智的和公正的人们自然接受它们。爱国的辉格党人、英国绅士、公立学校学生的思想感情全都联合成为一条阵线，起来保卫它们，如果它们能被保持住，整个阵线就能保持住，虽然包含许多有争议的论据。

危机一开始，他紧紧抓住欧洲会议的计划，为此目的，他尽了一切可以想象到的努力。他的计划是，使各大国到英国同意的任何一国首都一起开会争取和平，如有必要，对破坏和平者以战争威胁之。倘若开成这样的会议，根本就不会有战争。只要同盟国接受召开会议的原则，就能即刻缓和紧张局势。只要柏林和维也纳有和平意愿，摆脱越来越迫近我们的可怕罗网并非难事。可是在外交沟通和外交策略的背后，在徒劳无功的建议与反建议之间，在沙皇与德皇的煽动干预之下，流动着有明确军事目标的暗潮。随着将遭厄运的国家临近悬崖，罪恶的战争机器已经启动，甚至已经不再受外力控制。

外交大臣的第二个基本点是英吉利海峡。不论发生什么，倘若战争爆发，我们绝不能允许德国舰队到达海峡来攻击法国港口。这种局面是英国不能容忍的。每个参与决策的人从我们讨论的最初阶段起就同意这一点。另外，在某种意义上说，我们对法国也应负起这些道义上的责任。此间并没有任何交易。有关的所有安排（如同上文业已解释的）都在前边特别加上一项声明，规定在受到威胁时除了一起商议外，双方并不承担进一步的义务。但事实仍旧是整个法国舰队留在地中海，只有少数巡洋舰和小舰队保卫法国的北部海岸和大西洋海岸。与那次海军力量重新部署同时，虽不是按照这个部署和依靠这个部署，我们将全部战舰集中在了国内，只有一些巡洋舰和战列巡洋舰为保护英国利益留在地中海。法国人按他们自己的责任心做出他们的决定，不受英国方面的任何影响，而从他们的行动中我们却得到了加强国内战线的好处。不管我们怎样否认承担义务，但到紧要关头，我们能够"光荣"地站在一旁，眼看没有防卫的法国海岸在我们主力舰队眼皮底下和射程之内受德国"无畏"级军舰的蹂躏和炮轰吗？

然而在我看来，在讨论的初期，德国人在这一点上会做出让步以换取我们不参加战争，无论如何他们要使得头几场陆上战役中没有我们；当然可以肯定他们会这样做。我过去和现在一贯深信，为了我们自己的安全与独立，我们不能容许德国的侵略行为将法国征服，从一开始我就始终集中注意我们对比利时的道义责任，我坚信德国人一定会不可避免地通过比利时入侵法国。这个阶段我觉得比利时并不强大。我认为她不大可能抵抗。我认为比利时将提出一些正式抗议而后投降，星期二（28日）与我共进午餐的基奇纳勋爵也表示同意这一观点。在列日和那慕尔郊外有可能放上几枪，然后这个不幸的国家会在占压倒性优势强权的面前低下头来。也许，在她们之间甚至会达成秘密协议，允许德国人自由通过比利时。否则德国为何会做所有这些准备——沿比利时边境建造巨大的军营、许多英里的铁路专用线和错综复杂的铁路网？在比利时的态度这个重大问题上，一丝不苟的德国人有可能会出差错吗？

我们不能预见星期天和星期一以及随后那个星期里在比利时发生的那些令人惊奇的事件。我了解比利时这个国家，我们与她在刚果和其他问题上一直有许多分歧。我从比利时已故国王利奥波德的身上看不到阿尔贝特国王领导的英雄国家的影子。不管比利时发生什么，更重要的是处于危急存亡关头的法国，法国的陆军根据我的判断肯定不如将攻击他们的那些军队，她的毁灭将使我们单独与耀武扬威的德国对峙。此时的法国在逆境中学会了维护和平，处处谨慎小心，追求彻底的民主政治，过去她已被夺走两个富饶的省份，现在将要遭受占压倒优势暴力的最后的毁灭性打击。只有英国能恢复平衡，能保卫世界的公正。不管其他国家如何失利，我们必须出现在那里，我们必须及时赶到那里。一个星期以后，每一颗英国人的心都为小小的比利时而燃烧。为了拯救比利时，劳动者们纷纷离开农舍赶往兵站，他们没有学过打仗，但他们的血管里却流动着民族的不屈的精神。但在此时，人们所想到的不是比利时而是法兰西，不过解救比利时和使之摆脱各种条约的约束是不列颠国家义不容辞的光荣责任，如英国政府一贯申明的那样；也就是在这个基础上我个人与其他人一起，表明了我的立场。

现在我想思索另一个问题：若是爱德华·格雷爵士在早期采取更坚决的行动，是否可以阻止战争的爆发。我们必须首先弄清，早期指的是什么时候？假设在阿加迪尔危机以后或者在1912年新《德国海军法》公布之时，外交大臣冷静地建议与法、俄两国缔结正式同盟，并在同盟成立以后为贯彻军事条约而强制组建一支适合于我们的责任和在世界事务中发挥作用的军队；假设我们像一个统一的民族那样采取这个行动；谁能得出那样究竟会阻止还是加速战争的发生的结论？而

109 且联合采取这个行动的机会何在？当时的内阁决不会同意这类举动，我怀疑四位内阁大臣是否会赞成。假设内阁对它意见一致，下院也决不会接受他们的引导。因此外交大臣将不得不提出辞呈。

他鼓吹的政策将遭受谴责或者强烈的驳斥；随驳斥而来的将是彻底否决所有这些非正式准备工作和态度不明的讨论，而这些讨论正是建立三国同盟防御力量的基础。因此，爱德华·格雷爵士若在1912年采取这样的做法，后果只会使英国瘫痪，使法国孤立，增添德国的优势和力量。

现在再假设，在奥地利对塞尔维亚下达最后通牒之后，外交大臣向内阁建议如此处理问题，即德国若攻击法国或侵犯比利时领土，英国就向德国宣战。内阁会同意这样一种做法吗？我不认为它会同意。倘若爱德华·格雷爵士在星期一就这样说，要是德国进攻法国或比利时，英国将向她宣战，是否还可能有时间挡开大灾难？这个问题肯定是有商榷余地的。但是根据我们现在对当时柏林事态的了解，即使当时的德国政府也深深受到他们先前行动的约束。英国精心策划的公告就放在他们眼前，说舰队正在集中。这件事至少是严厉而无声的警告。在这种印象促使下，德皇一回到柏林，就在同一个星期一及随后几天做出巨大努力，使奥地利恢复理智，借以防止战争。但他从来不能抑制发生的事情，又抵制不了种种思想的感染。不管情况如何，我可以肯定，倘若爱德华·格雷爵士真的发出刚才提到的那种最后通牒，内阁必将分裂；我还认为，到星期三最迟到星期四下院必定驳斥他的行动。世上没有什么比德国的行为更能将不列颠民族推向战争。倘若英国在德国的行为之前采取下达最后通牒的行动，那必然导致内部分裂发生，这比我们所持的谨慎态度更坏，因为这种态度可以让我们国家团结一致地投入战争。星期三或星期四以后为时已经太晚。等到我们可以发出坚定的警告时，发出警告的时机无疑已经过去了。

实事求是地说，我们与法国的协约以及从1906年起出现的双方陆海军商谈，令我们陷入一种使我们只有同盟的义务却没有同盟好处的境地。一个公开的联盟倘若能在较早的时候和平缔结，它会在德国 人内心起抑制作用，或至少能改变他们军事上的如意算盘。而现在我们在道义上有责任支援法国——虽然这样做对我们自身也有利，可是事实上，就谈判的内容而言，我们对法国的帮助似乎不很肯定，以致它对德国人所起的影响没有它应起的大。此外，反过来说，如果法国处于侵略位置，我们又没有同盟者的明确权力去影响她用和解的态度处理问题；如果由于法国的侵略心态使战争爆发而我们置身事外，我们将被指摘为遗弃盟国。倘若法国被打败，无论如何我们都将遭受极为严重的危险。

然而到头来并不需要法国节制态度。为公正地对待法国，需要明确声明一下，法国政府在这个可怕的关键时刻的行为是无可指责的。她毫不犹豫地同意能带来和平的每个建议。她有意回避各种形式的挑衅行为。她甚至不顾自己的安全把掩护的部队撤退到边界后相当远的地方。面对不断集合的德军，法国推迟她的动员直到最后时刻。直到德国直接要求她取消与俄国缔结的条约并放弃俄国，法国才接受挑战；即使她答应德国要求，如我们现在知道，她仍会碰到进一步的最后通牒，要求她让德国军事占领图勒与凡尔登要塞，作为她保持中立的担保。法国从来没有任何机会让自己逃脱磨难。甚至愿做懦夫、愿受侮辱也救不了她。德国人已下决心，不论因什么原因爆发战争，他们都将毫不犹豫地以打败和占领法国作为首要任务。德国军事首脑渴望发出战争信号，对战争结果有着充分把握。法国只能无效地乞求怜悯。

她没有乞求。

我对这时的形势思考越深，我越相信我们走的是展现在我们和任何英国内阁面前的唯一实际可行的道路；我深信，走这一条道路比采取其他行动阻力要小。

＊　　＊　　＊

听了星期一的内阁讨论并研究了电报以后，我在当晚向全体总司令发出如下绝密警告：

111
1914 年 7 月 27 日

这不是警报电报，但欧洲政治形势引发三国协约与三国同盟之间的战争绝非不可能。根据这个看法请准备注意可能的敌对军舰，并考虑你们指挥下皇家海军军舰的部署。措施是纯预防性的。不必向非必要人员传达。要绝对保密。

星期二（7 月 28 日）早上我向第一海务大臣发出如下备忘录，他当天在页边加注作为答复：

1914 年 7 月 28 日

与舰队一起北上。　　　　1. 看来扫雷舰应悄悄地集合在某个适当的地点，以便战列舰移动时加以护送。

已执行。　　　　2. 给我一份你建议的存煤位置和取煤措施的简短说明。

是。　　　　3. 我推测"火鸭"号与"猎狗"号现在将加入各自的小舰队。

命令已发出。　　　　4. 应考虑泊在爱尔兰海岸的所有军舰可随时动员，在接到警报电报时应驶往它们的战位，不得稍有延迟。

外交部同意便立刻执行。　　　　5. 应悄悄地动员"胜利"号，使她做好准备，率领可利用的驱逐舰堵住在中国的德国旗舰。德国重型巡洋舰在中国海域的位置不妨碍这个任务的完成。请审查并报告这次动员会带来什么样的不利条件，然后我们就能讨论在目前情况下此事是否值得进行。去中国的中队必须能在警报电报发出和必须采取大行动之前集中。没有"胜利"号，我们的优势不大，而从其他战位增援会非常缓慢。

应立刻在香港集中。

6. 你应考虑"格本"号在波拉的位置是否能证明派遣"新西兰"号去地中海舰队是正确的。

会议决定

"不能证明"。

7. 昨天，与首相磋商后，我个人与帝国总参谋长一起布置，要求对军火库与贮油罐实施更加严密的保卫以防坏人破坏和空袭。这些措施现已执行。请参阅所附帝国参谋长的来信和我的复信。你应指示作战司司长从陆军部取得已完成事项的详细信息，如果在任何地方发生疏漏，须做必要的说明。

亲自与帝国

参谋部的军官

一起解决。

112

8. 应要求空战司司长报告昨天集中在泰晤士河口湾附近飞机的正确位置。并进一步说明正在采取什么措施以促使空军与负责防空炮火的陆军部门之间达成统一共识。这点极其重要，以避免发生事故。

已做。

登记簿

W.S. 丘吉尔

海军部于 29 日星期三正式发出"警报电报"。同一天我从内阁得到授权实施"预防时期"条例。奥特利、汉基和基本上整个帝国国防委员会的工作现在都要经受考验。结果发现他们的工作在各个方面都很彻底、很全面，紧急措施开始在全国上下引起公众惊讶。海军军港变得空旷，桥梁有人保卫，汽轮接受登船检查，守卫者沿海岸严阵以待。

我们的战争安排包括对建造中舰只的精心方案。1912 年曾采取措施使这方案长期有效直到如今。其原则是战争开始头 3 个月应集中一切努力完成定在头 6 个月中完成的舰只，其他完成日期较远的舰只推迟建造。这个措施保证我们在战争爆发早期几个月中有最大可能的优势，使我们在对付较远可能发生事情之前，有时间了解它是哪一种战争以及如何发展。当然这个方案包括在英国为外国建造的所有舰只，在这种舰只中有为土耳其建造的 2 艘战列舰、为智利建造的 3 艘小舰队指挥舰、为希腊建造的 4 艘驱逐舰和为巴西建造的 3 艘小型重炮舰。另外还有别的重要舰只，包括 1 艘智利战列舰和 1 艘巴西战列舰以及 1 艘荷兰巡洋舰，这几艘军舰要很迟才能完成。土耳其的战列舰对我们至关重要。我们只有 7 艘"无畏"级战舰的优势，所以不能没有这 2 艘很好的战舰。我们更承受不起看着它们落入敌方手中有可能用来对付我们。要是我们把它们交付给土耳其，情况将是它们与"格本"号一起组成一支敌对力量，如要监视它们，英国则需要不少于 5 艘的"无畏"级战列舰或战列巡洋舰。这样，英国军舰数字不但没有增加 2 艘反倒减少 3 艘。土耳其战列舰中的 1 艘（"雷沙迪埃"号）当危机开始时由阿姆斯特朗船厂正在泰恩河上建造，实际上已经完成。500 多名土耳其水兵已经到达准备接收，他们居住在泰恩河上他们的汽轮中。他们如果登上军舰，不理会造船厂的工人，升起土耳其的国旗，这将是巨大的危险，在这种情况下势必造成极为困难的外交局面。我决定不冒危险，7 月 31 日我下达书面命令，以足够的陆军卫队登上这艘军舰，在任何情况下都不让土耳其人上舰。这个行动的深远意义我将在下章中叙述。

读一下德国官方历史，看看他们对我们备战工作的了解程度，这将很有趣。

7月28日下午6点20分，柏林收到发自德国海军武官的如下电报：

> 英国海军部没有发布军舰调动的消息。第二舰队保持满员。设在海军基地的学校关闭；采取初步措施召回请假人员。根据未经证实的消息，第一舰队仍在波特兰，一支潜艇小舰队离开朴茨茅斯。据推断海军部正在悄悄地为动员做准备。

当天稍晚时候，他又发来如下电报：

> 如已有电报报告，英国舰队正为所有可能发生的事情做准备。概括言之它们的分配如下：第一舰队集合在波特兰。原驶向直布罗陀重新装备的战列舰"柏勒罗丰"号已召回。第二舰队的军舰都在基地；它们全都满员。海岸旁的学校没有重开。第二和第三舰队的军舰已上足煤，备足军火与供应品，都在它们的基地。由于训练了后备人员（刚完成），第三舰队能比平时更快地配置人员，这些人员有或多或少的经验，在48小时内即可配齐，这是泰晤士报所说。驱逐舰和巡航小舰队以及潜艇，有的已在战位，有的正在驶向战位的途中。不再准假，请假的军官和水兵业已召回。
>
> 在海军基地和船坞人们奔走忙碌；此外还采取了特殊预防措施，所有船坞、军火库、油库等处均有卫兵守卫。船坞中船只修理速度加快，大量工作在夜间进行。
>
> 报纸报道地中海中队已离开亚历山大港，据说它将留驻马耳他。
>
> 所有军舰和中队均得到命令随时准备出海。

114

外表保持完全平静，为的是让有关舰队的令人吃惊的报道不引起忧虑。

舰只调动过去一般由海军每日公布，从昨天起已停止公布……

以上准备工作是海军部独立进行的。不管是谁的命令其结果是一样的。

由此看来，德国海军武官的电报说明他本人消息极为灵通。如我在上一章已经提到，三年前我任内务大臣时签署了开拆某些人士信件的一般授权令，这个授权令揭开了存在于所有军港的正规特务网络，这些小特务主要是接受德国津贴的英国人。如果我们逮捕他们，我们可能不知道的其他人便会接替他们。因此我们认为，较好的办法是侦察出他们后让他们自由自在。这样做，我们可以从他们的日常通讯——由我们小心地发送——中看到这三年内他们向柏林的给钱主子都报告些什么，而我们也完全知道何时将这些人绳之以法。直到这个时候，我们也不反对让德国政府知道整个海军正在采取的特别预防措施。事实上，除了细节外，让德国人知道我们把形势看得多么严重是符合我们希望的。但现在到了拉下帷幕的时间了。我们不再让那些人传送信件，几天后按照我给内务大臣的通知，所有这些为了每月几个英镑而出卖祖国的叛徒们统统锒铛入狱了。德国人要一下子组织别人取代他们绝非易事。

还有一件最重要的事情要详细叙述。早在7月28日星期二，我觉得舰队应进入战位。它必须立即秘密地进入战位；它必须向北行驶，因为德国的海军或陆军当局会尽最大努力避免与我们冲突。如果舰队这样早出发，就不必经过爱尔兰海峡向北行驶。它可以通过多佛尔海峡和北海，这样英格兰岛一天也不会没有掩护。而且走这条路线既可以节省燃料又可以节省时间。

因此在星期二上午10时左右，我将这个意见告诉第一海务大臣

和参谋长，他们表示衷心的赞成。我们决定舰队应在 29 日早晨离开
波特兰，算好出发时间让舰队在晚上、在黑暗中通过多佛尔海峡，
这样它可以不暴露灯光高速穿越这些水域，并以最大的警惕心驶向
斯卡帕湾。将此事告知内阁令我担忧，因为会被错误地视作是可能
破坏和平机会的挑衅行为。把英国舰队在领海内从一个港口调动到
另一个港口告知内阁是不寻常的，因此我只告诉首相并立刻得到了
他的批准。命令相应地发给乔治·卡拉汉爵士，他出乎意料地得到
通知，舰队由他的副司令率领出发，他本人则由陆路经过伦敦前往，
以便我们有机会与他面商。

海军部致国内舰队总司令

1914 年 7 月 28 日，下午 5 时发出

明天星期三，第一舰队离开波特兰去斯卡帕湾。目的地除海
军将官与指挥官外一律保密。如在海军部时对你们要求的那样，
由海军中将任指挥率领第二中队。从波特兰出发的路线是先向南
行进，然后来一个中等弧度转折驶向多佛尔海峡。各中队在夜间
熄灭灯光驶过海峡，在向北行进途中须从沙洲的外侧通过。"阿伽
门农"号留在波特兰，第二舰队将在那里集合。

现在我们可以想象这支庞大的舰队率领着它的小舰队和巡洋舰，
一个中队跟着一个中队地缓慢地驶出波特兰军港，几十座宏大的钢铁
城堡穿过有雾的闪光海面蜿蜒而行，就像巨人低下头做焦急的思索。
随着夜色降临，我们还可以想象，连续 18 英里的战舰在一片漆黑中以
高速行驶通过狭窄的海峡，驶往北方的无垠大海，它们担负着保卫祖
国自由与荣誉的责任。

虽然德国海军部似乎并没有获知英舰运动的消息，否则它有可能

并有时间布下潜艇或水雷的陷阱，但当 30 日星期四早晨在每日参谋例会上旗舰报告她自己与全部舰队已驶至北海中心区域时，我们还是长出了一口气，非常满意地交换会意的目光。[2]

116　　德国大使立刻为这次舰队调动向英国外交部表示不满。根据德国官方海军史，他是在 30 日晚上向他的政府报告的。当时爱德华·格雷爵士对他做如下回答：

> 舰队的调动丝毫没有进攻性质，这支舰队不会接近德国水域。

德国军史作者补充说："但是，这支舰队的战略性集中，随着她转移到苏格兰港口，实际上已经完成。"这是正确的。我们此时处于不论发生什么事情都能控制事态发展的位置上，难以看出对手如何能从我们手中夺去这个优势。在宣战前或在宣战的同时德方使用鱼雷突然袭击的噩梦，无论如何永远过去了。我们至少提前 10 天就能获悉。倘若战争来到，没有人会知道到哪里去找英国舰队。在浩瀚的荒凉大海的某个地方、在我们群岛的北边，存在这个强大的组织，它时而这样巡航，时而那样游弋，隐藏在浓雾和风暴中。可如果有需要，我们能从海军部大楼与它们通话。国王的军舰现在正在海上。

注释：

[1]　指马什先生和现为詹姆斯爵士的马斯特顿·史密斯先生。

[2]　那天早上晚些时候，我得知费希尔勋爵在办公室，我请他到我的办公室来，告诉他我们所做的事情，看得出他非常高兴。

　　　时时出现愚蠢的报道，说这次舰队的北遣是据费希尔的建议做的。据费希尔勋爵所写书中的正确记载，他与我的会见是在 30 日。舰队实际上通过多佛尔海峡是在前一个晚上。我认为有必要把事实写下来，在宣战以前采取的每一个措施上，我唯一的海军事务顾问是第一海务大臣。

第八章　海军的动员

7月31日—8月4日

内阁完全同意爱德华·格雷爵士发出的每一份电报和他处理危机的方法。但如果外交大臣的努力失败和欧洲大陆战争开始，还是有大部分人会坚决拒绝考虑英国以武力干预。于是，当可怕的一周即将过去和战争爆发不可避免时，如此长久地统治这个国家的政治机体的破裂似乎有可能迅速来到。这一周我在官方圈子里度过，见到的几乎全是内阁同僚和海军部同事，他们穿过皇家骑兵卫队来往于海军部大楼与唐宁街之间。每天收到的电报表明欧洲的局势日趋黯淡，内阁会议在日益紧张中结束。我拉动了使海军组织相继进入全面准备状态的种种不同杠杆。务必时刻记住，如果能保住和平，我们就不得不向由自由党控制的下院为这些惹起虚惊的耗资巨大的行动逐一进行辩解。一旦下院认为形势并不危险，那就必然进而认定英国参与欧洲大陆斗争本来就是犯罪性质的发疯。但经常把内阁的主要讨论导入纯技术渠道实际上是办不到的。因此对我来说，有必要为当时必须要做的许多事情承担奇怪的招人反感的责任。我还必须考虑政府机构的破裂。根据国会议员的报告与信件来判断，下院的态度似乎最难捉摸。

星期四晚上，我通过 F.E. 史密斯先生[1]认识了几个北爱尔兰统一党领导人。我告诉史密斯先生欧洲形势日益严重和欧洲到处增加军备。我告诉他内阁没有达成最后决定，还有我曾收到一二位有影响力

118　的统一党人的信，他们在信中强烈抗议，反对我们被拉入欧洲大陆的战争。我要求知道史密斯与他的朋友在这个极端重要的问题上的立场。他即刻回答说，他本人毫无保留地站在法国与比利时一边。他与集聚在爱德华·古尔丁爵士在沃格雷夫家里的博纳·劳先生、爱德华·卡森爵士等人商量后给我送来一份书面保证，第二天星期六我让阿斯奎斯先生看了这个书面保证。

在内阁会议上我要求立即召集舰队预备役官兵，完成海军的准备工作。我提出这个要求的根据是德国海军正在动员，我们也必须这么做。对于海军组织动员的事，消息灵通的内阁成员经过尖锐争论后认为，这个措施对我们国家安全而言并无必要，因为动员只影响舰队内的一些最老的军舰，而我们的海军主力已经做好全面作战准备，舰队已经进入战位。我回答说，这些固然是实情，但我们需要第三舰队的军舰，特别是较老的巡洋舰，以完成我们作战计划中分配给它们的任务。可是我未能成功地取得同意。

星期六晚上，我独自在海军部进餐。每隔一会儿就有国外电报放在红色盒子中送来，盒子上印有指定在预警时期使用的"小组委员会"专用标志。电报来得相当频繁，读了将近一个小时的电文后留在我头脑里的印象是，还存在和平的可能。奥地利同意召开会议，沙皇与德皇间传递亲切的个人呼吁。在我看来，根据我按次序读一连串电报得到的印象是，在最后时刻爱德华·格雷爵士可能成功地挽救了局势。在大国之间迄今未放一枪。我不知道陆军与舰队能否将动员状态保持一段时间，若遇不上战斗而后再复员。

当另一个外交部盒子来到时，我几乎想不到会发生这样的变化。我展开电报读到了"德国向俄国宣战"。电报没有别的内容。我穿过皇家骑兵卫队阅兵场从花园边门进入唐宁街10号。我在楼上首相的起居室找到他；与他在一起的有爱德华·格雷爵士、霍尔丹勋爵和克鲁勋爵，可能还有别的大臣。我说，尽管与内阁决定相左，我打算明天早晨立即动员舰队，我愿在次日上午对内阁负全部个人责任。首相感到自己受制于内阁，所以没有说一句话，但从他神态中清楚表明他完全同意。当我与爱德华·格雷爵士一起走下唐宁街大门的步阶时，他对我说："你知道我刚刚做了一件十分重要的事情，我告诉坎邦我们将不允许德国舰队进入海峡。"我回到海军部立刻发出动员的命令。我们没有合法权力征召海军预备役官兵，鉴于内阁决议没有向国王提呈公告，但我们有很大把握舰队士兵会毫不犹豫地服从召集令。这个行动于星期日上午获内阁批准，几个钟头后王室宣言发布了。

　　需要做另一个痛苦的决定。乔治·卡拉汉爵士指挥国内舰队已经延期一年，到10月1日结束，业已宣布到那时由约翰·杰利科接替他的职务。而且我们的安排还规定，若有战事约翰·杰利科爵士应担任副司令职务。第一海务大臣与我和乔治·卡拉汉爵士（在他30日北上经过伦敦时）开了一个会。作为这次会议的结果，我们决定如果战争发生，有必要立刻任命约翰·杰利科爵士任总司令。我们担心乔治·卡拉汉爵士的健康和体力担当不了即将加在他身上的极度紧张的任务；在欧洲爆发战争的情况下，没有时间考虑个人。约翰·杰利科离开伦敦，携带密封的命令去舰队，他受到指示在打开密封时就接过舰队的指挥权。8月2日晚上我们想到战争不可避免，便打电报给两位海军将军，把海军部的决定通知他们。对于乔治·卡拉汉来说，在这样关键时刻他必须交卸职权自然是一个残酷打击，他的抗议得到实际上所有在他领导下工作的主要将领和约翰·杰利科本人的响应。在这个节骨眼上更换舰队指挥也是严重的事情。可是我们还是贯彻了我们认为正确的决定，而且一小时都不耽误。约翰·杰利科爵士在8月3日晚接过指挥权，刚办完交接仪式他几乎立刻收到海军部命令，命令舰队于4日白天出海。

　　星期日内阁几乎整天开会，到午餐时分看来好像原来占多数的人让步了。目睹这么多能干的同僚面露悲哀和恐惧的神色是令人痛苦的。但人们能做什么呢？在午餐间歇时间，我见到在这种非常时刻表现出十足的岩石精神的贝尔福先生，我得知统一党领导人态度软化，正式以书面形式向首相保证他们无条件的支持。

120   我回到海军部。我们打电报给舰队总司令：

> 今天8月2日2点20分，交给法国和德国大使如下照会。英国政府不再允许旨在攻击法国海岸和法国船舶的德国军舰通过英吉利海峡或北海。
>
> 准备对付突然袭击。

同时事态的发展与日俱增地影响舆论。当内阁在星期日早上开会时，我们就听到德国军队侵犯卢森堡大公国的消息。当天晚上，德国向比利时提交最后通牒。第二天比利时国王的呼吁来到，要求负担保责任的大国维护有关比利时中立地位的条约的神圣性。这最后一招是决定性的。到星期一，阿斯奎斯先生同僚中的大多数人认定战争已不可避免。星期一早上在不同气氛中恢复讨论，似乎可以肯定将有许多人提出辞呈。

星期一上午内阁会议散会前，爱德华·格雷爵士就当天下午去议会做报告中的重点与一般语调获得了绝大多数人的同意。会议正式批准业已完成的舰队动员和陆军的紧急动员。在向德国提交最后通牒和对德国宣战问题上没有做出决议，更不用说派军队去法国了。任何一次内阁会议都未做出过这些最重要的决议。它们是受形势所迫，仰赖首相的权威才通过的。我们去往下院聆听外交大臣的报告。我不知道我们同事中哪一位会提出辞呈或者战时政府的构成将会是什么样。议会方面的表现是惊愕而不失坚定。没有人能够误解它的意图。爱德华·格雷以尽量温和的语调做报告。为了不为将来的谴责留下把柄，他告知议会德国人愿意遵从英国的要求，不派德国舰队进入英吉利海峡。他以低沉的语调展开演讲，对进入战争这个沉重的话题进行了从容不迫的阐述。当他讲毕就座时已拥有议会压倒性多数的支持。他和我都不愿在议院长时间逗留。一到外面我问他：

"现在该怎么办？"他说："现在我们要发给他们最后通牒，在24小时内停止入侵比利时。"

有几位大臣还抱有希望，认为德国会顺从英国的最后通牒，制止她的陆军向比利时猛冲。这就像要阻止山崩和终止下水时正滑在半途中的大船一样困难。德国已与俄国和法国交战，可以肯定她在24小时内也将和英国作战。

在内阁紧张讨论的全过程里，人们心中还有另一个更重要的争论必须在这些讨论结束时开始。必须说服议会、整个国家和自治领我们的行为是正义的，论据是令人信服的，反应必然会有价值，我对此从不怀疑。但似乎有一个巨大的政治任务等待着我们，我在内心中仿佛不仅看到了拥挤的下院，而且看到举国上下人民到处召开令人生畏的集会，要求全面而迅速地证明，以人民的名义采取的"惹火烧身"的行动是正当的。但这样的担心很快消失了。当会议室的大门打开，大臣们来到户外时，不列颠民族早已满怀古老的勇武之气沸腾了起来。整个帝国已迅速拿起了武器。

> 人们见面时交换情绪高涨的神色，
> 他们迈着比平时更大的步伐，
> 朋友们赶快祝贺他们的朋友，
> 在他们经过时宿敌也要敬个礼。[2]

*　　　　*　　　　*

与此同时，在地中海正在上演着有强烈趣味的戏剧，它最终证明有灾难性的后果。

如果战争爆发，压倒一切的最为重要的是法国与德国陆军交战将产生极大的震撼效应。我们知道法国人指望把他们调自北非的最优秀军队全部放在战线上，每一名士兵都是必需的。我们还得知，他们打算把北非军队在法国舰队的一般保护下（没有单独的护航舰队或护航体系）用运输船队以最快速度运过地中海。法国参谋部计算，不论发生什么情况，大部分军队能够越海过来。布置在长长的运输船队与奥地利舰队之间的法国舰队为安全提供了良好的保障。但在地中海有这么一艘军舰，其速度大大超过法国海军的每一艘军舰，她就是"格本"号。在地中海可以与"格本"号在速度上一较高下的重型舰只只有3艘英国战列巡洋舰。看来由于"格本"号可以任意在300或400英里的战线上选择任何一点作战，它将会很容易地躲开法国战列舰中队，不理会或超过法国的巡洋舰，突入运输船队，一条一条地击沉这些满载官兵的船只。在这个时候我突然想到，也许被派到地中海的这艘军舰执行的正是这个任务。为此，作为进一步的预防措施，早在7月28日我就向第一海务大臣建议增派战列巡洋舰"新西兰"号去增援我们的中队。几天后，就在这个紧要关头，法军总司令韦·德·拉佩雷雷海军上将对运送军队实施护航制；8月4日，他又谨慎地推迟载运军队直到他能布置足够的护航力量。可是这个计划的改变并没有通知我们海军部。

7月30日，我叫人取来过去给地中海指挥部的作战命令，并与第一海务大臣对它们做全面研究。这些在1913年8月发布的命令必须考虑到政治上各种可能发生的情况，其中包括：英国只与德国作战，或与德国及奥地利作战，或与德国、奥地利及意大利作战；也可能英国和法国结盟对上述对手中一个、二个或全部作战。根据不同情况采取的方法也各不相同。简言之，如果英国单枪匹马对付全部三国同盟，我们必须暂时放弃地中海，集中力量于直布罗陀。在其他各种情况下，我们的集中地将是马耳他，要是法国是我们的盟国，我们的战舰中队将与她的中队联合与敌国展开决战。现在看来有必要向地中海舰队总司令发出更特殊的信息和指示。

海军部致地中海舰队总司令

1914 年 7 月 30 日

　　如果战争爆发而英国和法国参战，现在看来可能的是意大利将保持中立而希腊可能成为盟国。西班牙将对我们友好，也有可能与我们结盟。可是意大利的态度难以肯定，特别重要的是，在我们弄清意大利何去何从之前你的中队不要急于与奥地利的军舰发生战斗。你的首要任务是用掩护的方式帮助法国舰队运送他们的非洲军队，如有可能应与单独的德国快速军舰特别是"格本"号作战，此舰可能对军队运送构成威胁。什么时候你可以与法国将军商议，我们将用电报通知你。除非与法国舰队联合才可进行决战，在这个阶段不要与对方的优势军力作战。你中队的速度足以使你能选择战机。在战争开始时你必须珍惜你的力量，我们希望以后能增援地中海。

　　对这些指示，第一海务大臣与我意见完全一致，它们给总司令在指挥海战上提供了大体上的指导；它们警告他不要和奥地利舰队打未成熟的孤立无援的仗，此时我们的战列巡洋舰和巡洋舰将面对奥地利的"无畏"级战列舰。这些指示告诉总司令帮助法军运送他们的非洲军队，并且告诉他怎样帮助法军，也就是"用掩护的方式和如有可能应与单独的德国快速军舰特别是'格本'号作战"。只要英语是可以用作传达思想的工具，我们运用的话看起来已经表达了我们想说的意图。

　　伯克利·米尔恩爵士相应地于 7 月 31 日给我们答复，他说他将集中部队做好准备，以便支持法国舰队保护运送兵员，他还正确地舍弃了我们在东地中海的贸易，让它那里自己设法应付。他完成了这些部署后要求我们准许他与法国将领进行磋商。这个要求直到 8 月 2 日才予批准，那天下午 7 点 6 分我给全世界我们各个地区的舰队总司令发了如下电报：

> 形势非常严峻。准备迎击突然袭击。假设英国决定成为法国
> 对付德国的同盟者，你们可以与你们所在地的法国高级军官联络
> 进行协同作战。

当天早些时候，我本人和第一海务大臣用姓名首字母签字发给伯
克利·米尔恩爵士如下电报：

> 必须用两艘战列巡洋舰跟踪"格本"号。亚得里亚海的入口
> 必须派巡洋舰和驱逐舰把守。你自己留在马耳他附近。据信，意
> 大利将保守中立，但你尚不可完全指望这点。

8月3日上午12点50分我又亲自草拟了一份电报发给伯克利·米
尔恩爵士，强调"格本"号比所有其他目标有更大的重要性：

> 把守亚得里亚海入口应继续下去，但"格本"号才是你的目标。
> 盯住她，跟踪她到她去的任何地方，准备在宣战时行动，宣战看
> 来不但可能而且已迫在眉睫。

8月4日凌晨，我们高兴地得到地中海总司令给海军部的如下
消息：

> "无畏"号和"不倦"号跟踪"格本"号和"布雷斯劳"号到
> 北纬37°44' 东经7°56'。

124 　　我们的回电是：

非常好。盯住她。战争已在眼前。

（这点现在执行）

要将"格本"号强行阻挡，以免她干扰法国运兵行动。

（这点等待及早证实）。

然后我向首相和爱德华·格雷爵士报告了地中海形势和关于我想给予更多指示的愿望。他们二人均表同意，但首相认为应向内阁报告这些情况，并要求内阁批准。内阁会议立即召开。由于这个原因，我赶往内阁前又发出如下电报：

如果"格本"号攻击法国运输船，你应立刻进攻她，但事先你应向她发出公正的警告。

可是内阁仍然正式地坚持这样的观点，即在最后通牒期限届满前我们不应采取战争行动。英国道义上的完整决不可在这庄严时刻为了击沉一艘军舰而受到损害。

当然，"格本"号没有攻击法国运输船队。事实上，虽然我们在当时不知道这点，她已离开法国运输船队的航路驶往他处，当时"无畏"号和"不屈"号目睹她远去。但是，即使她攻击运输队，英国内阁的决议也将阻止我们的战列巡洋舰进行干预。这个决议明显地带有更严厉的非遵守不可的否决含意，即如果她没有攻击法国运输船队，即使当她处于我们火力控制下也不准向她开火。我不能破坏这个决议。全世界都应该知道这件事。但我几乎不曾想到，这种可敬的克制精神要我们和全世界付出多大代价。

由于内阁的这个决议，第一海务大臣根据我的指示由海军部发出如下电报：

海军部致全体军舰

8月4日下午2点5分

英国致德国的最后通牒将于8月4日格林尼治标准时间午夜12点届满。在那个时间以前不准采取战争行动，到那个时间海军部将发出开始对德作战的电报。

对地中海"无畏"号和"不倦"号的特别附言：

撤销对"无畏"号和"不倦"号所做的如果"格本"号攻击法国运输船队可向其开火的授权。

125   几乎与此同时我收到第一海务大臣送来的备忘录：

海军大臣， 8月4日

鉴于意大利宣布中立，建议致电地中海总司令，通知他和叮嘱他严格尊重此事，不准军舰驶近意大利海岸6英里以内。

B.

考虑到在这决定性时刻，如果发生什么意外小事引起与意大利的麻烦将是多大的灾难，我批准第一海务大臣的预防措施，我用书面形式作答：

8月4日

照你的意见办理。外交部应将此点通知意大利政府。

W.S. 丘吉尔

于是，下午12点55分海军部发给地中海总司令如下电报：

意大利政府已宣布中立，你应严格尊重其中立地位，不允许陛下政府的任何军舰进入意大利海岸6英里以内。

这样一来，如后来事实表明，肯定不可避免地使捕捉"格本"号的任务变得复杂；但并没有复杂到完全无法执行的程度。

下午我将如下备忘录送交参谋长和第一海务大臣：

1914年8月4日

我推测你们已将我们的意向通知法国海军部，并与法国舰队建立了各方面的最密切合作。如果尚未做到，应立即完成。

W.S. 丘吉尔

根据我的备忘录，参谋长发给所有海军基地如下电报："你们可以与在驻地的法国军官建立最密切的合作关系。"

在这个漫长夏天的整个下午，3艘大型军舰（有追赶的有被追赶的）在紧张而令人难受的平静中在地中海水域劈浪冲刺前进。"格本"号随时都可能遭到1万码距离以内16门12英寸大炮的轰击，射出的炮弹总重可达其本身金属重量的3倍。在海军部我们忍受着焦急等候消息的折磨。

大约5点钟，路易斯亲王说天黑前还有时间击沉"格本"号。面对内阁的决议我不能出声。除非关系到英国的生死存亡，否则任何事情都不能为践踏内阁的权威提供充分理由。我们希望第二天击沉她。她能到哪里去？看来整个地中海沿岸波拉是她唯一的躲避所。根据国际法，她去任何其他地方都会被扣留。土耳其人严密地保守他们的秘密。随着夜晚的阴影降落在地中海上，"格本"号增加速度到24节，这是我们两艘战列巡洋舰能达到的最大速度。可是她进一步增速。我们早已知道她能在一个很短时间内达到特别高的速度，甚至高到26节或27节。凭借这一点，她摆脱了不受欢迎的伴侣，渐渐消失在逐渐加浓的夜色中。

126

我们将在适当时候再谈有关她的事情。

* * *

下午 5 点 50 分我发出如下电报:

海军部致全体军舰

致全体军舰的电报。开战电报将在午夜发出,授权你们开始对德作战。但考虑到我们的最后通牒,他们可能决定在任何时候开火。你们务必为此做好准备。

现在,经过前 10 天的紧张和震动,我们海军部的人感到一种奇怪的平静和间歇。所有决议全已实行。致德国的最后通牒已经发出,当然肯定会被拒绝。战争将在午夜宣布正式开始。在我们能够预见的范围内,我们的一切准备工作都已就绪。动员是彻底的,每艘军舰都在战位上;每个兵员都在岗位上。在世界各地的每一个英国舰长和将军都全神戒备着,他们只等信号发来。那么将发生什么呢?似乎下一步行动取决于敌人。他将做什么?他贮藏着某种意想不到的致命武器吗?某种长期谋划和完善的可怕武器,会随时在我们头上爆炸吗?我们在外国海域的军舰已经记下它们的德国对手的特征了吗?要是能这样,到了早晨在远洋一定会发生多次巡洋舰的战斗。电报从我国海岸各处的不同海军基地源源而来,报告军舰的移动和见到敌人舰只的谣传。就在呼唤理智的声音将被炮声淹没之际,电报纷纷从欧洲使领馆传来。在海军部的作战室,我坐着等待消息,人们能听到时钟的嘀嗒作响。从议会街传来人群含混不清的说话声,但声音听来很遥远,世界显得十分寂静。为生存斗争的喧哗过去了,继之而来的是废墟与死亡般的沉默。我们将在地狱中醒来。

我有一种奇特的感觉，就像是在等待选举的结果。竞选的骚动似乎结束，选票正在点数，几个钟头后即将宣布结果。你只有等待，但等待的是什么结果！虽然我职位赋予的特殊责任使我（在其他众人中间）必定要在所有有关战争准备中提高警惕和走在前面，但如在这几页文字中所表明的，我敢说，在战前这些岁月中，我在从属性的职位上，从来没有故意地或乐意地损害过和平解决的机会，并尽我最大努力在有机会的时候尽可能地维护英、德之间的良好关系。感谢上帝我能在这个时候也感到我们国家并没有有意挑起这场战争。即使我们在处理这次可怕危机上犯了一些错误，尽管我不知道错在哪里，但在内心最深处我们能说，我们不是故意这样做的。德国看来是低头向前猛冲并下定决心奔向她自己的毁灭。如果这是她一直有意要做的事情，如果这就是最近5年中时刻真正威胁我们的危险，如果这是在战争最终爆发以前时刻悬在我们头顶的危险，那么让它现在发生不是更好吗？现在德国已使自己如此决然地站在错误的一方，现在我们已有了准备，不可能遭到突然袭击，现在法国、俄国和英国已一起站在一条战线上。

第一海务大臣和参谋长带领法国海军将领一起来到海军部，客人们为双方舰队在海峡和地中海的合作匆匆赶来协商细节安排。他们是优秀的军人，态度十分严肃。与这些法国军官接触使人们感到这场危机确实关系到法国的生死存亡。他们谈到马耳他为法国舰队提供基地的问题——为了这同一个马耳他我们与拿破仑打了许多年的仗，它事实上还是1803年战火复燃的借口。"马耳他是战争的根源！"圣赫勒拿岛上的拿破仑做梦也想不到，在法国最迫切需要的时候，法国居然可以得到地中海这个巨大基地供她支配使用，而当时拿破仑凭着自己的战略本能认定这个基地的地位至关重要。我对法国将领说："就像它是土伦那样去使用马耳他。" 128

时间一分一分地过去。

现在，经过若干世纪，古老的英国再次在反对最强大君主统治的战斗中站在前列。在保卫欧洲自由和公众权利中她必须再次投入艰难危险的征程，只在星星的指引下，经过未经探测的水域，驶向未知的海岸。"历史上饱受风暴打击的船只"将再次成为欧洲大陆的暴君征服世界的障碍。

现在是晚上11点——德国时间12点钟——此时最后通牒规定的期限届满。海军部的窗户在温暖的夜空中完全打开。纳尔逊曾在这个屋子里接受过命令，如今就在这同一屋子里聚集了一批人数不多的将领和舰长以及一群职员，它们手握铅笔等待着。沿着林荫路从王宫方向传来许多人合唱"上帝保佑吾王"的声音。在这深沉的声浪之上突然出现大本钟的钟声，随着第一下钟声的嗡嗡声消失，一阵人群行动的沙沙声掠过屋子。体现"对德作战开始"的战争电报发往全世界悬挂白色英国皇家海军旗的军舰和机构。

我穿过皇家骑兵卫队阅兵场走向内阁办公室，向聚集在那里的首相和大臣们报告命令已经下达。

注释：

[1]　伯肯黑德勋爵。

[2]　德赖登，《奥古斯都挽歌》（*Threnodia Augustalis*）。

第九章 战争：陆军渡海

1914 年 8 月 4 日—22 日

　　英国以前所未有的最强大军事帝国的面貌进入战争，从战略上说是声势壮观的。她巨大的舰队消失在岛国一端的薄雾里。她人数不多的陆军匆匆地在岛国的另一端离开祖国。这两种景象在不知内情者看来英国似乎放弃了本土的全部防御手段，并将她无保护的海岸暴露给敌方的突然进攻。可是根据真正的战略原理，这两项行动不但保证了我们自己的安全而且拯救了我们的协约盟国。庞大舰队到达战位，从此可以无可辩驳地断言我们获得了海洋的控制权。正规军也在关键时刻到达法军战线侧翼最重要的位置。要是我们所有的行动都能达到这个水平，今天我们将更轻松地生活在这个世界上。

　　　　　　　　＊　　　＊　　　＊

　　有关参战引起的分歧，因决不仅限于在内阁中起作用的强烈舆论逆流而更加严重，这股逆流主张：如果我们参战，应由海军单独参战。一些有巨大势力和影响的人物——他们在这场斗争中始终不倦地努力工作，做出了实实在在的贡献——此时却坚决反对派遣哪怕是一个士兵在欧洲大陆登陆。如果不是万事准备就绪，如果不是计划业已完善，如果这个计划不是唯一的计划，如果不是所有军事部署艰苦地围绕这个计划安排妥当，谁敢说此时不会出现致命的犹豫不决呢？

8月5日下午首相在唐宁街召开战时特别会议。我记不起以前有过类似的任何集会。参加者包括与参战政策有显著关系的大臣、海军与陆军的首脑、全体高级军事指挥官，此外还有基奇纳勋爵和罗伯茨勋爵。会议要求对如下问题做出决议：我们应怎样进行刚开始的战争？为陆军部说话的那些人已做好心理准备，而且是团结的。根据可以被公正地称为霍尔丹计划的方案，应立刻派遣全部英国陆军去法国。那位大臣在陆军部8年任期内所做的一切导致这个方案的制定，并为这个方案牺牲了很多。把4或6个师的步兵配置必要的骑兵在动员令下达12或14天内布置在法军战线的左翼，同时以由他组建的14个本土师捍卫本岛，以上就是方案的大概。根据这个方案，在陆军元帅尼科尔森和弗伦奇的援助下霍尔丹集中了全部人力和有限的资源。这是一个简单的方案，但它是切合实际的方案。方案的制定经过坚持的探索和勤劳而细致的研究。它相当地反映出志愿制度产生的战时效果，以最有效和大胆的方式应用于决定性的要害目标；而制定的动员计划、铁路网络图、时刻表、基地和仓库的组织以及供应安排等等（可以写满许多卷书），规定和保证了方案的彻底而协调的执行。一个为此重要时刻倾注了毕生精力的指挥官，现在终于被选中了。留下来要做的一切是实施这个决定和发出行动的信号。

此时我代表海军部提出报告，说明我们每一方面的动员工作已经完成，我们所有军舰都已在战位上。我们将放弃在帝国国防委员会的所有讨论中一直提出的那个要求，即应在英国保留两个正规师以防备敌人的入侵。就海军部而言，陆军不单4个师就是整个6个师也即刻可以出发；我们可以提供运输他们的舰船，他们离开后我们能保卫岛国的安全。皇家海军承担了这个艰巨任务。

然后讨论转到应将这些陆军派遣到什么地方。罗伯茨勋爵询问，有没有可能为便于攻击将英国陆军放置在与比利时陆军连接处，即入侵德军的侧翼和后方。从海军部的观点看来，我们不能保证在多佛尔海峡的敌人一侧完成如此庞大部队的海上运输，只能保证已经到达战位的英、法联合小舰队警戒线内侧的海上交通。此外，陆军部也并没有为这样的紧急情况制定计划。现有计划集中考虑与法军的整体合作，不管合作在什么地方进行。就是这些，没有别的。

另一个讨论的问题是英国远征军应该集中在向前多远的地方。有几位高层当权人士谈到英军的动员开始得比法军迟 3 天的事实，主张把英军集中在亚眠周围，以便第一个战役打响后实施插入攻击。但到会议快结束时约翰·弗伦奇爵士和主张出兵的人也发表了他们的主张。会议的经过使我们感到，我们必须以法国参谋部认为最有效的方式帮助法国。

*　　　*　　　*

宣战后第二次去内阁开会时，我发觉我有了新的伙伴。在过去 7 年中莫利勋爵一直坐在首相的旁边，而我一直坐在莫利勋爵的旁边。好多次我从经验丰富的邻座用铅书写的智睿短句中得到诙谐幽默的告诫，他超群的富有魅力的殷勤好意为我们辛劳的工作增添了光彩。有一个星期天他对我谈到决心，他说："如果必须有决心，我不是有决心的人。我只会妨碍那些像你这样必须担负艰巨任务的人。"现在他去世了。在他的座位上坐着基奇纳勋爵。坐在我左边的也是一个新人——新农业大臣卢卡斯。自从南非战争时我就认识他，当时他失去了一条腿。认识他的每个人都会喜欢他。他开朗、乐观、易感动的品性，诙谐、讽刺但绝非不礼貌的语调、令人高兴的风度、不由自主的微笑，使他的朋友都喜欢与他接近，他有许多朋友，我是其中之一。在内阁中他算年轻的，他是他周围宝贵精神财富和快乐的继承者，他似乎已迷住了其他人。

这两个人后来死在敌人之手，年轻的大臣在高空与敌人搏斗时牺牲，年老的陆军元帅溺毙在冰冻的海洋中。我不知道如果有人告诉围坐在会议桌旁的 20 位政治家，在这个平凡的英国内阁中有十分之一的人将死于他们刚刚宣布的战争中，他们将做何感想。我想他们会因为在一定程度上分担了他们同胞、朋友和儿子遇到的危险而感到骄傲和宽慰。

＊　　　＊　　　＊

　　在 8 月 5 日的战时会议上，基奇纳勋爵还未担任战时国务大臣，但我知道对他的任命即将发布。当时兼任战时国务大臣的首相不可能担负陆军部与海军部之间繁重的部际事务，他要求两位大臣商议解决。因此首相邀请基奇纳勋爵担负陆军部大臣的职务，这位陆军元帅肯定无论如何不想谋求这个职位，但他别无选择只能接受。

132

　　我与基奇纳勋爵的关系不深。我们第一次见面是在恩图曼战场上。当时作为 21 轻骑兵旅的中尉，我被派回司令部向总司令口头报告挺进中的德尔维希军队的状况。他曾因我年轻，严肃地不赞同我做这项工作，并曾设法阻止我到苏丹战场服役，得知我成功地到达苏丹时感到很气愤。这是第一眼见到我之前不喜欢我的原因。在我这方面，我详细记述他的性格和他指挥的几次战役，为此写了厚厚两卷，完全以忠实于公正、批判的精神表达。我第二次见到他已是 12 年以后了，那是 1910 年，有人为我们正式介绍，我们就陆军演习问题做了简短交谈。1912 年在马耳他会议上我对他稍有了解，此后我们经常碰头，谈论帝国国防的主题。在这些交往中，我发觉他比我早年印象中的和听别人说起的要容易接近得多。在战争开始前一周里，我们曾两三次共进午餐和晚餐，我们讨论了我们能够预见到的所有可能性。当他被任命为战时国务大臣时我很高兴，在战争早期的那些日子里，我们以密切而友好的关系一起工作。他不断就其工作的政治方面同我磋商，并在军事问题上对我日益信任。海军部与陆军部的事务非常密切地交织在一起，以致战事起初的整个头 10 个月中我们几乎每天进行个人磋商。我无法忘记，当1915年5月离开海军部时，我同事中第一个（是一个例外）和唯一一个前来做礼节性拜访的就是这位工作负担沉重的巨人，他的非难曾是使青年时代的我仓皇失措的经历之一。

*　　　*　　　*

众所周知，动员起来的英国陆军是由6个正规步兵师和1个骑兵师组成的组织良好的远征军。此外还有2个步兵师——第七和第八师——必须从整个帝国各地警卫部队中征集，或者由留在国内的远征军的多余部队组成。我们还决定从印度调动2个师，其中一半是英国人一半是土著人。在这些无疑是训练有素的军队后边，还有14个本土师和13个骑兵旅，不列颠群岛的防卫必然要交托给他们。这些部队很少训练，配有少数大炮，但由有远见的和有知识的人士组成，他们不等到危险时刻来临就把国家的事业当作自己的目标。在6个月或有人认为在更短的时间内就能使这样的军队发挥作用。

现在基奇纳勋爵在与我们共事后第一次在内阁中用军人的语言陈述一系列激动人心的预言性的道理：每个人期望这场战争尽快结束；可是战争是无法预料的，现在我们必须做好长期斗争的准备。这样的战争不可能在海上结束或单独使用海军结束。它只有通过欧洲大陆的几场决战来结束。在这些决战中英国必须按照她的重要性与力量的比例承担她的一份责任。我们必须准备好把几百万陆军投入战场并准备坚持作战若干年。我们没有其他办法承担我们对各协约国或对世界的责任。

内阁会议以缄默的同意接受这些话；我认为，如果基奇纳勋爵继续要求根据需要必须实行全国普遍兵役制，他的要求也会得到同意。但他只满足于提出招募志愿人员，第一步组建6个新的正规师。这个办法远不如组建以本土军基干官兵为基础的志愿部队，这种部队的每一个单位在后继阶段中能成 2 倍或成 4 倍地增加。可是这位新的战时国务大臣对英国本土军制度知之不深而且缺乏信心。这种部队的名称本身对他说来就是一个障碍。在 1870 年战争中，他参加卢瓦尔战役（也许是勒芒战役），在这个战役中法国本土部队丢掉了托付给他们守卫的最主要阵地，造成了整个部队的失败。他几次对我说起这件事，我知道这件事在他的心头铸成了难以磨灭的印象。我徒劳地对他解释组成法国和英国本土军的部队在性质上完全不同——法国的本土军是从他们最后服役期征募的上年纪的人；英国的则是精明而热情的强烈爱好从军的青年。他们既然都是本土军，在他看来最终都一样。

这件事从一开始就增加了他的原本就很艰难巨大的任务的难度。他亲自着手组建基干官兵，成立"基奇纳军" 6 个师的第一个师，而后是 12 个师的第一个师，最后是 24 个师的第一个师。此时应募者潮水般向他涌来，人数达 10 万之多。完成这个临时凑成部队的巨大功绩必然属于当时奇迹之一。

反对强制征兵的观点无疑有它的说服力，这个观点很快又因两件事情而加强，一件是压倒性数量的志愿者，另一件是缺乏武器与装备。除了正规军拥有的极少储备外，武器与装备确实没有多余。我们的军队规模很小，因而生产战争物资的工厂同样很小。没有步枪，没有大炮；数量不多的炮弹与枪弹供应立刻开始以惊人的速度突然告罄。即使采取最好办法，在能够开辟来源，甚至是中等规模的新供应来源之前，肯定也要花上许多个月时间。人们现在第一次知道，造一支步枪比造一门大炮的时间更长；而步枪却成了最迫切需要的武器。我们只有把木棍发给聚集在招募站的热切的人们。我搜索舰队和海军部仓库，凑集了另外 3 万支步枪，这确实意味着战场上会多 3 万个士兵。在军舰上只有海军陆战队有步枪，水兵的最后一招，必须像旧时那样信赖他的短弯刀。

当基奇纳勋爵组建他第一批 6 个新陆军师之初和大量应募者蜂

拥而来之前，我送给他皇家海军师，他高兴地接受了。战前，我们预见到海军在动员时将有数以千计的人聚集在兵站里，而我们出海的任何战舰中都没有空缺容纳他们。因此 1913 年我向帝国国防委员会建议组建 3 个旅，一个由海军陆战队组成，其他两个由皇家海军志愿预备役人员和皇家舰队预备役人员组成。我们打算用这些旅在战争早期阶段支持国内防卫，因而可以很容易地从现有的人力资源中组建基干队伍。海军陆战旅实际上已经存在，很明显早在筹建新军之前这 3 个旅就已做好了作战准备。海军志愿人员焦急地想到舰上服役，此刻他们以深深的妒忌和无限的忠诚接受这个新的任务。啊，对于他们中大多数人来说，这证明是一个改变命运的决定。这群勇士中战后活下来的很少有未受伤的。由于他们英勇的行为，他们将在历史上英名永留，即使在这熙熙攘攘的时代也为人们所牢记。

*　　　*　　　*

德国大使的离任和 8 天后奥地利大使回国注定要由我安排。所以在 8 月 5 日早上我派我的海军秘书胡德上将穿上制服去德国大使馆，希望知道我们用什么方式能使利希诺夫斯基亲王感到满意和方便。尽 管在法国和英国大使离开柏林时受到德国暴民的侮辱甚至攻击，我们仍以一丝不苟的谨慎态度从事工作，保证对那些我们要负责的人奉行得体的礼节。利希诺夫斯基亲王记录了他所受到的礼遇，我们的行为似乎在他心中留下深刻的印象。

对于奥地利大使门斯多夫伯爵。我写了如下通知：

1914 年 8 月 13 日

兹有海军秘书胡德持此函前来，他奉命帮助你舒适而方便地做海上旅行。如果此时你需要任何帮助，我希望你通知我。

虽然可怕的事态发展把我们两国的古老友谊撇在一边，但由多年的个人交往产生的尊敬与关心不会从你的英国朋友心头逝去。

奥地利大使询问是否可派船将他直接送到的里雅斯特，并要求将这个照顾赐给一些居住在伦敦而现在必须离开这个国家的奥地利平民。我随后安排多达 200 人登上了大使的船只。我有把握说，采取这些措施我是按照英国尊严所需要的规则行事。

*　　　*　　　*

按照建立海军部的国王特许状和议会的命令，海军大臣向国王和议会负责海军部的一切事务。由于这个原因，海军大臣本人把技术和专业管理的责任委托给杰出的水手。但是他不能由此减轻他本人理论上或实际上的责任；他应对发生的一切事情负责；每件灾难他都难辞其咎。胜利的光荣理应归于取得胜利的司令官；失败或处理不当的责任也必须由海军部承担，国民的谴责自然落在海军大臣身上。

那么，因政治或议会缘由任命的没有权威性专门知识的文官大臣怎样履行其职责呢？显然这取决于海军大臣和第一海务大臣的性格、脾气和能力。他们两人必须协同面对迅速、连续、复杂的重大问题，如果他们不能取得全心全意的一致，那么国王必须在首相建议下挑选另外两人。我对自己的职责是这样理解的：我要为所有工作能否取得成功的结果负完全责任，根据这种精神我对每一件已开展或已提出的工作，实行密切而全面的监督。此外，我要求整个海军领域施行无限的建议和倡议权，所有号令只需取得第一海务大臣的同意。凡是我所做的，无论对错，我希望人们在这个基础上判断我的功过。实际上困难比想象的要少。事实上，经历了长时期无休止的危机和紧张，这部机器运行得很平稳。

　　战争开始时，身为海军上将的德国海军大臣冯·提尔皮茨，发觉自己在战略上和准战术上对舰队的控制被完全切断，处境极端困难，以致他宣称"他不懂海军的作战计划。"他被限制只能做一些纯粹的行政工作，由于要负责行政工作，他失去了大本营皇帝随从的地位。最初由冯·波尔领导的海军参谋部在皇帝身边有眼线，能收到符合皇帝意愿的最高层的暗示。因此冯·提尔皮茨海军上将的处境极不愉快。海军参谋部尽一切可能不使他与皇帝接近，劝皇帝拒绝他闯入最高圈子的努力。受整个国事担子重压的皇帝随时给参谋部下指令，口授未经仔细考虑的言语，这些言语随后又要作为无可抗拒的权威去执行。冯·提尔皮茨海军上将把海战最初几个月德国舰队陷于瘫痪状态归因于这些事态。据他所说，这种情况使德国失去了在最有利条件下打最重要战役的机会，实际上是未经一战便听凭制海权落入英国人手中，因而英国军队得以源源运往欧洲大陆。如果说我们解决海战难题的办法不完整，我们的敌人也同样如此。

＊　　　＊　　　＊

　　我们知道的国内水域的海军优势差距，此时比此后战时任何时候都小。1914 年 8 月 1 日集中在北方战位的主力舰队包括 24 艘"无畏"级战舰或更强的军舰。此外战列巡洋舰"无敌"号停泊在昆斯敦，守卫着大西洋海岸，2 艘"纳尔逊勋爵"级巡洋舰与海峡舰队在一起，另外 3 艘战列巡洋舰在地中海。德国人实际上动员了 16 艘同样级别的军舰。[1] 我们不能绝对肯定，尽管我们认为他们还准备了其他 2 艘甚至 3 艘军舰，实际上这不大可能；这些就是他们的最大力量。所幸的是，每艘英国军舰已准备齐全处于完善状态，没有一艘在修理。当前即可投入战斗的军舰的力量是我们 24 艘对敌方确定的 16 艘和可能的 19 艘。但这些数字并不是英国舰队的全部物质力量，更没有算入英国军舰的火力。英国舰队除"无畏"级战舰外，还有 8 艘"爱德华

137

国王"级军舰，这8艘军舰显然优于余下来的8艘德国军舰。即使不提这方面的优势以及由此而激发的民众信心，事实上，单就我们多5艘至8艘"无畏"级战舰而言，我们就占了明确的数量优势。就规模庞大的舰队必须预计的意外不幸事件和机械故障百分比来说，我们与敌人没有很大差距。我们因没有准备而遭受突然袭击引起的灾难是不可能的。对于只看表面现象的观察家来说，他从多佛尔或波特兰悬崖上往下看由六七艘军舰组成的战列中队，它们躺在远处的崖底就像微小的模型，显然他会对依靠它们的不列颠世界的基础感到忧心忡忡。如果英国海上官兵的智慧与勇气不是我们相信的那样，如果建造这些庞大军舰的工艺不是充分可靠和精湛，如果我们水上官兵的航海技能和炮术低下，如果意外发生可怕的怪事或错误，双方的战斗力量可能旗鼓相当了。

人们对英国海军期望之高是容易理解的。要是德国海军要打一次大仗，战争开始时是最好的机会。当然，德国海军部知道我们可以使用的是什么军舰且我们已把舰队进行动员、集中起来和游弋在海上。即使他们认定不寻常的事实，即我们的"无畏"级战舰的每一艘全都准备齐全，它们中没有一艘出毛病，在德国人看来它们经受的是以最多27对16的优势与德国舰队作战——根据他们的观点，这是巨大的差距。当观察扩展到整个舰队时差距还要更巨大，但这种差距与6个月后、12个月后或更迟一些时候他们将面对的差距相比还是很小的。因为，看一下这两支对立舰队即将得到的增援力量，就能看到除了完成我们自己的舰只外，我们可以征用在我们船坞中为外国建造的战列舰。因此我们在3个月里就有7艘大战舰，6个月里有12艘大战舰一定能加入我们的主力舰队。对比之下对方能指望的3个月里只有3艘，6个月里只有5艘，这样3个月后的平衡表上为34对19，6个月后为39对21；这还没有算入在地中海的3艘战列巡洋舰和在太平洋的1艘战列巡洋舰"澳大利亚"号。若有需要，我们显然能将这艘军舰调回英国。

那么此刻是德国最有利的时机，此刻是他们能找到的最好机会。这不就是战略时机吗？难道德国人不以为运送英国陆军去法国是海军部最郑重关注之事吗？在这个关键时刻的一次胜利，即使是一个局部的胜利，也要比其他任何时候的胜利更有成效，这难道不清楚吗？42艘德国商用巡洋舰只需片刻就能出动，就能在大海上发动攻击，我们以后需要一艘一艘地击沉它。尤其重要的是，干扰和推迟英国为大力增强陆上兵力而运送陆军，这难道不是真正的效果吗？德国参谋部信奉短期战争，他们把所有赌注下在增强陆上力量的最大努力上。德国舰队为什么不参战，为什么不在最关键时刻在有价值的事情上发挥作用呢？它能放在其他什么用途上呢？

因此我们在海洋上寻找战机。我们期望作战，我们寻求作战。关于两国海军彼此正在接近并准备在海上进行决战的消息，会受到我们舰队真正满意的欢迎和受到海军部沉着的接受。我们不能把我们的主力舰队派往黑尔戈兰湾布满水雷和潜艇聚集的区域。但如果敌人提供在任何条件下的战机，而且这个条件不至于使我们处于明显劣势，它也会被我们立刻接受。

事实上，海军部清醒的信心是以相对力量计算为基础的，计算的可靠性是不容德国参谋部怀疑的。甚至作为作战鼓吹者的冯·提尔皮茨也在他的书中（第356页）写道："反对立即发生战斗的原因是，当战争爆发时整个英国舰队由于试验性动员已做好作战准备，然而我们只有现役的几个中队做好准备。"德国官方海军史说："英国……由于采取试验性动员和随后的各种措施获得重大的军事优势，尽管英国也由此必然引起纷扰与不安……但这种优势是德国不能抵消或赶上的。"德国参谋部认为，即使这是检验力量的最好机会，但它也是极危险甚至没有成功希望的机会，所以不值得一试；于是他们的舰队一直隐藏在港口里过不光彩的日子；这样无疑使英国为海上任务而继续和大量地消耗资源，德国则取得间接的实实在在的好处，但不会对整个战争进程产生决定性的影响。

因此我们等待着，但什么也没有发生。没有立刻发生任何大事情。没有打大仗。英国主力舰队一直留在海上，德国舰队没有离开它躲藏的海港。巡洋舰也没有活动。在哈里奇海岸外布雷的一艘德国布雷舰被"安菲翁"号率领的驱逐舰小舰队追逐并击沉，而"安菲翁"号在归途中经过德国雷区时触雷爆炸。此外逗留在广阔和狭窄海面上的大炮没有打破沉寂。可是在这个沉寂时期，从一开始起英国海军就不受挑战地统治着整个世界。所有在外国海面的德国巡洋舰已消失在浩瀚大海中；所有德国商船从英国显然要参战的最早一刹那起已逃往中立国的港口。潜在的以商船为目标的驱逐舰 8 艘中有 7 艘甚至一炮未发就躲起来不敢露面。德国在波罗的海以外的海上贸易从 8 月 4 日晚上起不复存在。另一方面，经过几天踌躇后，英国的大批商船在保险率不超过 6% 的政府担保的鼓励下开始出海，甚至在欧洲大陆双方主要陆军接触之前，英国整个大洋交通以最大规模继续进行。到 8 月底保险率已降到 3%，此时海军部能够宣布，被认为对海上贸易构成威胁的 42 条德国班轮中，有 11 条被解除武装，拘留在美国的海港里，由英国巡洋舰在领海外监视着；6 条在其他中立国海港避难，它们在那里不是被拆除设备就是受到监视；14 条在德国港口，有封锁线紧紧围住；6 条作为战利品落在英军手里；只有 5 条下落不明，这 5 条船的命运将在后文再叙。

当时有一些悲观预言，这些预言曾经是许多争议和文章的题材，例如说，我们商船在各大海洋将被德国袭击者攻击；为保护商业需要增加几十艘英国巡洋舰；英国商船一旦在安全港口就不想出海冒险。这一切没有一件真正实现过。可以把这种情况解释为警报已经解除。战前几年里主要占据在我们心中的海军三大危险：第一，舰队遭突然袭击危险；第二，水雷的危险；第三，海上贸易的瘫痪——就像船只疾驶过后的巨浪离我们滚滚远去。

自从上一次英国海军接受任务迎接最大紧急挑战以来，100 多年过去了。如果从现在起再过 100 年，再遇到同样环境，海军能显示出同等程度的准备，我们就没有理由埋怨我们的下代，就像他们没有理由埋怨我们一样。

*　　*　　*

现在应回过头来谈谈地中海的状况。

德国司令官苏雄海军上将在深暗的夜色中把跟踪他的我们的巡洋舰远远抛在后面，匆匆赶往墨西拿，8月5日早上他率领"格本"号和"布雷斯劳"号一起到达目的地。正如我们现在知道，他当时已经收到德国海军部前一天凌晨1点35分从瑙恩发来的电报。此电报告诉他至关重要的情报。电文说德国和土耳其间已缔结同盟，指示他立即前往君士坦丁堡。关于这个同盟条约我们一无所知。我们得到的所有报告完全是不同的意思，过了很久我们才知道此时土耳其的态度。

一到墨西拿，"格本"号和"布雷斯劳"号开始从德国运煤船加煤。加煤时间用了当天一整天以及第二天（6日）大半天。在"格本"号再次启动前时间整整过去了36个小时。与此同时，守候在墨西拿海峡南部出口的我们的轻巡洋舰"格洛斯特"号于8月5日下午3点35分报告伯克利·米尔恩爵士说，她收到的无线电讯号表明"格本"号必定在墨西拿。

英国总司令已乘他的旗舰"不屈"号于8月4日午夜后离开马耳他海峡，8月5日上午约11时，他已把他的3艘战列巡洋舰和2艘轻巡洋舰聚集在西西里与非洲海岸中间潘泰莱里亚岛的外海面上。[2]根据他的著作所述[3]，他在4日已知道德国邮轮"将军"号留在墨西拿听从"格本"号的支配。因而他相信5日一整天"格本"号、"布雷斯劳"号和"将军"号都在墨西拿。他的判断是对的。

伯克利·米尔恩的1艘战列巡洋舰"不屈"号需要加煤。他派她去比塞大。这是一项重要的决定。考虑到他认为"格本"号在墨

西拿，考虑到他打算由他自己带 2 艘战列巡洋舰在向北的航道上守

候，某些权威人士认为，让第三艘巡洋舰在马耳他加煤才是明智的预防措施。马耳他的设备可靠且现成，而且从那儿驶往墨西拿南边出口附近，很容易与在亚得里亚海口的特鲁布里奇海军少将会合，这也是那位少将所期望的。[4] 如派"无畏"号去马耳他加煤，这样他就有 2 艘战列巡洋舰在北边出口守候，1 艘在南边出口守候。但是总司令决定把 3 艘战列巡洋舰合在一起由他自己指挥，并在西西里西端撒丁岛和比塞大之间巡弋。这样一来南边出口完全向"格本"号敞开；如果她向亚得里亚海行进，看来很可能要使特鲁布里奇少将面对一场严峻的战斗。

5 日下午 5 时伯克利·米尔恩爵士收到"格洛斯特"号在下午 3 点 35 分发来的信号，报告"格本"号在墨西拿。这进一步证实了他的判断。此刻他在西西里以西约 100 英里。可是他继续带了 2 艘军舰在西西里与撒丁岛之间巡航，迟至 8 月 6 日晚上他给"不屈"号的命令仍旧是在那里附近与他会合。他之所以这样做，是由于他认为，把 3 艘巡洋舰全放在这个位置上是实施海军部 7 月 30 日有关帮助法军运送他们的非洲陆军最有把握的办法。这样做无疑是执行这个命令的一个办法，这位海军上将在他的书中也说明了他采取这个办法的理由。他说，如果他想拦截"格本"号，由于后者较快的速度，他必须站在远处时时注意她的接近。他争辩说，把他的全部力量以这种方式布置在"格本"号和法国运输船队中间，如果她试图攻击她们，这就是捕捉她的最佳机会。他于 4 日晚些时候把这些有目的的布置报告海军部，海军部对报告的唯一评论是："应保持对亚得亚海的看守，其双重目的是防止奥地利军舰由此出来和德国军舰由此进去。"4 日非常迅速地找到"格本"号（虽然在公海上）给了海军部这样的感觉，即在现场的这位海军上将已掌握了局势，不需要进一步指示。

可是伯克利·米尔恩爵士没能与法国海军将领联系上，虽然他用无线电做过多次尝试，并派"都柏林"号带信去比塞大但都毫无

结果。他不知道法国舰队或法国运输船队在哪里。他又没有将这个情况告诉海军部。在海军部方面于8月4日向所有军舰发出同意与法方立即展开商谈的电报后，便想当然地认为地中海的双方总司令正在协调行动。因此他们没有向法国人要情报，法国海军部也没有主动提供情报。向巴黎的询问得出这样的事实，即法国当局已改变计划，海上已没有了运输船队。各方在这件事情上都犯了某种程度的错误。

与此同时，英国在罗马的大使只要电报线路有空，便设法告诉海军部"格本"号在墨西拿。这个消息直到8月5日下午6点才到达伦敦。海军部将消息未加评论地转给（虽稍拖延）伯克利·米尔恩爵士，此时他已经从其他来源知道此事。批评海军部在得知"格本"号在墨西拿时没有立刻命令英舰跟踪她进入海峡，这是很公允的。这一点我不知道，因为第一海务大臣和参谋长没有告诉我，而我本人没有参与关于严格尊重意大利中立地位电报的倡议和起草，所以我没有特别注意这件事。如果有人将此事告诉我，我会即刻同意的。这绝非一桩小事，此事成功的后果完全值得冒使意大利人恼火的风险。事实上，海军部未征求伯克利·米尔恩爵士的意见已经允许军舰通过海峡追赶"格本"号。等到得知她未受拦阻地向南逃走，已为时太晚。

遵照从德国发来的命令，苏雄海军上将率领的"格本"号与"布雷斯劳"号终于加足了煤，他下定决心，在8月6日下午5时未经战斗在奏乐声中驶出墨西拿港口。他预期一离开意大利领海肯定会遭遇一两艘英国战列巡洋舰。从事实来看，他知道，他的所在位置英国总司令在若干小时前已了如指掌，这个推断不是没有道理的。不幸的是，如上边所说，英国3艘战列巡洋舰中的每一艘都正忙着做其他的事情。因此当德国海军上将绕过意大利南端向东驶去时，仅有的在联合力量与速度方面令他害怕的3个对手已远远落在后面。

还有守卫亚得里亚海的英国装甲巡洋舰中队。这个中队由4艘装备良好的军舰组成，她们是"防御"号、"勇士"号、"爱丁堡公爵"号和"黑王子"号。这个中队受特鲁布里奇少将指挥，在他麾下还有8艘驱逐舰，从马耳他来的轻巡洋舰"都柏林"号和其他2艘驱逐舰也将加入这个中队。关于这位军官的活动事实有必要再说一下。

143　　　根据假设——这是大多数人的看法，"格本"号将驶往波拉，特鲁布里奇将军已做好准备截住她。直到他从"格洛斯特"号那里得知"格本"号转向南方，一直朝东南方向驶去，这就要求他做出新的决定。他没有从伯克利·米尔恩爵士处得到离开战位的命令。他一直希望得到一艘战列巡洋舰。可是特鲁布里奇将军决定自主行动。8月6日午夜后8分钟（即8月7日零点8分）他命令所属4艘巡洋舰和8艘驱逐舰以全速向南行驶，目的是截住"格本"号。他还向刚与另外2艘驱逐舰从马耳他驶来与他会合的"都柏林"号（舰长约翰·凯利）发出信号，请她在前方拦住"格本"号。他把这个决定报告总司令。因此到8月6日午夜和7日凌晨，有16艘英国军舰向"格本"号和"布雷斯劳"号扑去，而她们所处的位置很可能在天亮后短时间内截住敌人。但到早上3点50分，经过进一步的深思熟虑和由于没有从伯克利·米尔恩爵士那里得到命令或回答，特鲁布里奇将军开始相信，他难以企望在黎明时暗淡亮光的有利条件下与"格本"号作战，而在明亮日光下和广阔海面上作战，他的4艘军舰将一艘接一艘被"格本"号击沉，因为敌舰在任何时候都将保持在英舰9.2英寸大炮射程——16 000码——之外。有些海军军官认为，这种想法太极端了。其实，"格本"号要想在这样长的航程中依次击沉英国全部4艘装甲巡洋舰，她有限的弹药必须运用得非常巧妙。[5] 此外，如果"格本"号和"布雷斯劳"号与英舰开火，很难相信参战的16艘英国巡洋舰和驱逐舰中竟没有一艘能接近她们，用大炮或鱼雷攻击她们。所有驱逐舰全都能接近敌舰，并能找到机会进行攻击。德国方面若能一次应付这么多的对手将是惊人的功绩。可是这位英国将军得出结论是，"格本"号是"一个强大对手"，根据他从总司令那里得到的教诲，他不能与这个对手交战。就因为这个结论，他遭到了英国海军军事法庭的审判。

他于是不再想拦截"格本"号，让巡洋舰和驱逐舰掉转方向，在上午 10 点光景进入赞特岛海港，准备重新承担在亚得里亚海的守卫任务。"都柏林"号和她的两艘驱逐舰要求批准进行白天攻击 **144** 但遭到拒绝，她们试图在天亮前截住"格本"号，但在黑暗中找不到目标。

因此到 8 月 7 日早上 6 点钟，已是地中海最快军舰的"格本"号正循着没有阻碍的航路驶往达达尼尔海峡，相比以往任何一艘军舰，它给东方和中东各民族造成更大的屠杀，带去更大的不幸和更多的破坏。

因此所有驶往或能驶往有效距离内的英国战舰都没有发挥任何作用，除了两艘轻巡洋舰"都柏林"号和"格洛斯特"号，这两艘巡洋舰碰巧由两兄弟指挥。如我们已经看到，"都柏林"号（舰长约翰·凯利）尽她的力量使自己横跨在敌人的航道上，并昼夜与敌人作战；"格洛斯特"号（舰长 W.A.霍华德·凯利）不畏极度危险以最顽强的精神紧紧盯在"格本"号的后面，直到那天下午很迟的时候在总司令直接命令下才放弃追赶。

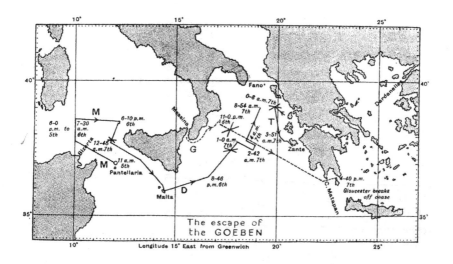

The escape of the GOEBEN

"格本"号的逃跑

145

Bizerta 比塞大
Pantellaria 潘泰莱里亚
Malta 马耳他
Fano 法诺
Zanta 赞特
Matapan 马塔潘角
Glouster breaks off chase "格洛斯特"号中止追赶
Dardanelles 达达尼尔海峡
Longitude 15° East from Greenwich 格林尼治东经15°
Messina 墨西拿
0—8 a.m.7th：7日晨0时8分
11 a.m.5th：5日上午11时
6—0 p.m.5th to 7—30 a.m.6th：5日下午6时0分至6日上午7时30分
8—46 p.m.6th：6日下午8时46分
11—0 p.m.6th：6日下午11时
12—45 a.m.7th：7日上午12时45分
2—42 a.m.7th：7日晨2时42分
4 a.m.7th：7日晨4时
8—51 a.m.7th：7日上午8时51分
4—40 p.m.7th：7日下午4时40分
7.0 a.m.7th：7日上午7时
8—45 a.m.7th：7日上午8时54分
6—10 p.m.6th：6日下午6时10分

解释

D 轻巡洋舰"都柏林"号和2艘驱逐舰与特鲁布里奇会合
G "格洛斯特"号跟踪"格本"号和"布雷斯劳"号。
M 米尔恩率领2艘战列巡洋舰和2艘轻巡洋舰。
T 特鲁布里奇率领4艘装甲巡洋舰和8艘驱逐舰。
X 8月6日午夜和7日凌晨的状况。

时间表

5日上午零时8分，米尔恩离马耳他去默里迪恩（东经10°）。

5日上午5时，"格本"号到达墨西拿。

5日上午11时，"不屈"号、"不倦"号、"大无畏"号、"都柏林"号、"韦茅斯"号、"查塔姆"号在潘泰莱里亚海外会合。"都柏林"号被派去马耳他加煤，然后率领2艘驱逐舰与特鲁布里奇会合；"大无畏"号被派去比塞大加煤。米尔恩率"不屈"号、"不倦"号、"韦茅斯"号和"查塔"号驶向默里迪恩（东经10°）。

6日下午5时，"格本"号离开墨西拿。

7日晨零时8分，特鲁布里奇决定截住"格本"号向南行驶。

7日正午，米尔恩到达马耳他。

5日上午1时15分，收到开始对德作战的命令。

5日下午3时35分，"格洛斯特"号报告"格本"号在墨西拿。

7日晨3时51分，特鲁布里奇转向驶入赞特岛海港。

7日下午4时40分，"格洛斯特"号离开马塔潘角，接到命令放弃对敌的顽强追赶。

6日上午7时30分，米尔恩离开他的巡航路线驶往东方。

6日上午10时45分，"格本"号转向东南方向驶去。

在"格本"号逃跑的整个事件中，人们似乎看到了厄运的影子，这种厄运在以后阶段将更大程度地破坏进攻达达尼尔海峡的计划。可怕的"如果"越来越多。如果我7月27日第一次想到派遣"新西兰"号去地中海的念头实现；如果8月4日下午我们能对"格本"号开火；如果我们较少关心意大利的中立地位；如果伯克利·米尔恩爵士派"无畏"号去马耳他加煤而不是去比塞大加煤；如果海军部在5日晚上知道"格本"号在哪里时直接向伯克利·米尔恩下命令；如果特鲁布里奇少将在7日夜半时分不改变他的想法；如果"都柏林"号和她的两艘驱逐舰在6日深夜7日凌晨截住敌人，那么"格本"号的故事将到此为止。可事实表明，以后"格本"号还有一次逃脱灭亡的机会。这个机会虽然为时尚远，但命运却时刻准备破坏这个机会。

8月8日凌晨1点钟，伯克利·米尔恩爵士命令已经在马耳他集合和加足煤的3艘战列巡洋舰出发，以中等速度向东行驶以追踪"格本"号。就在这个时刻，命运驱使一个平时做事无可指责和小心谨慎的海军部职员发出了向奥地利宣战的电报。对奥作战的密码电报未经任何授权便漫不经心地发出了。这个错误儿小时后得到更正，可是第一份电报于8月8日下午2时到达伯克利·米尔恩爵士手中时，他正 146在西西里与希腊间的半途上。他得到的原始命令是这样规定的：如果与奥地利开战，他首先应在马耳他附近集中他的舰队。为忠实执行这些指示，他命令军舰掉头，放弃对"格本"号的追踪。在叫他重新承担追踪任务的命令到达时，24小时已经白白损失了。可"格本"号本身也停了下来。苏雄海军上将犹豫不决地逡巡在希腊群岛附近，设法弄清土耳其人是否准许他进入达达尼尔海峡。他在德努萨浪费了36个小时，并被迫几次使用容易被截获的无线电报，直到10日晚上他才进入达达尼尔海峡，灾祸也就随之不可避免地落到了土耳其人和东方人的头上。

* * *

从 8 月 9 日到 22 日，英国陆军渡过海峡。这段时期我们忧心忡忡。我们面对种种最可怕的可能性。我们的海岸有可能遭受军事攻击，以便阻止我们的陆军渡海或把渡过的陆军召回；或者敌人海军袭击海峡切断我们的运兵路线；或者集中潜艇攻击那些满载我方士兵的船只。任何时候都有可能开始大规模海战，或者独立进行或者与上述攻击合在一起。这是一段心理极度紧张的时期。

掩护陆军渡海的海军部署在官方战争史和其他军事作品中有全面描述。多佛尔海峡以北航道由巡洋舰中队和由哈里奇与泰晤士出发的小舰队巡航。多佛尔海峡由多佛尔警戒区的英国和法国驱逐小舰队以及由凯斯海军准将统率的潜艇小舰队严密守卫。在这些力量后面有 8 月 7 日建立的海峡舰队，它由第五、第七和第八战列舰中队的 19 艘战列舰组成，现在已全面动员。根据在波特兰的伯尼海军上将的命令，这个舰队已集合完毕，巡航在海峡的西端，从多佛尔警戒区起，其距离由舰队指挥官自主决定。海峡的西部入口由其他巡洋舰中队守卫。

在渡海的头几天，渡过海峡的军队人数不多，但从 12 日到 17 日有大量陆军渡海。紧张程度达到了顶点。在这个时期以前，我们的主力舰队留在它的北方战位上，甚至允许向北巡航到奥克尼群岛，但 8 月 12 日杰利科海军上将得到命令重返北海，舰队向南巡航进入有效的附近位置。

在运兵最频繁的 3 天里（8 月 15、16 和 17 日），黑尔戈兰湾被潜艇和驱逐舰严密封锁并在霍恩礁和多格滩之间得到了整个主力舰队的支援。在这 3 天里我们向德国海军提供了公海作战的机会，当时引诱他们作战达到了最高潮。但除了在近海偶尔出现的潜艇外，没有迹象表明敌人海军力量的存在。

一切进行顺利。没有一艘船沉没，没有一个人溺毙，所有安排都得到最平稳和精确的执行。陆军的集中比约翰·弗伦奇爵士原来许诺朗勒扎克将军的日期提前 3 天完成；[6] 整个巨大运作做到最好的保密，以致到 8 月 21 日晚上英国骑兵巡逻队与德军接触前几个钟头，在比利时的德国第一军司令冯·克卢克将军还收到最高指挥部发来的如下情报：

> 英军在布洛涅登陆以及他们从里尔向前挺进的消息务必加以考虑。据信英军尚未开始大规模登陆。[7]

3 天后，全部英国陆军打响了蒙斯战役。

注释：

[1]　德国海军上将舍尔著作，第 13 页。

[2]　本书第 153 页上的地图。

[3]　海军上将伯克利·米尔恩爵士，《"格本"号的逃跑》（*The Flight of the Goeben*）。

[4]　《官方海军史》（*Official Naval History*），第 60、61 页。

[5]　在福克兰群岛海域 2 艘英国战列巡洋舰使用 12 英寸大炮对付对方的 8.8 英寸大炮，她们用尽接近四分之三的弹药才击沉两艘较弱的敌舰。单枪匹马的"格本"号使用 11 英寸大炮对付对方 9.2 英寸大炮，要想击沉对方 4 艘军舰谈何容易。

[6]　朗勒扎克将军，《法国战争的计划》（*Le Plan de Campagne Francais*），第 110 页。

[7]　冯·克卢克将军，《向巴黎进军》（*The March on Paris*），第 38 页。

第十章　入侵法国

　　从 8 月 1 日起欧洲各国陆军都在动员。几百万士兵沿着公路和铁路涌动，穿过莱茵河各个大桥流动，从俄罗斯帝国最遥远的省份上火车，从法国南部和北非向北奔跑，大量军队在调动或战斗行列在行军。陆上忐忑不安，可是海上却一片寂静，但有一种暴风雨来临前漫长而令人窒息的时间停顿的感觉。战士们以处处小心和最严格保密的姿态进入他们的岗位；除了列日和贝尔格莱德——在首先遭进攻的小国家内——的大炮轰鸣声和地图上未标明的边界线上急行军发出的嘈杂声音外，在善恶大决战的最早两星期中，一种奇怪的沉闷笼罩着欧洲。

　　开始的不仅是第一次、而且是无比巨大的战争危机。从 8 月 18 日起到 9 月中旬，7 个参战国经过最严格训练的军队在公开战争中用充足弹药彼此轰击。他们勇于作战但缺乏经验的激情对大部分人来说是由于经历了一个世代和平的缘故。在这可怕的一个月中，参加战斗的部队和死伤的人数比这场战争的任何一个整年都多。事实上有两个危机——一个在西方一个在东方，在规模和剧烈程度上每一个危机都超过以后发生的任何一次危机，两个危机相互影响。

　　战争出现了对德国来说早已预见和早已深入研究过的两线作战的情形。为对付这个局势德国制定了施利芬计划。德国主要针对法国，把超过八分之七的陆军布置在西线。在 40 个德国军团中留出不到 5 个保卫德国东部省份以对付俄罗斯帝国的进攻。施利芬计划把全部赌注下在通过比利时迂回进军入侵法国上，以击溃法国陆军。为了用一切手段加强这种作战方法，冯·施利芬将军决心在其他各方面冒一切危险和做出一切牺牲。他准备让奥地利人首当其冲，承受俄国陆军从东方的攻击，让东普鲁士遭受俄国军队的蹂躏，甚至让俄军到达维斯图拉河也在所不惜。施利芬准备让阿尔萨斯和洛林被法军成功地入侵。进攻和践踏比利时，即使因此迫使英国宣战，对他来说这只是他主要战略思想的必然结果。在他的观念中，没有任何力量能抵抗德军从北方进入法国的心脏，并在随后6周中击溃法军，随之占领巴黎和最后完全打败法国。在他看来，在这6周内任何别的地方决不能发生任何事情阻止这个最高目标的实现，战争便可以在胜利中结束。

时至今日没有人能说施利芬计划是错误的。可是施利芬死了，他在德国参谋部的继承人，忠实、坚决、一致地执行他的计划——但为谨慎起见而有某些保留。这些保留却造成了致命的后果。这位伟大军事指挥家的侄子毛奇指派保卫德国东部边界的军队比施利芬原计划多了20%，指派入侵法国北部的军队却少了20%。面对俄国入侵东普鲁士危险，他进一步削减进攻法国的力量。因而可以看出，正是只运用五分之四兵力的施利芬计划的失败使我们存活到了今天。

* * *

我们知道，威尔逊将军在1911年8月的英国内阁会议上曾多么精确地预测到真正的德国施利芬计划，他是几乎正确无误地推测出德国用于进行大迂回运动的是多少师的数字。霞飞将军担任总司令导致法国军事思想的重新确立，在霞飞指挥下法国总参谋部制定出新的计划，对这个计划他们严守秘密，他们称它为"第17计划"。

"第17计划"规定用法国4个集团军沿梅斯河两岸向东和向北发动总攻，用最后留下来的集团军放在它们中央的后面作为后备。制定这个计划的人坚信法国的右翼能深深插入阿尔萨斯和洛林，他们顽固地不相信法国的左翼会被德军通过比利时在默兹河以西迂回包抄。这两种想法被最早的几场战事完全证明是站不住脚的。从战争开始的最

150　早时候起就很清楚，英国总参谋部 1911 年起始终坚持的观点是正确的，即德军通过比利时，也许沿比利时默兹河两侧进行巨大的迂回运动。德国人除非为了极端重要的军事行动，否则他们为什么要眼睁睁地先把比利时推向他们的敌对面而后是英国呢？此外，有他们长期准备的证据：军营、铁路和铁路支线。在约翰·弗伦奇爵士和亨利·威尔逊爵士领导的英国参谋部对这些证据做了非常细致的研究，最后，有越来越多非常精确的报告表明，德军右侧有庞大的军队调动，正进入比利时沿默兹河两岸前进。8 月第一个星期结束前，法国左路军（第 5 集团军）司令朗勒扎克将军发出大声警告：如果他执行指定给他的任务，根据命令向东北方向进攻，他的左翼当然还有他的后方就要受到威胁。到第二个星期结束时，德军右翼出现越来越多的军队，这使法国高级司令部再也不能否认，于是他们采取了对付这种形势的迟缓而不充分的措施。不过，当一个步兵集团军和一个骑兵师在 8 月 13 日攻入阿尔萨斯后，霞飞将军开始以右翼的两个集团军攻入洛林，处于中央的几个集团军几天后随之展开进攻。直到 18 日晚上，朗勒扎克将军及其左路军（或第五集团军）仍然根据命令向东北推进。3 天后这支军队转攻为守，抵御从北方和西北方来的进攻。它被迫来了一个彻底的左转弯。

正如米歇尔将军和亨利·威尔逊爵士 3 年前的预言，德军通过比利时做大范围的迂回运动。他们几乎一下子把 34 个军团投入战斗，其中 13 个左右的军团是预备役编制。在总共 200 万进攻法国和比利时的德军中，只有 70 万是现役士兵，130 万是预备役军人。抵御进攻敌军的霞飞将军只能召集 130 万军队，其中现役士兵也是 70 万人但后备役军人只有 60 万。另外有 120 万法国预备役军人立刻响应国家的号召，他们挤满兵站，但没有装备，没有武器，没有干部，没有军官。结果是在战争爆发时德军人数超过法军，在整个战线上为 3 比 2。由于德军节省了左翼的兵力，他们希望以压倒性的优势力量在右翼做迂回运动。双方在沙勒罗瓦的兵力为 3 比 1。

在战术方面霞飞将军和他的"青年土耳其党人"（在法国，人们称

那批人的名称）一直在犯一个极严重的错误。法国步兵上战场穿着蓝
裤子和红上衣，在平地上十分显眼。他们的炮兵军官穿黑色与金色的
制服，目标更是特别清楚。他们的骑兵以荒唐可笑的盔甲为自豪。进
攻的教条主义上升到宗教狂热的高度，它激励所有士兵，而事先知道
的现代步枪和机关枪的性能却不能约制士兵的行动。为此他们将接受
一个意想不到的残酷的教训。

　　战事从 20 日开始，当时法军右翼的两个集团军前进到梅斯以南。
他们遇到前方准备充分的德军防御工事的抵抗，而从要塞出发的经过辐
射状公路和铁路运来的巴伐利亚军猛烈攻击他们的左翼。向北朝阿尔隆
进军的法国第三集团军在 8 月 22 日的晨雾中惊慌地遭遇德军，有四五
个师在营地附近就失去了师长。沿战线各处只要一发现德国人就发出冲
锋的信号。"法兰西万岁！"、"拼刺刀！"、"向前冲！"勇敢的军队在
团级军官的率领下（军官牺牲的比例更大）伴着雄壮的战斗怒吼向前冲，
法兰西民族在传统上以这种精神著称。有时这种没有希望成功的猛攻伴
随着雄壮的马赛曲，飘荡于离德军阵地 600、700 甚至 800 码处。虽然
是德国人入侵，发动进攻更多的却是法国人。身穿红蓝色制服的长条形
尸体零乱地散布在留有庄稼残茬的田野上。冲突沿整个战线全面展开，
普遍存在反冲锋。在边界上的重大战役中，其范围之大和战况之可怖，
现在的英国人很难想象。有 30 多万法国官兵伤亡和被俘。

　　这些灾难预示左翼或北翼的法军和英军即将遭受更大危险。法国
第五集团军费极大力气刚完成桑布尔河上的部署，英军经过强行军刚
到达蒙斯邻近地区，就遭到通过比利时进行迂回运动的占压倒性优势
的德军的进攻。朗勒扎克将军和约翰·弗伦奇爵士两人正打算发动猛
烈攻势，法军司令部认为能将迂回运动的德军右翼击退。英军指挥部
以有所保留的信心接受这个指导。朗勒扎克深知霞飞的态度已完全背
离了实际，并以傲慢不信任的态度注视着即将来到的灾难。但朗勒扎
克也绝对想象不到德军进行包抄的力度和席卷气势。左翼的两个集团
军因朗勒扎克和约翰·弗伦奇爵士各自撤退及时——英军根据弗伦奇

爵士自己独创的行动和依仗受过专门训练的英国步兵的最顽强的抵抗和强大的步枪火力，才逃脱这场灾难。有人指出，朗勒扎克将军在性格、当然还有他对他左侧英军的忠诚上有许多缺点。不过，他正确地把握了当时的形势和紧迫的时间，果断地决定撤退，因而获得了法国对他的感激。遗憾的是他忘记把撤退的决定告诉协约伙伴英国。

*　　*　　*

有关他们的总计划，法国人自然采取了最严格的保密措施。他们国家的生存正处于危急关头。英国内阁和陆军部都不知道这里发生的事情。我不知道基奇纳勋爵在多久以后才有人专门告诉他。我认为他得到法军司令部的秘密不可能达到使他能估量整个前线发生的一切的程度。如果他知道一切，他从没有一句话能表明这一点。当然，他知道所有可以让人知道的我们自己军队的形势以及大量与这个形势相关的敌我军力。

8月23日夜间，我与基奇纳勋爵谈了一次话。我们知道已发生了重要战役，我们的士兵在整天作战；但他没有收到新的消息。他有点悲观。作战地图拿了出来。比利时默兹河以西聚集着大量的德国师，大致上看得清它们正在实施对英、法军战线的左翼的包围。在那慕尔枢纽前面也同样展开的整个巨大的迂回运动似乎不能牢固地连接上。他心里有一个在法国发动反击的伟大计划——给伸长、绷紧、合围的手臂上方的肩膀上狠狠一刀，看来将使包围圈裂断或使它致命地陷于瘫痪。他说："德国人在进行巨大的冒险。谁也不能阻止一支训练良好的军队；除非法国人能在这里切断它。"他从那慕尔画一个朝向西北有力的箭头："可能轻而易举便能使德国人自己得到规模更大的色当战役那样的惨败。"我对奥斯特里茨方面战事的第一阶段持乐观看法，由于奥地利人把他们的左翼延伸和扩展很远，达到特尔尼茨和索科尔尼茨的村庄，当年拿破仑曾在那里蹲伏一时为跃进普拉岑高地做准备。但法国还有一位拿破仑吗？他曾在99年前行军经过沙勒罗瓦。还有另一位吗？德国人会像奥斯特里茨的奥地利人和俄国人吗？无论如何，我们忧虑但充满希望地进入睡眠。

第二天早上7点，我坐在海军部寓所的床上摆弄我的照相机，此时卧室的门开启，基奇纳勋爵出现。这些日子他还没有穿上军装，在我的记忆中当时他头上戴着一顶礼帽，他用手取下帽子，手里还握着一张纸片。他在门道上停了下来，此时不等到他说话我就一下子知道事情不妙。尽管他的态度相当平静，但他的脸色不同于平常。我下意识地感觉他的脸部扭曲、苍白，好像被拳头打过一样。他的双眼比往常转动得快。他的声音也有点嘶哑。他的外形高大。"坏消息。"他沉着地说，把纸片放在我的床上。我读了电报，它是约翰·弗伦奇爵士发来的。

我的军队大致在穿过蒙斯的东西一线上与敌人整天作战，敌人的进攻在天黑后重新开始，但我们顽强地坚守阵地。我刚才收到法国第5集团军将级指挥官发来的电报，告诉我他们的军队已向后撤退，那慕尔已经陷落，他正开始在从莫伯日到罗克鲁瓦一线建立防线。因此我下令撤退到瓦朗谢讷—隆格维尔—莫伯日一线，现在在建立防线，要是敌人紧追不舍，这将是一场困难的战斗。我牢记你正确的指示中有关必要时撤退的方法和方位。

我认为目前最须注意的是勒阿夫尔的设防。

在我读到那慕尔三字之前我对电报不十分重视。那慕尔失守！一天之间那慕尔被占领——尽管有一旅法军加入比利时守军一起防守。我们显然需要面对新的事实，面对新的价值标准。如果坚强的堡垒会像几缕雾气在早晨阳光下消散的话，那么对判断事物的许多标准必须加以修正。人们的思想基础动摇了。至于战略位置，很清楚合围的手臂不会在前述的肩膀处断开，而是将收缩、包围、碾碎对方。包围圈将在哪里停止？哪一个无防御的海峡港口？敦刻尔克？加来？布洛涅？约翰·弗伦奇爵士说："在勒阿夫尔设防。"以前的决战、乐观的进军和期望中的反击，已转变为"在勒阿夫尔设防""要是敌人紧追不舍，军队将很难撤退"——一种令人不安的转变。当时我们之间的交谈大部分早已忘记，但基奇纳在我的房门外走道上内心不安的那种怪异形象使我终生难忘。这就像逃亡中的老约翰·布尔！[1]

稍后在 10 点钟时我会见海军将领，他们都对海峡旁这些港口十分担心。他们从未和陆军部一样认为法国陆军占有优势。他们认为，这第一次决定性的失败证实了他们的担忧。有人提出，无论如何我们应弄清三面有海环绕的科唐坦半岛的周边情况，将其作为储藏武器的适当处所。今后的英国陆军可以从那里拯救法国。必须在勒阿夫尔设防！我们已经指望依靠瑟堡和圣纳泽尔了。

现在谈谈那些撤退的日子。我们见到右翼法军守住他们自己的阵地，而所有中央和左翼的法军尽可能迅速地向南大步退向巴黎，同时我们自己的 5 个师[2] 好几天里简直处于毁灭的险境。在海军部我们收到把整个陆军的基地从勒阿夫尔转移到圣纳泽尔的要求；我们必须应付这个复杂的场面。撤退的过程一天天继续。一股看来无法抗御的强制力迫使勇敢的法国陆军后退。为什么停不下来？他们永远不能扭转局势了吗？如果法国不能救自己，那谁也救不了她。

我个人希望入侵的浪潮将失掉其汹涌的势头，我在三年前的备忘录上指出，我认为除非法军在边境被突如其来的战争击溃，否则到第 40 天左右会出现进行决战的机会。为了鼓励我的同僚，我复印了这个备忘录，于 9 月 2 日散发给所有内阁成员，指出我从来不相信边境战斗能决定胜利，我一直预期在战争爆发 20 天左右时法军将被迫撤退，但尽管如此，仍有很大希望取得胜利。我没有办法衡量取得胜利所必需的军事力量，除非进行最粗略的估算。

在这个高潮时刻，俄国的压力开始产生实实在在的效果。为了他们投入战争时具有的崇高的热情和忠诚，必须将荣誉呈献给沙皇和俄罗斯民族。按照俄国处理其军事问题的缓慢做法，在完成整个庞大动员工作之前，他们会让俄国军队立刻从边境撤退。但俄国人没有这样做，他们在提前动员之外，不仅向奥地利军发动猛烈进攻，而且还攻入德国，虽然俄军精华在东普鲁士几次巨大而激烈的战役中很快被打败。可是他们进攻的结果产生了决定性的影响。德国司令部的中枢神经受到打击。8月25日德军右翼有两个军团和一个骑兵师从法国撤出。到8月31日基奇纳勋爵能够打电报给约翰·弗伦奇爵士："据昨日报告32列火车的德军从西部战场撤出以迎击俄军。"[3]

东方发生了什么？俄国人以汇集的两支北方军攻入东普鲁士，一支军队由伦嫩坎普夫率领，从维尔纳沿波罗的海海岸进军；另一支军队由萨姆索诺夫率领，从华沙向北进攻。德国将东普鲁士的防御托付给冯·普里特维茨将军。他约有5个半军的兵力，必须抗击两支军队的两面夹击，每支军队的兵力都与他相等。普里特维茨向前推进，以便在东部边境附近阻挡伦嫩坎普夫，8月20日开始打响贡宾嫩战役。那天的战事未分胜负，尽管德军在素质上明显占优势。到晚上，普里特维茨得到华沙方面俄军进军的警报，这支军队威胁到他撤退的路线，他急忙停止贡宾嫩战役，打电话给德军在卢森堡大本营的毛奇，告诉他面对占压倒性多数的俄军，他必须退到维斯图拉河，由于河水过浅，他甚至不能保证守住这条战线。他惊慌的举止突出了消息的严重性。毛奇挂断电话，当即决定就地罢免他的职务。他打电报给名叫鲁登道夫的少将，后者是高级参谋官，在攻占列日的战役中崭露头角；他还打电报给冯·兴登堡将军，后者是声誉显赫的退役司令官，电报要求他们在东普鲁士保卫德国人的家乡。毛奇进一步敦促奥地利军总司令康拉德·冯·赫岑多夫，为了解救东普鲁士的危险形势加紧奥地利军的进攻。此时赫岑多夫怀着重重忧虑，没有用他的全部兵力向前推进迎击俄军入侵的浪潮，一周后他在称为伦贝格的200英里战线上被打败。鲁登道夫和兴登堡急速赶往东普鲁士，在那里他们发现由于普里特维茨的杰出参谋官霍夫曼将军的正确决策，局势已大部恢复。他们到达后设法调动一切因素，这些因素在5天后导致了坦嫩贝格战役的可怕结果。

*　　　*　　　*

8月25日夜，德国高级司令部得到了胜利的可靠保证。从西部广大战线各处传来的都是好消息。法军各处的进攻全遭失败或者往后撤退。此时，毛奇觉得他可以处理东线的局势了，自从5天前收到普里特维茨关于贡宾嫩的惊慌失措的电话报告以来，东线的局势一直令他忧心忡忡。毛奇认为法国战事大局已定，军队决战肯定会以德军的迅速胜利而告终，于是便将目光转向东方。德国由于俄军入侵东普鲁士举国哗然。德皇因"我们可爱的马祖里湖"受蹂躏而震怒。现在是派部队增援东方的时候了。作战局局长塔彭受命制定计划从西线调运6个军团到那里，从右翼、中央和左翼各抽2个军团。然而允诺抽调的力量最好不要超过能给的兵力。这6个军团中有4个此刻正在激烈作战或追击敌人。看来立刻可以抽出的只有2个军团。这2个军团正处于迂回运动中的德军右翼。在作战计划的设计详图上，这2个军团是准备用于围攻那慕尔的，他们此时已经穿过比利时边界，聚集在比洛先遣部队的后面。现在不再需要围攻那慕尔了，它几乎在第一批重型榴弹炮齐射声中陷落。它已在德军手中，准备围攻的2个军团似乎没有任务。于是把它们给了在马林堡的鲁登道夫，其余的以后再调遣。

因此塔彭着手办理军队调动审批手续。鲁登道夫在坦嫩贝格之战的前夕被难以预料的无限事务所折磨，此刻立即得到最优秀德国军团中的2个，其中包括一个正规的警卫师。这种礼物对任何一个将军都是一种诱惑。它对于鲁登道夫那样有性格的人更是一种特别的诱惑；可是十分奇怪的是，他的高度智力和广阔眼界为他提供充分的保护，使他能够抗拒这个诱惑。虽然他在东普鲁士正获得他喜欢的每一样东西，包括（不可忽略的）他自己的权力和地位，可是他仍能以他受过训练的观点看待总的形势。他说，他当然喜欢有这两个军团，但是它们无法及时到达参加东线作战，所以在即将爆发的战事中起不到作用，无论如何西线的形势决不能因为他的缘故而发生危险。鲁登道夫在个人历史上有过一些值得注意的事迹，但它们业已褪色甚至已经磨灭；这个事迹将是历久不灭的。可是决定是毛奇做出的，这两个军团的位置正好处在德军右手打出闪击的鞭梢上，它们的位置恰到好处，本可以非常容易地跟随大军进军，一边前进一边弥补它们之间可能出现的任何缺口。它们现在以德军极高的效率登上火车，赶700英里路程去维斯图拉河。

在下一个星期的7天里，事情发展继续对德国有利。在法国的所有德军紧追在撤退的法军和英军后面，以人类能做到的最大速度前进；此时从东线又传来坦嫩贝格的令人极度兴奋的消息。德皇处于德国参谋部描绘的"高呼万岁的心态"。他认为不单有把握取得胜利，而且

德国 1914 年的进军

——— 德军前进极限线	Mons　蒙斯
·····德军右翼极限线	Moselle　摩泽尔河
Amiens　亚眠	Namur　那慕尔
Antwerp　安特卫普	Nancy　南锡
Belfort　贝尔福	Nery　内里
Belgium　比利时	Paris　巴黎
Brussels　布鲁塞尔	R.Aisne　埃纳河
Eperney　埃佩尔奈	R.Marne　马恩河
Epinal　埃皮纳勒	R.Meuse　默兹河
France　法国	R.Rhine　莱茵河
Germany　德国	R.Seine　塞纳河
Guise　吉斯	Rheims　兰斯
Lecateou　勒卡托	Switzerland　瑞士
Liege　列日	Thioville　蒂永维尔
Lorraine　洛林	Toul　图勒
Luxemburg　卢森堡	Verdun　凡尔登
Metz　梅斯	Villers-Cotterets
Mls　英里	维莱科特雷

有把握摆脱战争，他催促各地区司令官，由他们去督促军队。可是毛奇的心态似乎发生了一种变化。朗勒扎克军队在吉斯的意想不到的顽强抵抗，巴伐利亚军在他们攻打南锡前沿法国堡垒线上被击退、死伤惨重，克卢克发觉与他交战的英军出乎意料的坚强，尽管他们先于德军后退，但他们在蒙斯、勒卡托、内里和维莱科特雷不但使德军遭受重大伤亡，而且使德国总参谋部内心产生可怕的军力强大的印象——所有这一切使离开他们铁路线尽头站越来越远的德军在普遍欢乐之中混杂了一些慢慢增强的忧虑。焦急的德国总参谋部首脑发问，"这些敌军真的被打败了吗？""战事结束了吗？""俘虏在哪里？""缴获的枪炮在哪里？""被击溃的部队在哪里？"事实上随着8月份血腥的最后几分钟的过去，德国最忧心忡忡的人就是最清楚实情的人。

158　　　与此同时，霞飞怎么样了？我们没有看到所谓"青年土耳其党人"的内心因他们的计划完全失败与受挫而产生反应的记录。这些人组成霞飞的随从，把他围起来与主要指挥官隔绝，使他不知道他们计划的彻底失败。但我们确实知道霞飞像乔治二世在代廷根战役时那样，保持平静、超然和坚定的风度，休息一会儿，"没有恐惧也不发表意见"。显然他必须做一些事情以制止形成包围势态的德军右翼。于是在25日当边境战事的结果已见分晓时，大本营发出的"第二号指令"指出："业已证明执行已设计的攻势策略是不可能的，进一步的战事应以这样的方式安排，即在我们的左翼，在第4、第5集团军、英军和东线调来的新兵力的汇集处集结大军以便恢复进攻。而其他军队的当前任务是遏制敌人的战争努力。"为实行这个目的，一个新的法军第6集团军（由能力极强的莫努里将军统率，他不久被一颗子弹打瞎了眼睛）在最后5天里在亚眠周围建立。组成这个集团军的部队用火车迅速从东部堡垒线运来，它们是迪巴伊军、卡斯泰尔诺军，以及必须公正地加上萨拉伊军，这些军队第一次发现和揭示了战壕中使用现代化武器的威力。

现在我们来看一下政治对军事领域的干预情况。迄今为止霞飞及其核心圈子拥有伟大领袖人物的、只有国王或皇帝才享有的无限决定

权。但边境的失败对文官的权力产生了令人沮丧的刺激。就在 8 月 25
日同一天，原是军人但转入政界的陆军部长梅西米派一位军官去霞飞
司令部，并带去如下命令："如我军不能获得胜利，如我军被迫撤退，
应命令至少 3 个现役军团组成的部队进驻巴黎筑有工事的兵营以保护
巴黎安全。"M. 梅西米在战争中作为议员和军人充分证明了他的勇敢
与决心；但这次在他背后有更大的人物。事实上这个行动的目的在于
暗示，在新任命的巴黎卫戍司令和负有接替霞飞将军的"可能的继任
人"使命的加列尼将军身上找到了法国救星的影子。

　　"青年土耳其党人"憎恶这个干预。我们可以料想，他们已注意
到这位可能的继任人加列尼出现在首都重要部队的司令这个职位上，
对霞飞将军不是没有影响的。但这个命令是必须执行的。几乎在几个
小时内即将被新部长取代的梅西米挥舞着宪法权威，这种传统可以在
1793 年的可怕日子里的雅各宾公安委员会那里找到，所以霞飞和他的
参谋部必须找到所需的军队。从哪里去找呢？从东部堡垒线再也抽不
出人。从北部撤退的军队里肯定同样抽不出人。那么我们只能指望在
左翼聚集的莫努里的部队了，这是一支混合的部队——一些是被打散
的正规军，一些是在最初战斗中失败受创的后备师！如果我们必须在
巴黎留住一支军队，如果政府坚持这么做，那么尽责的只有这些人，
这些人就是军队！然而，就在莫努里的军队开始在亚眠四周集中的时
候，立即有命令让它全体撤退。可是形势发展的盲目力量注定要它开
向巴黎，在那里成为加列尼的利剑。

注释：

[1]　约翰·布尔（约 1562—1628 年）英国王詹姆斯一世的管风琴师、天主教
　　　徒，1613 为躲避迫害逃到安特卫普。——译者

[2]　第 4 师（按到达次序为第 5）在勒卡托战役开始时到达战场。

[3]　官方史 22 号附件，第 473 页。

第十一章　马恩河战役

　　德军逐渐滚滚南下，巴黎像一条巨大的防波堤隐约地出现在他们前面。敌人的首都不但是法国的心脏，它还是世界上最大的堡垒。它是错综复杂的铁路蛛网的中心。大量军队可以在任何方向通过人行小道几乎无限量地进入。任何人不经正式的围攻不能指望进入巴黎。德国大炮此时还部署在安特卫普前线。要前进到巴黎两侧，德国人还没有军队；要进入巴黎，德国人此刻还没有这种大炮。那么该干什么呢？他们必须在巴黎和凡尔登之间进军——攻占凡尔登会产生同样的影响——并保卫他们的两翼，防止从这两大堡垒城市发起的反攻，继续向前推进以击溃法国野战军。这肯定也是经典性的传统！毛奇——不是如今这个毛奇，而是已去世 25 年的大毛奇——不是宣称过"方向：巴黎！目标：敌人的野战军！"吗？

　　8 月 31 日正午，法军勒皮克指挥官带着他的中队外出侦察，从古尔奈附近阿龙德发来报告说，敌军克卢克第一军漫长的纵队折向东南朝贡比涅进军而不是继续向巴黎进发。这个消息第二天得到英国与法国飞行员的证实。到 9 月 2 日夜幕降落时，此刻到达巴黎北边附近地方的莫努里将军的第 6 军报告，在桑利斯—巴黎一线之西没有德军。就是根据 3 日又被英军飞行员证实的这些消息，加列尼采取了行动。

　　人的头脑肯定未曾想到这样的设计，人的手也肯定未曾在棋盘上下过这样的棋子。但几个独立的互不相关的事件就这样拼凑在一起了。第一，有加列尼这么一个人在负责任。他被固定在堡垒中不可能走上战场，因此要把重大战役引到他身边。第二，他手上有武器——莫努里军。给加列尼这支军队的一个目的是：保卫巴黎；如今他要为另一个目的使用这支军队，即在战场上做决定性的调动。把这支军队调拨给他本是违背霞飞意愿的，但它将证明这是霞飞获救的手段。第三，遇 上了机会：克卢克不直线前进，他热切地追逐英军和法军，他认为英军已溃不成军，法军已士气低落，在他经过巴黎扑向掌握莫努里军的加列尼时，他的整个右翼和后方都显露了出来。请看，如没有其他两个，这些因素中的任何一个就失去了意义。这些因素相互依赖；它们都在这里出现，现在全都具备。

加列尼在一刹那间理解了当时的处境。他惊叫道："我不敢相信这个消息，它太好了，不像是真的。"但它是真的。每个小时都有证实的消息来到。他欣喜若狂。到 3 日他即刻命令莫努里军部署在巴黎的东北方，在 48 小时内部署完毕，使军队能够在 5 日打击克卢克连同他率领的在他们右肩胛骨后边的整个德军挺进线。但这样布置远远不够。急速临时拼凑的莫努里军，它本身在这样规模的形势下能做些什么？加列尼必须掩护英军；他必须推动霞飞协力作战。3 日晚上 8 点半他书面要求霞飞批准他已经命令莫努里军执行的这个行动，并竭力主张巴黎和凡尔登之间的全部法军在他发动攻击时同时发动总攻。

霞飞和他的司令部在那天到达奥布河畔巴尔。组成精密参谋机器的许多单位有两天一直在移动，现在终于在一个新中心安顿了下来。我们一定不可认定霞飞和他的助手终日不思考事情。在有经验的观察家看来事情很明显，如果有流动部队坚强地保卫凡尔登和巴黎的堡垒群，德国人侵军大批地簇拥向前会在这两个城市之间形成宽广的新月形地带，这就为法军总攻创造了机会。霞飞和他的参谋部在某个时候和某个地方不知何故注意到了这一点。在原则上他们和加列尼是一致的。从撤退一开始霞飞就说过："在我的两翼有包抄的有利位置时我将发动进攻。"但在什么地方、什么时候、怎样才有这种条件呢？这是刺痛人的话。但在这些至关重要的问题上，可以肯定的是，他不但没有做出决议或方案，而且还发出与这种计划不一致的重要命令。

加列尼的信使于 3 日晚到达奥布河畔巴尔，第二天整个上午，虽然莫努里军已出发进入准备好的阵地，加列尼还是万分焦急地等候回音。4 日下午他乘车出发去默伦，要求约翰·弗伦奇爵士派英军合作。

请记住，加列尼在马达加斯加时霞飞曾是他的下属，而且他又是正式指定的霞飞继任人。他所想的不光是巴黎周围的当地形势，他还为整个法国着想，他的举止表现出作战天才的自发信心。可是弗伦奇正率部队在外地。他的参谋长默里接待了这位巴黎军事总监。他们的谈话既冗长又有些空洞。

一个下属的法国将军对英军指挥部建议进行新的绝对重要的战役是一个不合事宜的举动。9 月 2 日约翰·弗伦奇爵士写信给霞飞提议，如果法军改变方向，在马恩河展开大规模战役，英军将投入战斗，让双方实力来一次彻底的检验；霞飞回信说："我不认为在这个时候（目前）考虑以我们全部军力在马恩河上做一次决战是可能的。"这位统率人数不多、疲惫不堪的军队，承受了最大苦难的英国将军禁不住感到一阵寒噤。他迅速反应过来，记起自从蒙斯战役开始经历的一切，他突如其来地得出了一个并非不可原谅的结论：法国人已丧失信心，不再认为他们自己有能力重新发动攻势——无论如何在未来若干时间内是如此。迄今为止他的盟军能做的只是拒战、战败和撤退。就他从他们那里得到的消息而言，他们的所有计划似乎全归失败。他知道政府要离开巴黎迁往波尔多。他看到在霞飞第二号指令中提到的撤退最后止步线远远在他此刻所处位置的后面。在弗伦奇的建议被谢绝之后的日子里，弗伦奇无法从内心排除这样的念头，即法军的抵抗有整体垮台的可能性。事实上，事情明摆着，根据德军不屑进攻巴黎的事实可以知道他们的目的在于击溃法军。要是他身处德军司令部，他就会知道在这个紧要时刻毛奇信心十足地期望将法国大军赶往瑞士，或者，如果鲁普雷希特能够突破南锡和图勒之间的防线，就能把法军赶到他们自己的东部堡垒线的后面，从而很快地迫使他们全面投降。要是他被允许得知法军司令部的秘密，他就会知道霞飞曾建议宣布巴黎为不设防城市，把巴黎让给来到的第一支德军；霞飞还同时命令萨拉伊将军放弃凡尔登，只是由于梅西米的阻挠和萨拉伊的顽强坚持才阻止了这两大灾难成为既成事实。人们真的不能责备阿奇博尔德·默里爵士，我们知道，因为他的首长不在，他出于怀疑而未执行巴黎军事总监的公认未经授权的方案。不管怎样他临时允许制止英国军队向南移动，并转过身来开向一条相当靠后的防线。

与此同时，4 日早晨在奥布河畔巴尔的霞飞接到加列尼 3 日夜发出的信。整个上午他都在沉思此事，到正午他用电报准许加列尼如他建议那样使用莫努里军，但加上明确条件，即不应攻击马恩河以北的敌军只能攻击马恩河以南的敌军。稍后他打电报给此刻指挥法国第 5 集团军的弗朗谢·德斯佩雷，问他什么时候能准备完毕参加总攻。弗朗谢在 4 日下午 4 时回答，他能在 6 日早上发动攻击。这个回答在 5、6 点之间到达霞飞手里。但之后 3 个钟头他什么也没干。未做决定；未发命令。

加列尼在近 8 点钟时从默伦回到巴黎。他离开他的司令部已有 5 个钟头，在这段时间里霞飞对他的信的答复已到。总司令的明确条件，即莫努里军只能攻击马恩河以南不能攻击马恩河以北使他心神不安。他还听到其他令人难受的消息。他收到亨利·威尔逊（默里的助手）的电报说英军继续后撤；紧接着他又收到驻英军司令部的法国联络官于盖上校的电报，得知约翰·弗伦奇爵士对他建议的回答是："考虑到形势的不断变化，在决定进一步行动之前最好对形势再做研究。"

现在是 9 点钟，显然没有什么事情发生。所有军队在天亮以前将继续撤退。就他所知而言，他得到的仅仅是准许他使用莫努里军做孤立的侧面进攻。加列尼走到电话机旁，打电话给霞飞。总司令接了电话，两人交谈了起来。由于法军总司令通过正式渠道发布他的命令，霞飞的地位远在加列尼之上；但现在几乎是个人接触，加列尼与他的旧下属至少在以平等的地位说话；而霞飞出于道义，克服他的妒忌心和上下级礼节观念，感觉到了这位勇敢同志强烈而明显的指导作用。

他同意加列尼可以在 5 日攻击马恩河以北的敌人。他随即回到他重要军官的小圈子，下令于 6 日进行决战。不幸的是他的迟疑和先前的耽误引发了其他情况。我们从上边引述的时间，可以明了这些至关重要的命令从计划到译成电码，到达时再把电码译成文字要花多长时间。**164** 在命令发出前已近午夜时分，速度事实上还不如复制抄件由军官乘汽车递送快。最近的福煦在午夜 1 点半收到他的命令。弗朗谢和约翰·弗伦奇爵士直到 3 点以后才得知这项重要的决定，接到命令时他们的军队已经开始了第二天的向南行军。

不过，现在骰子已掷下去了。那天的著名命令已经发出：从凡尔登到巴黎令人激动的百万大军向后转，把 100 万把刺刀和 1 000 门大炮指向入侵的敌人。马恩河战役开始了。

*　　*　　*

总体来看，人们必定认为马恩河战役是世界上前所未有的最大战役。在那里搏斗和冲击的基本军队当然远远超过曾发生过的任何战争。说马恩河战役决定了世界大战的命运也是正确的。6 次其他重大危机沿着各民族走过的苦难道路留下它们荒凉的遗迹；我们大可以说这些危机中的任何一个都有可能至少部分地改变马恩河战役的决定。协约国军可能在其他场合被打败，德国可能从世界大战中实现胜利的和平。如果法军在 1917 年被打垮，英国海军没有扼杀潜艇战，美国没有参战，今天和明天的学者阅读的将是不同的历史书籍和不同的地图。但在马恩河战役以后德国再也没有获得彻底胜利的机会。他们引以为傲的军国主义的所有要求绝不再有可能得到完全的证明。对科学力量的支配决不再能成为德国永久的优势。在随后可怕的几年中，世界和交战大国间发生了深刻的变化。各民族还在拼命战斗，但他们在不同环境和较低水平上进行战斗。屠杀和炮轰在增加，但军队的士气和军事冲击力绝不如以前。到 1915 年底，英国是一个勇于作战的强大国家，整个英国惊醒起来整顿它的力量。到 1916 年底，德国深深地意识到了自己的弱点。1917 年美国被拖入战争。事情很明显，即使法国完全被征服，英国和美国从长期来说也能够打败德国。德军若在马恩河战役获胜，本来可能在 6 个星期内结束战争，德国皇帝和他的 20 个小国之君以及他们的封建贵族本来可能为他们创立世世代代不可战胜的传说。

我们必须记住，9 月 3 日德皇威廉二世和德国参谋部深信，他们在东线已取得胜利，有种种理由相信在一周之内他们将俘虏或击溃在西线与他们对峙的所有军队。根据广泛报道，10 日那天毛奇向主子报告了不利的事实："德国在这场战争中输了。"形势显然出现了巨大的改变。某些巨大而神秘的潜力完全发挥了出来，还有那个使子孙后代疑惑不决，使那些经过大灾难活下来的人感到惊奇的问题正是——什么原因？

在当时，没有人为是什么原因而着急。每个人面对每个钟头、每个星期的新危险，他们只关心结果。德军入侵法国停止了。"山崩似的火与钢"不但停止，而且向后急退。德军不可战胜的担忧消散了。现在有充分时间让全世界投入战争，甚至对于最爱好和平、最没有准备的国家也有时间把自己转变为军火库和兵营。当然这就够了。所有人弓背低头为战争所累；协约国中受过教育的人都不怀疑最后结局是这样，在德国的受过教育的人们中也很少有人怀疑最后结局是这样。我们绝不再需要担心关于法军在别国军队前整体投降的这种想法。从最坏处着想，也会有会谈、谈判、讨价还价、互相妥协和争论不休的和平。

*　　　*　　　*

自从战争开始，各种艰辛的研究就已开始进行。大量出版物——官方的、非官方的和反官方的——陆续出版。这些刊物收集了无数事实。虽然有非常多的事实被引证，但是有少数极端重要的事实被隐瞒了。在这些对这个或那个问题的争论中，有多种辩解理论得到热烈拥护；为付出代价而连连叫苦的世界满足于获得可靠的保证，即法国人在马恩河战役中打败了德国人。

法国官方历史登载着 9 月 5 日午夜为止前事态的谨慎叙述。根据它的叙述（对加列尼颇具偏见），马恩河战役到 6 日才开始，对于事情发生的情况法国军事史家绝口不谈。1914 年 9 月 5 日晚到 1915 年 1月在他们的书中是一片空白。显然，对立学派专业意见的辩论、对事实及其评价的激烈争论、对杰出人物感情的尊重，导致编年史家略去他们记叙中这段最重要的情节，等到他们认为可以顺利书写的时候再写下去。

就法国人对起始情况的叙述来判断，他们认为那次战役的范围是从巴黎到凡尔登。而德国人的记述与他们自己的方案相吻合，他们认为这次战役从巴黎右边绕过凡尔登转角伸延到孚日山脉。德国人认为他们全部 7 个集团军参加了马恩河战役；协约国方有法军 5 个集团军连同 1 个英国集团军投入这个战役。我们必须仔细考虑双方中任何一方的观点：13 或 14 个集团军的战斗，每一个军由一个巨大城市的成年男性人口组成，每小时全都以惊人的数量消耗粮食、物资、军火、财富和生命。我们也务必记住，法军和英军在当地作战，他们的储备和给养可以由当地供给；而德军急速推进，远远离开他们的后方组织和铁路终点站。法军有完善的交通线，有向这一方向的和向那一方向的；而德军尚未修复他们急行军中造成破损的公路和桥梁。法军在内线作战，而德军要绕过设防的凡尔登转角。马恩河战役就是在这种形势的基础上开始的。

与以往任何战役相比，这次的战斗不大像一个战役。相对而言，被杀或受伤的人很少。军队没有立下公认的伟大战功，没有引起公认的与这次重大战事相应的轰动。沿着 200 多英里的战线，疲乏的、受战争折磨的军队进行松弛而绝望的战斗；然后在一刹那间一方突然产生自己的力量不如对方和它在这场战事中失败了的感觉。但引起这种难以抑制的心理反应的细节原因是什么呢？我只能尝试着向大家提供还不完全明确的整个链条的几个环节。

对马恩河战役的流行看法认为，它是法国对德国的大反攻，像美洲豹扑向入侵者咽喉，像插上激情与欣喜的翅膀向前猛攻，这些看法与事实真相截然不同。撤退在凡尔登与巴黎间的法军要花相当时间转变方向。这些庞大沉重的队伍只有经过好几小时甚至几天才能有效地倒转它们的开进方向。就在法军转过身来开始前进时，他们碰上追赶他们的德军。他们极其镇定地立刻停了下来向德军开火。德军在他们的枪弹前纷纷倒下。这是逆向的边界战斗。当德国入侵者停下来用机枪和大炮向他们开火时，法军不再是在马赛曲声中疯狂往前冲，形势反了过来。这是努力前进的德军第一次感觉到法国炮兵的可怕威力。倘若法军在边境上就这样做；倘若他们一开始就使用现代化武器对付敌人的血肉之躯，今天的世界图景将会有多么大的不同！

当9月4日晚上霞飞结束与加列尼的谈话时，马恩河战役的胜利实际上已稳操胜券。虽然此前法军屡战屡败，蒙受极为惨痛的损失并一天天后撤，但他们仍然是巨大、未被打垮的高质量的战斗部队。虽然英军以高速度后撤并损失了15 000官兵，但战士们知道他们与人数多一倍的敌人作战，而且给德军造成了重大伤亡。特遣部队和增援力量已经到达。他们正处于向上的转折点，肯定比以前任何时候更有力量。虽然德军在西线有78个师，英法联军只有55个师，但这种优势远远不足以达到他们企望的最高目的。按施利芬计划对"胜利保票"的规定是用97个师专门对付法国，而且在这些师中有71个师执行通过比利时的迂回攻势。而毛奇用在西线上的军队少了19个师，用在庞大迂回攻势上少了16个师。从这些师中他又抽调2个军团（4个师）去东线。他还认为阻止英国远征军继续横渡海峡的运输不值得。根据德国海军史记载："参谋部首脑亲自回答说，海军不应进行这样的战争，否则将与我们的利益相抵触。如果西线的陆军在与法军和比利时军作战的同时应付16万英军，这甚至对我们有利。"由此可知在霞飞做出

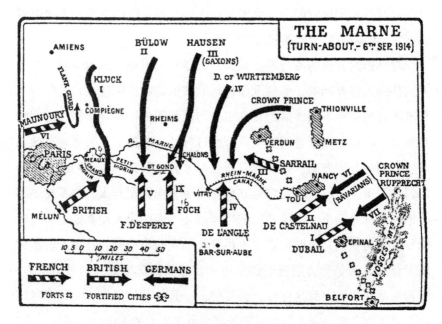

马恩河战役（反攻，1914 年 9 月 6 日）

Amiens 亚眠	Detit Morin 小莫兰河	Melun 默伦
Bar sur Aube 奥布河畔巴尔	Dubail 迪巴伊	Metz 梅斯
Bavarlians 巴伐利亚军	Epinal 埃皮纳勒	Miles 英里
Belfort 贝尔福	F.Desperey F. 德斯佩雷	Nancy 南锡
Britsh 英军	Flank Guard 侧翼卫队	Paris 巴黎
Bülow 比洛	Foch 福煦	R.Marne 马恩河
Chalons 沙隆	Fortified Cities 设防城市	Rheims 兰斯
Compiegne 贡比涅	Forts 堡垒	Rhein-Marne 莱茵-马恩运河
Crown Prince 皇太子	French 法军	Sarrail 萨拉伊
Rupprecht 鲁普雷希特	Germans 德军	St. Gond 圣贡
D.of Wuttenburg 符腾堡公爵	Grand Morin 大莫兰河	Thioville 蒂永维尔
De Castelnau 德·卡斯泰尔诺	Hausen(Saxons) 豪森（萨克森）	Toul 图勒
De L'angele 德·朗格勒	Kluck 克卢克	Verdun 凡尔登
	Maunoury 莫努里	Vitry 维特里
	Meaux 莫	Vosges Mts 孚日山脉

决战的决策时，力量的天秤已经对协约国大大有利。

与法国官方记述的相反，战役是从 5 日开始的，当时莫努里军在乌尔克河与敌人接仗。让我们加快讲述那里的状况。

冯·克卢克军向南进军，擦过巴黎边上时目睹了埃菲尔铁塔。他的 5 个军团中的一个担当侧卫。天空万里无云。1 点钟光景侧翼军团突然与从巴黎向它大步前进的法军遭遇。为了试探进攻者的力量，德军开始攻击。顷刻之间爆发剧烈战斗，范围不断扩展。法军力量似乎越来越强；德国侧翼卫队被击败。德国军团遭受严重损失后退 7 英里。来自巴黎的进攻势头越来越凶猛且持久，其背后有越来越大的后继力量。暮色渐浓；被打败的德国将军希望第二天早晨运气好转，没有向克卢克报告。但一个德国飞行员注意到了底下的战斗和意想不到的战线位置，他向陆军司令部做了报告。直到当天午夜时分克卢克才得知他所指望的盾牌已被打碎。直到此时他才记起毛奇的命令，即在主要进军中要把法军赶入瑞士，克卢克和比洛的大军本应建成有防护能力的侧翼，以防止从巴黎出发的攻击。但他不但没有保护德军行军线，他的侧翼反而让人撕开一个大口子。4 小时后天将破晓！

因此克卢克没费更多的周折便召回了作为他主力的两个军团，嘱咐他们再次渡过马恩河，在他被打败的侧翼卫队的北部布防；由于 6 日莫努里攻击的压力继续存在，他随即命令最后一支部队——左翼的两个军团——在 48 小时内行军 60 英里；不管发生什么情况，他决心不使北部遭受侧翼包抄，不使他的交通线被切断。克卢克本来十分快捷地向南推进，设法找到被打败英军的残部，现在他突然完全转过方向，使全军面向西方，阻挡莫努里军继续从巴黎发起进攻。但所有这些措施需要时间，直到 9 日上午克卢克才进入新的阵地，准备以优势兵力攻击莫努里，并把他赶回巴黎的城防工事。与此同时战事在继续进行。

与克卢克战线相邻的是比洛。比洛也记得他下令组织侧翼卫队，以防止从巴黎发起的反攻。此外，克卢克军团的撤退使他的右翼完全暴露在外。因此，比洛像是在枢轴上旋转。他的右臂缩回来。他的左臂向前伸展，在6日、7日、8日和9日4天里，他筑成面向巴黎的阵地，几乎与过去的阵地成直角。看了下边示意图的任何人都能看出，不论克卢克还是比洛，现在他们的左翼都暴露在外，易受从南方向他们开进的协约国军的进攻。我们知道英军和法国第5集团军（弗朗谢·德斯佩雷军）已在5日早上回过身来向前进军。这仅仅是开始，克卢克和比洛不但暴露出左翼使其易受强大部队的攻击，在他们之间还开了个可怕的豁口，豁口有30多英里宽，除骑兵外没有堵阻的部队！事实上，骑兵的人数极多，有两个骑兵军——由克卢克指派的马维茨军和由比洛指派的里希特霍芬军——但却是只有骑兵而没有共同的指挥官！可怕的豁口仅蒙着一层皮！我们可以想象，设在卢森堡的德军高级司令部在地图上眼见这个怪现象逐渐而不可阻挡地出现时是什么样的感觉。"如果我们只有两个军从主要战线后边向前进军，这里就是适合他们的地方，现在就是适合他们的时候。""我们怎么使用去围攻那慕尔的那两个军？""噢！是的，我们派他们去维斯图拉！我们就是这样做的！他们要走多远的路程呢？""他们现在从700英里外80节火车下来。"德皇很可能惊叫："毛奇，毛奇，还我军团！"

如果排成长排的现代军队的庞大机体发现在其队伍中有个宽广的豁口，却拿不出后备部队把它堵住，它们不能像几个连或几个营那么彼此从一边侧着移动靠拢，只能以前进或后退来缩小豁口，那么用哪种办法呢？回答这个问题我们必须察看在漫长战线的其余部分发生了什么。

德国入侵部队开始在极左处进行包抄时，鲁普雷希特亲王发现他无法突破图勒与埃皮纳勒间的防线。法国堡垒的重武器、准备严密的阵地和顽强的迪巴伊军与卡斯泰尔诺军给进攻部队造成大量杀伤后阻止了他和他的巴伐利亚军。他从梅斯出发时拖着巨型大炮，运输这些炮花了许多时间。现在别的地方也需要大炮，因此鲁普雷希特于9月8日报告上级说，他无法攻破特鲁埃沙尔姆，他实际上停顿不前。在凡尔登东北，萨拉伊面对德国皇太子的军队。这个堡垒的炮火也给对方造成了沉重打击。以相当距离绕凡尔登边缘进军的皇太子队伍遭受了不少损伤并被阻拦不能前进。其次说一说符腾堡公爵和冯·豪森将军的部队。前者遭遇德·朗格勒部队的阻挡，后者在圣贡沼泽周围遇到福煦将军部队的抵抗。 170

在整个中央地段，战斗是混乱的，模糊的，至少可以说是非决定性的。在比洛军的左边（此刻与比洛军一起的还有近半数的豪森军），黎明时分有德军向福煦军发起大规模的白刃战。德军宣称这次进攻获得成功。一个福煦军团的前哨基地和突出部队确定被迫后退；不过法国野战炮的主要阵地安然无恙，继续其毁灭性的轰击。每个人都记住了福煦断断续续的话："我的侧翼被迂回；我的中心后退；我要攻击！"

3支德军试图直接冲击法军阵地失败了。法军尽量避免发动攻击，只满足于杀伤敌人，虽然这很难说是一个有意做出的决定。大体上说，德国皇太子、符腾堡公爵和冯·豪森将军的军队到9月8日在萨拉伊、德·朗格勒和福煦的前面完全处于停滞状态。法军和德军战线的中心彼此紧靠形成完全的均势。我们目击了堑壕战产生的剧痛。

但此时那个豁口情况又如何？我们切不可忘记那个豁口。那个豁口还张开着，它宽30英里，处在德军右翼的两个军团之间。现在坚定地大踏步进入这个豁口的是英军加上法国第5集团军（弗朗谢部）的 171 右翼。在进军中，这5个英国师以他们自己的5个骑兵旅和1个法军骑兵师为前导。他们继续大步前进。德国飞机看到5条15英里长的黑色毛虫正在吃掉白色的大路。飞机报告"大量英军前进"。有什么办法阻止他们？现在只有1个骑兵军，其他军队已被比洛调走，只剩6个营步兵和在后方远处的一个受重创的步兵师。这点军力不可能阻止或有效拖延12万职业军队的进军。而且需要跨过3条河流或溪涧，需要清理4条草木丛生的山脊。不过任何事情都不能阻挡这个楔子敲进这个豁口。这支大军每前进一小时，每前进一英里，比洛和克卢克战略上的局促不安就越加沉重。迄今为止没有发生什么事情。德国骑兵和

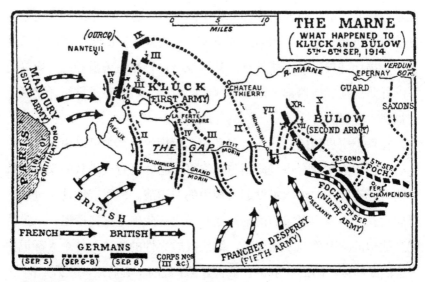

马恩河战役（克卢克和比洛处境，1914 年 9 月 5 日—8 日）

Britsh 英军	Fortifications 防御工事	Moutmirril 蒙米赖
Bülow (Second Army)	线	Nanteuil 楠特伊
比洛（第 2 集团军）	Franchet Desperey	Ourcq 乌尔克河
Chateau Thierry 蒂耶	(Fifth Army)	Paris 巴黎
里堡	弗朗谢·德斯佩雷	R.Marne 马恩河
Corps Nos（Ⅲ&c）	（第 5 集团军）	Saxons 萨克森军
军团编号（Ⅲ等）	French 法军	Sep.5 （9 月 5 日）
Coulommiers 库洛米耶	Germans 德军	Sep.6—8 （9 月 6—8 日）
Detit Morin 小莫兰河	Grand Morin 大莫兰河	Sep.8 （9 月 8 日）
Epernay 埃佩尔奈	Guard 侧翼卫队	Sézanne 塞赞
Fere Champenoise 费	Kluck (First Army)	St. Gond 圣贡
尔尚普努瓦斯	克卢克（第 1 集团军）	The Gap 豁口
Foch Fifth Sep. 福煦 9	La Ferté S.Jouarre	Verdun 60 M. 凡尔登
月 5 日	拉费泰苏茹瓦尔	60 英里
Foch-8th Sep.(Ninth	Manoury (Sixth Army)	
Army) 福煦月 8 日（第	莫努里（第 6 集团军）	
9 集团军）	Meaux 莫	
	Miles 英里	

步兵被气势汹汹的英国使用步枪的骑兵赶回，这些骑兵有迅速集聚的刺刀和大炮支持。可是在整整 4 天中英军损失近 2 000 人。这次进军所起的作用不是战术性的而是战略性的。

英军进入这个豁口并不是出于某人的天才指挥，而是一系列混乱的事件促使他们自然地进入这个位置。当他们前进时，豁口就在他们前面，在整个战线中这里是抵抗最小的路线。沿着豁口他们钻进去、冲进去，而豁口正好导向德军右翼的战略要害。完全是天意和盲目的命运注定，尽管这支英国军队精力不太旺盛，但仍然实施了具有决定性意义的行动。英军继续前进，自蒙斯出发以来以鞭子和叫喊追逐他们的怪物，不知道发生了什么事情。比洛发现他的右翼受法国第5集团军压迫向后退却，而他自己与右边克卢克的联系由于英军挺进不断地被切断。克卢克刚刚布置好有利阵地要与莫努里作战，然后发现自己的左翼和左翼的后方已暴露给敌人，处于极度危险当中。

所有这些事态的发展首先反映在比洛和克卢克司令部的地图上，地图上记载着有关供应、安全、甚至至少让两支军队三分之一的人逃出险境的数以百计的详细资料。他们心中忧虑的严重程度，不由自主地通过一件件事项暴露了出来，反映出了最高权力中心的恐惧。

现在我们必须转而谈谈（这是我们的特权）在卢森堡的皇帝指挥部。时间是9月8日早晨。集合在那里的权贵要人由于没有接到已令他们习惯的每小时一次的胜利消息而感到惊恐。相反却来了鲁普雷希特被迫停滞不前的报告。接着送来截获的霞飞5日的作战命令。全部法军已发起攻击！皇太子说他被压制住了。他报告说："我们只能实现极其微小的前进，我们受大炮轰击伤亡惨重。步兵简直被炮火包裹住了。没有办法向前推进。我们能做什么呢？"符腾堡公爵和豪森也以同样语调报告同样的遭遇，不同的是另外他们还受到刺刀的攻击。至于比洛和克卢克，人们只要看地图就知道了，不需阅读他们所写的战术报告，因为飞机和其他方面的报告证实了他们承受的战略上的痛苦。在这里宽敞的房间内召开着高级会议，会议在命令声、敬礼和足跟马刺咔嚓声的气氛中进行，这里远离炮轰，远离战线的绝望、肮脏和混乱，这里完全汇集和记录了入侵法国的庞大德军所承受压力的种种结果，就像是市场崩溃时期华尔街的股市行情收录器：价值每分钟都在变动。最高权力单位蜷缩在新的位置上。9月3日隐约出现的胜利希望被 8 日的失败报告所取代。这是以鲜血为代价而不是纸上空谈的事迹。

颇有功绩的德军中级军衔参谋官鲍尔上校向我们描述那里的情景：

> 绝望的慌乱情绪攫住了全军，更正确地说攫住了大部分领导人。最高指挥部出现了最糟糕的局面。毛奇完全垮了。他坐着，脸色苍白地盯着地图，木然没有一点感觉，变成了一个灰心丧气的人。冯·施泰因将军（毛奇的副手）肯定地说："我们务必不要失去思考的能力"，但是他并没有负起职责。他本人也没有信心，说话中也流露出他的感觉："我们说不清局势将怎样发展。"塔彭（作战部长，上文曾提到他）仍像平时那么平静，他认为失败根本不是他的过错；现在也不至于完全失败，因为他还没有失去思考能力。但他没有做任何事。我们比较年轻的人听不到重要的消息。

鲍尔就是这么说的！

现在每一件事情都要毛奇做决定。毛奇是谁？他是这个伟大名字的影子；他是老陆军元帅的侄子，曾是他的副官。他是一个普通人，应该说他是一个侍臣，一个在和平时期的宁静日子里为皇帝中意奔走于宫廷的人。这种人不会与君王闹别扭，他知道怎样克制自己的个性，173 他就是这样的人，一个好脾气、无害的、值得尊敬的普通人。这个命运不佳的人砰地撞上了迎面而来的严酷的、无情的浪潮，在这种猛烈的撞击下就是历史上最伟大的人物也可能退缩！

他怎样做几乎没有什么疑问。一份简单的给所有各军并通知每个师的电报："如果你们不能前进，便筑工事坚守，vestigia nulla retrorsum（不可让出一寸占领土地）"，似乎这样可以稳定形势。可是此时只有英军知道（根据布尔战争经验）现代武器在防御中的威力。法军在这次战争中才第一次享受到这令人鼓舞的经历。对方没有一个

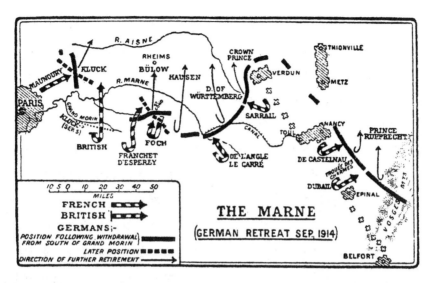

马恩河战役（德军撤退，1914 年 9 月）

Belfort 贝尔福	French 法军	Prince Rupprecht 鲁普
Britsh 英军	Grand Morin 大莫兰河	雷希特亲王
Bülow 比洛	Hausen 豪森	R.Aisne 埃纳河
Canal 运河	Kluck 克卢克	R.Marne 马恩河
Crown Prince 皇太子	Kluck (Fifth Sep.) 克	Rheims 兰斯
D. of Wuttenburg 符	卢克(9 月 5 日)	Sarrail 萨拉伊
腾堡公爵	Later Position 稍后形	St. Gond 圣贡
De Castelnau 德·卡斯	势	Thioville 蒂永维尔
泰尔诺	Maunoury 莫努里	Toul 图勒
De L'angle 德·朗格勒	Metz 梅斯	Trouee des Charmes
Direction of further	Miles 英里	特鲁埃 - 沙尔姆
Retirement 德军继续后	Nancy 南锡	Verdun 凡尔登
撤方向	Paris 巴黎	Vosges Mts 孚日山脉
Dubail 迪巴伊	Position Following	
Epinal 埃皮纳勒	Withdrawal from South	
Foch 福煦	of Grand Morin 德军	
Franchet Desperey 弗	从大莫兰河以南撤退后形	
朗谢·德斯佩雷	势	

军人知道，事实上 200 英里前线中的 30 英里豁口只是为进入它的进攻者设下的陷阱。几乎在顷刻之间，它变成不是胜利而是危险的凸出部，变成交叉火力和从两翼反击的巨大目标，成为进一步进攻的最坏地方。

　　德国参谋部的军官建有密切的小团体和兄弟会，这使德国士兵与其长官的关系，犹如 17 和 18 世纪耶稣会会员具有的罗马天主教会教士与红衣主教之间的关系。他们说自己的语言，他们有自己的特殊从属关系，他们以较高的才智使用人力与物力，这种才智来自他们的知识和组织。在 9 月 8 日午夜光景，毛奇把他的观点或心态告诉了这些军官之一的情报局局长亨奇上校。这两个人现在都死了，没有一个人留下他们对话的记录。我们只知道谈话以后发生的事情。亨奇上校登上他长长的灰色汽车，沿着整个战线行驶，在军队的每一个司令部停留一下，最后天黑时分到达比洛的司令部。他见到担任这个军团参谋官的兄弟。他与兄弟深谈良久。他们彼此同意如果确实发现英军大批渡过马恩河长驱进入比洛与克卢克之间的豁口，比洛应与右翼和中央的其他德军一致退向埃纳河。亨奇抽出很短一段时间与老比洛做个人谈话，我们得知，这次谈话相当悲观。他当晚睡在比洛司令部，翌日早上 7 点起床，而要到 9 点才有人叫醒老人，于是他再次与总参谋部的军官谈话。很清楚，此时他们正在考虑昨天送来的报告，英军的先头部队无疑正在渡过马恩河。因此昨夜确定的形势已经成为现实。比洛适时地进入他的司令部办公室，"根据他自己的意愿"，通过他的参谋官进行指挥，下令第二集团军撤退。

　　亨奇既已知道第二集团军的行动，便继续赶他的路。在到达克卢克司令部前他碰到一些麻烦。他必须穿过可怕的豁口，他的汽车被大量撤退的德国骑兵堵塞。他还遭到一次英国飞机袭击，陷入他所描述的"恐慌"事件中。直到正午后他才到达克卢克司令部，在此地他再次只与参谋官打交道。他根本没见到克卢克。他告诉克卢克的参谋长冯·屈尔，由于现在知道英军长驱进入了那个豁口，比洛的军队即将后撤。但是据亨奇说，大约两小时之前，屈尔已发出了撤退的命令。依旧健在而且写了一本厚厚著作的屈尔承认，撤退的命令是由他的下属（现亡故）用电话传达的，可是这位下属误解了他的意图。他宣称是亨奇给了他确切的命令，要克卢克的军队退向埃纳河，试图把全部责任推在这个人身上。

1917年由鲁登道夫下令对这个著名插曲进行调查，证明亨奇上校没有责任。后来弄清楚，毛奇给他的任务简而言之是弄清楚撤退是否必要，若有必要，协调5支德国军队的后退行动。为此以最高指挥部名义给予他完全权力。但仅仅是口头上给予他完全权力！屈尔与亨奇之间的斗争由屈尔与他在坟墓中的对手继续下去。屈尔宣称撤退的命令是明确的。然而值得注意的是，他没有请求以书面方式得到这个至关重要的命令，而且他没有将此事告诉克卢克，等到克卢克知道此事已有几个小时过去了。

不管情况如何，成为战争失败焦点的亨奇当时来回穿过整个德军战线。在外出旅行中他收集了一些坏消息，回来后他又发布了致命的命令。他使用给予他的权力连续命令德国第一、第二、第三、第四和第五集团军撤退到埃纳河一线或与那条线相一致的地段。他只是在一个地方遭到了反对。受多番嘲弄的德国皇太子亲自接待了这位毛奇的使者。面对撤退的命令，他要求书面文件，否则拒绝服从。所有亨奇的命令全是口头的，而且全都传达给参谋官。在这里他直接接触到了第一位司令官。于是他说"他将有从卢森堡发出的正式命令。"这命令是第二天用电报发来的。

就这样结束了马恩河战役。在撤退开始以前，渡过马恩河的唯一协约国军是英军。事实上我们可以说，沿着从凡尔登到巴黎的整个战线，法军在马恩河战役中根本没有向前推进。在福煦以左和弗朗谢以右的一些法军实际上是向后退。协约国军中唯一不断推进的部队是英军。他们在9月5日至8日的4天时间里向北推进了4英里以上。但为了不使读者认为这个断言带有民族虚荣心，让我赶快重复一遍，首先当英军掉过头来时，她知道在与敌人接触前它比其他部队有更远的路要走；其次当她遭遇敌人时，她发觉基本上只有一支骑兵掩护队挡住至关重要的豁口。事实仍旧是，她摸索着进入德军的要害。

　　就这样，一连串难以预见和无法控制的事件几乎在开始时就决定了陆上战争的命运，除此之外留下的只是 4 年丧失理智的屠杀。我们不知道冯·毛奇将军是否真的对皇帝说过"陛下，我们打输了战争"。无论如何，我们知道，毛奇对政治事件的预知能力大于对军事事件的预知能力，他在 9 日晚上写信给他的妻子说："事情进展不顺利。巴黎以东的战事对我们不利，我们将不得不为我们造成的破坏付出代价。"

第十二章 海战

现在我必须叙述最及时来到的光辉片断，在整个片断中我们享受了最大的好运。我坚持在黑尔戈兰湾对德军发动一次小规模攻击的希望促成了我与海军准将蒂里特与凯斯的会谈；前者指挥号称"哈里奇打击力量"的轻巡洋舰和驱逐舰，后者是也停泊在哈里奇的潜艇队的指挥官。8月23日凯斯准将亲自打电话到海军部找我，他建议："黎明前开始从接近敌人海岸的近海发动一次组织严密的进攻。"24日我在办公室主持会议，出席的有凯斯和蒂里特准将以及第一海务大臣和参谋长。

两位准将此时草拟的计划简单又大胆。自战争开始的最早时候起，我们的潜艇就悄悄巡航于黑尔戈兰湾。他们现在在三周时间里积累了关于敌人部署的精确情报。他们知道敌人习惯于组织一支由两艘巡洋舰护卫的驱逐舰队，这支舰队每天夜里在黑尔戈兰湾以北巡逻，天亮后不久由第二支小舰队接替，这第二支小舰队巡航的范围要小得多。他们建议我们使用两支最好的驱逐舰小舰队和两艘轻型巡洋舰，夜间从哈里奇出发，刚天亮前到达黑尔戈兰湾北部海岸离叙尔特岛不远的某一点。从这一点他们开始从左手出发沿海巡逻，若遇到外出的敌人小舰队就发动攻击，把它赶回去，然后一起排成横列长线，向西朝回家路线航行以迎击返航的德国小舰队，若有可能，加以击沉。参加这次作战计划的还有两个分队的6艘英国潜艇，以便攻击出海的德国重型舰只，当时停泊在亨伯河的两艘战列巡洋舰"无敌"号和"新西兰"号是这次行动的支援力量。

总之，这些就是这几位军官建议并经第一海务大臣批准的计划。作战行动时间确定在 28 日。当把这些意图告诉给约翰·杰利科爵士时，他立即提议派 3 艘战列巡洋舰和 6 艘轻巡洋舰以增加支援力量。他还指派戴维·贝蒂爵士亲自出马。结果获得的成功远远超出海军部的期望，并对此后整个海战产生了意义深远的影响。

177

28 日黎明，蒂里特将军的小舰队在"曙光女神"号与"无惧"号率领下到达它们的攻击点。希尔将军一发出"冲入黑尔戈兰湾"的命令，我们就突然向敌人发起攻击，近陆地的天气雾气越来越浓。黑尔戈兰湾炮台开始轰击，但毫无效果。德国战列舰和战列巡洋舰由于潮水退去在下午 1 点前无法驶过外亚德沙洲。只有在巡航的或近在易北河或埃姆斯河的德国轻巡洋舰能援助他们的小舰队。接着发生了小舰队和轻巡洋舰之间的混乱、分散的和长时间的一系列战斗，一直继续到下午 4 点钟。在全部交战时间中英国轻型舰在敌人最隐秘的和防范最严密的海域中横冲直撞。

可是发生的情况和计划的不一样。主要是由于海军部参谋工作的过错，通知凯斯和蒂里特准将关于贝蒂将军率领外加战列巡洋舰和轻型巡洋舰共同参战的情报未能及时到达，贝蒂将军也不知道英国潜艇开展活动的区域。由此产生了几件令人尴尬的事情，很容易导致灾难性的错误。无论如何，好运一直在我们这边，初次袭击加上坚决进攻使我们平安地通过难关。德国轻巡洋舰加快支援他们的小舰队，并在试图隔断我们舰队的希望驱动下向英国战列巡洋舰冲来。贝蒂将军不但不顾水雷与潜艇的危险，而且不顾遭遇强敌的风险，以非同寻常的大无畏精神率领他的舰队深入海湾。两艘敌人巡洋舰（"阿里阿德内"号和"科隆"号）被英舰"雄狮"号和"皇家公主"号的巨大炮弹打得粉碎，第三艘巡洋舰（"美因兹"号）被英国轻巡洋舰和驱逐舰击沉。其他 3 艘（"妇女颂"号、"施特拉斯堡"号和"斯德丁"号）艰难地逃回基地，人员死伤甚众。1 艘德国驱逐舰被击沉，其余驱逐舰在混乱和薄雾中逃走，不过有几艘已被击伤。

　　捷报当天传到海军部，但是有一段时间我们十分担心"曙光女神"号。她的输煤管被一颗炮弹打碎，航行速度降至 7 或 8 节，可是她还是平安无事地回到泰晤士河。

　　没有一艘英舰被击沉或严重受伤；我们阵亡的人员不超过 35 人，受伤的约 40 人，尽管在德国海军上尉托伦斯的笔下："英舰尽最大努力在海上打捞幸存者。"[1]224 个德国兵——许多身受重伤——在极危险的环境下被驱逐舰"猎狗"号上的凯斯准将救起并带回英国。有 1 000 多德国人，包括小舰队司令和驱逐舰准将，在这次战斗中死亡。冯·提尔皮茨海军上将的儿子是这次战斗的俘虏之一。但是比这些看得见的收获重要得多的是在敌人士气上产生的效果。德国人不知道我们有缺点的参谋工作和我们所冒的风险。他们所看到的是英军在进攻战中毫不犹豫最大胆地敢冒使用轻型舰艇以及最大舰只的风险，并能未受损伤地撤退。他们感受到的就像德国驱逐舰冲入索伦特海峡，他们的战列巡洋舰向前猛冲到英国海军航空基地时我们会感觉到的那种想法一样。这场战斗的结果意义深远，从此以后英国海军的威望沉重地盖住了德国的海上雄心。在德皇心中产生的印象是决定性的。因而希尔说："对战列舰队施加的限制一直存在"。冯·提尔皮茨说得更加明确："……8 月 28 日那一天，不论从它的事后影响还是从它的伴随后果来说，对我们海军工作都是个灾难性的日子……皇帝不愿有这种损失……皇帝颁发命令……在接见波尔后（在这种场合我通常不受召见）限制了北海舰队总司令的主动行为；要避免军舰的损失，舰队出去和任何较大的行动必须事先经陛下批准，"如此等等。冯·提尔皮茨抗议"这种钳制政策""……从那天以后，皇帝和我之间突然出现了隔阂，这种隔阂越来越大"。

　　德国海军事实上是被钳制住了。从 8 月到 10 月除了个别潜艇和布雷艇做些偷偷摸摸的勾当外，海军的活动全部停了下来。与此同时，我们的力量不论是在海上进攻还是在港口防御都稳定而迅速地增加。

　　这次海军战斗的消息传到了处于胜利黎明前黑暗时刻的法军和英军耳中，并引发到各处撤退中的军队中。

* * *

8 月的一个上午，英国内阁中出现了奇怪的景象：受尊敬的自由党
179　政治家们坐下来精心地蓄意谋划，商讨夺取世界各处德国殖民地的计
划！一个月以前，那些在场的大多数人曾怀着恐惧与厌恶不去考虑此
类想法！我们的海上交通主要依靠迅速消除这些德国巡洋舰的基地或
避难所；此外，由于比利时大部分已遭德国陆军的蹂躏，人人觉得我
们必须为她的最终解放取得抵押品。于是我们拿出了地图和铅笔，将
整个世界搜寻了一遍，原则上批准成立 6 个独立的远征队，并将计划
送参谋部研究和执行。一位雄心勃勃的有经验的指挥官在战争爆发时
已经入侵德国殖民地多哥兰。现在我们提议与法军联合进攻喀麦隆——
一个远为重大的任务。博瑟将军已宣布他打算入侵德属西南非洲。新
西兰和澳大利亚政府希望立刻夺取太平洋上的萨摩亚群岛及德国其他
属地。一支英、印远征军已授权攻击德属东非。这最后一项远征行动
的军事方面的准备工作远未完成，结果归于失败。在海洋上依旧有德
国巡洋舰到处搜索的时候，向四处派远征军的运输任务是落在海军部
身上的又一组责任。

9 月中旬以后我们开始投入最紧张的工作，遮盖作战室一整面墙
的巨幅世界地图，此刻呈现出异常的情形。多达 20 项分散而艰巨复杂
的事业与任务完全依赖海上力量，且在世界不同地方同时进行。除了
上边提到的远征外，从帝国各地为法国所需要的军队提供护送和在某
些情况下从国内护送本土防卫义勇军以取代正规军，这些巨大任务也
沉重地压在我们肩上。这个任务很快还要加重。

着手为皇家海军师组织 3 个海军旅和其他师属军队是容易的；但
在很早时候我就发觉创建炮队为我能力所不及。确实，我们可以在美
国定购 100 门野战炮，可是训练和配备炮兵不可也不应与军队的主要
准备工作分开进行。我的军事参谋官奥利万特少校在这方面有非常高

明的想法，这个想法立刻产生有深远意义的结果。他向我提议，要求基奇纳勋爵从印度运来 12 个英国炮兵连，建立一个皇家海军师炮队，将本土炮兵连交予印度作为交换。当天下午我将此事向基奇纳勋爵提出。他似乎对这个想法极为吃惊。他问："内阁会怎么说？如果印度政府拒不同意，内阁会强迫他们吗？内阁会吗？在这件事情上我会支持他吗？"如此等等。当晚我必须外出，去北方访问舰队，舰队停泊在苏格兰西海岸尤湾。48 小时后当我回来时，我去拜访基奇纳勋爵士，问他事情进展如何。他高兴得笑容满面。他说："我不仅仅要去拿 12 个炮兵连而是 31 个炮兵连；我不仅仅要去拿炮兵连，我要去拿若干个营。我将去拿 39 个营，我将送他们本土师——3 个本土师——作为替代。你必须立刻准备好运输工具。"我们对这种有利于我们斗争前线的前景表示由衷的满足，我说我现在可以指望皇家海军师有 12 个炮兵连了。他说："我打算把他们全归我自己"；他搓着双手露出十分高兴的样子。因此海军师再次处于被冷落的地位，她不得不只能像步兵那样发展。

180

这个新的发展大大增加了我们的运送工作，读者现在必须考量一下印度洋和太平洋的形势。

当战争开始时，德国人在外国基地有如下几艘巡洋舰："沙恩霍斯特"号、"格奈泽瑙"号、"埃姆登"号、"纽伦堡"号、"莱比锡"号（在中国）、"柯尼希山"号（在东非和印度洋）、"德累斯顿"号、"卡尔斯鲁厄"号（在西印度群岛）。所有这些军舰航速快并装有现代装备，它们每一艘在被击毁前曾使我们受到严重伤害。还有几艘炮舰："兀鹰"号、"行星"号、"彗星"号、"努萨"号和"公猪"号，它们中没有一艘可以被忽视。此外，我们预计德国人会派多达 40 艘的快速武装商船出海袭击我们的商船，然而，如前所述，我们的安排成功地阻止了他们全部船只离开海港，只有 5 艘除外。在这 5 艘中最大的"威廉大帝"号在 8 月 26 日被英国"高空飞行者"号（舰长布勒）击沉；"特拉法尔加角"号于 9 月 14 日被英国武装商船巡洋船"卡尔马尼亚"号（舰长诺埃尔·格兰特）击沉，击沉这前两艘无装甲船曾进行过壮烈的战斗；其他3艘几个月后在中立国港口避难时被扣留。我们为防止敌人巡洋舰和武装商船攻击我们海上贸易的安排从一开始就取得极大成功，在本卷所述的几个月内敌人所有舰船都陷于完全无能为力的境地，不是被击沉就是被扣留在海港内。

然而，有人说我们在外国海域上必须要有更快速的巡洋舰，特别是我们一定得有比任何一艘德国巡洋舰都更快的军舰，要把它作为我们做事的目标，这是公正的批评。在西印度群岛的"卡尔斯鲁厄"号在战争爆发时就给我们猎取其舰只的机会，在印度洋上的"柯尼希山"号早几天就被我们发现。可是在宣战之前我们的军舰的速度不够快，无法与前者交战，也无法与后者保持近距离接触。如同我们将看到的，几乎每一艘这种德国巡洋舰在被我们制服前都伤害过我们的海上力量，不但有商船而且有战舰。"沙恩霍斯特"号和"格奈泽瑙"号击沉了我们的"蒙茅斯"号和"好望"号；"柯尼希山"号突然攻击并击毁"佩格瑟斯"号；"埃姆登"号击沉俄国巡洋舰"泽姆丘格"号与法国驱逐舰"火枪"号。它们的确很好地完成了任务。

海军部在战争爆发时安排的主导原则是为与整个德国海军打一场决定性的战役，尽可能加强领海水域的警戒。为达到这个目的，把外国基地的需要减到绝对最小程度，只能应付国外各个战场上的个别舰只。舰队在快速轻巡洋舰上较弱，我的主要工作是建造尽可能多的这类军舰。可是像"曙光女神"号那样的军舰还没有一艘送往舰队。因此我们不愿意让每一艘轻巡洋舰离开国内水域，但又觉得舰队没有这种海上骑兵在战术上是不完整的。要紧事情先做的原则和集中力量于决定性战役中对付敌人主力的原则是压倒一切的，因此重要的和已经认可的次要要求只能被推迟得到满足。现在必须看一看世界其他地方的麻烦事情。事态很严重。

这类麻烦事在任何地方都没有比印度洋出现的多。在7月31日"柯尼希山"号被发现和在她急速离开后，它成为所有军队调动和商业活动严重的全神贯注的对象。另一艘德国快速巡洋舰"埃姆顿"号战争爆发时在中国基地，9月中旬时也出现在印度洋海面，它野心勃勃且胆大妄为，开始对我们的商船造成很多严重的损失。这些事件造成了巨大影响。

到8月底我们已从帝国所有驻军要塞和防地集合了第7师的主力部分。9月份时两个英国和印度师连同外加的骑兵全部近5万人已经渡过印度洋。最主要的还有以本土军的炮兵连和步兵营交换在印度全部英国步兵和炮兵的计划，以及组建27师、28师和29师正规军的计划。还必须将新西兰分遣队护运到澳大利亚，在那里与25 000名澳大利亚军一起等候运往欧洲。与此同时，必须护运加拿大军的先头部队约25 000余人横渡大西洋。当然所有这些都是防卫北海的主要任务和不断地运送特遣队、增援部队和供应物资渡过海峡任务之外的增加任务。此时敌人的舰队完整无损，我们可以想象它们在等候攻击的时机；而敌人的巡洋舰继续在海上捕捉牺牲品。为了加强我们的巡航力量，我们已武装24艘班轮并编入现役作为辅助巡洋舰船，并对54艘商船配置防御性的武器，在准备中的还有另外40艘合适的船只。为了减轻印度洋上的紧张局势和把轻巡洋舰解脱出来去做追逐消灭敌人的固有工作，我建议使用我们老旧的战列舰（"老人星"级）作为海运的护航舰。9月份我发布命令，整个印度洋上护航制度应建立在正规两周一班的基础上，并利用3艘旧战列舰把"达特茅斯"号、"查塔姆"号和"黑王子"号解脱出来。

除了使用这些旧战列舰护航外，我们还在8月底派遣另外3艘旧战列舰出海用作我们巡洋舰的集合点，以防德国重型巡洋舰冲出封锁线，就这样我们派"光荣"号去哈利法克斯，"阿尔比恩"号去直布罗陀和"老人星"号去佛得角基地。我们的海军史有许多良好例子说明使用护卫舰能给予巡洋舰以更多安全和防御优势——事实上是让战列舰成为浮动堡垒，较快的舰只围绕它能做机动灵活的动作，而且能在它的掩护下撤退。这些护卫舰还在各海洋基地上保护运煤船和供应船，没有它们我们所有的巡洋舰系统就会出毛病。随着战争发展，读者将看到进一步运用的这个系统的情况。

太平洋上的局势也很复杂。我们在那里的海军中队由"弥诺陶洛斯"号和"汉普郡"号以及轻巡洋舰"雅茅斯"号组成。这个阵容恐怕不是两艘强有力德国巡洋舰"沙恩霍斯特"号和"格奈泽瑙"号的对手。可是我们曾在 1913 年设计过一个节约的计划，根据这个计划，把为智利建造的两艘战列舰中的一艘"凯旋"号从智利那里买过来以免在日、俄战争爆发时落入俄国人之手，动员扬子江上炮舰的水手充当该舰的官兵，把它作为母舰使用。一旦"凯旋"号正式编入现役，除了速度外我们对敌人的优势是压倒性的，这样我们可以专注国内方面的重要事务，不必担心是否要增援中国基地了。早在 7 月 28 日，我建议第一海务大臣对"凯旋"号进行谨慎的动员，把对中国中队的注意力集中在这条军舰身上，这一点相应地及时实现了。从那里向南 5 000 英里是澳大利亚中队，它由战列巡洋舰"澳大利亚"号和两艘性能极佳的现代轻巡洋舰"悉尼"号和"墨尔本"号组成。单凭"澳大利亚"号本身肯定能打败"沙恩霍斯特"号和"格奈泽瑙"号，虽然利用行驶不同的航路这两艘军舰中的一艘有可能躲过被击毁的命运。因此，当决定命运的信号出现之前，对太平洋形势的最后一次审视并不让我们产生紧迫性的忧虑。

在战争爆发时，远东的法国装甲巡洋舰"蒙卡尔姆"号和"迪普莱"号，以及俄国轻巡洋舰"阿斯科尔德"号和"泽姆丘格"号都由英国指挥，因此明显地巩固了我们的优势地位。几天后发生了极为重要的事情。日本对德国的态度顿时成为一种强烈的威胁。在英日条约中没有条款能使我们有资格要求日本的支持。但在战争经历还不满一星期时，事态变得很明显，日本民族没有忘记在中日战争结束时他们被迫离开阿瑟港时的情形和影响。现在他们表示要坚决地彻底清除德国在远东的全部势力和利益。15 日日本对德提出最后通牒，要求德国在 7 天之内无条件交出海军基地青岛。日本人表达这个要求使用了 19

年前德国敦促他们离开阿瑟港的词句。作为答复，德皇要求他的臣仆抵抗到底，德国官兵像在任何地方一样，即使他们发现自己孤立地面对敌人的压倒性力量，仍坚决服从德皇的命令。

日本参战使我们能利用中国中队加强我们在其他战场的优势。我们命令"纽卡斯尔"号横越太平洋，在那里我们的两艘小的旧军舰（"阿尔及利亚人"号和"剪嘴鸥"号）正被德国轻巡洋舰"莱比锡"号追逐处于危境之中。我们把"胜利"号连同一支小小的分遣队派去参加日本人对青岛要塞的攻击。总的安排由英、日海军部共同做出，而整个北太平洋地区的职责，除加拿大海岸外皆由日本承担。

184

西太平洋战舰①
1914 年 8 月—10 月

	德舰	英舰	日舰②	法舰	俄舰
战列巡洋舰		澳大利亚号	伊吹号		
战列舰		凯旋号			
装甲巡洋舰	沙恩霍斯特号	弥诺陶洛斯号		蒙卡尔姆号	
	格奈塞缅号	汉普郡号		迪普莱号	
快速轻巡洋舰	埃姆登号	雅茅斯号	日前号		
	纽伦堡号	墨尔本号			
		悉尼号			
		夜莺号			
较旧轻巡洋舰		邂逅号		阿斯科尔德号	
		皮拉姆斯号			
		先锋号		泽姆丘格号	
		普塞克号			

在固定路线上护航不用以攻击作战的军舰

武装商船 巡航船	艾特尔 亲王号	亚洲女皇号	
	弗里德 里希号	日本女皇号	
	科莫兰号	俄罗斯 女皇号	
		喜马拉 雅山号	
炮舰	兀鹰号	卡德摩斯号	凯尔森号
		克利奥号	热忱号

① 下划线的战舰近似地表明此舰的比较值。

② 只包括参加作战的那些日本海军舰只。

　　上面所列的表格说明战争爆发时西太平洋对峙力量的状况。即使没有日本的军舰或日本人拥有的巨大储备,协约国的优势力量也是压倒对方的。可是双方必须进行的比赛绝不是像外表看来那么不平等。它事实上还是古老的狐狸与鹅的比赛。两艘实力强大的德国巡洋舰"沙恩霍斯特"号和"格奈泽瑙"号加上两艘轻巡洋舰组成快速而可怕的现代巡洋舰中队。我们的战列巡洋舰"澳大利亚"号能赶上它们也能单独地设法打败它们。"弥诺陶洛斯"号和"汉普郡"号仅仅能勉强追上它们,在我们看来,与它们作战有获胜的良好前景,但这将是一场艰苦的战斗。如果使"凯旋"号与"弥诺陶洛斯"号和"汉普郡"号在一起,在战斗上根本没有风险,但要迫使敌人作战几乎有难以克服的困难。在轻巡洋舰中,"雅茅斯"号、"墨尔本"号、"悉尼"号和日本的"日前"号既能捉住又能击毁"埃姆登"号或"纽伦堡"号。我们较旧的轻巡洋舰"狐狸"号和"邂逅"号能与"埃姆登"号或"纽伦堡"号作战,在自身被击毁前有机会击毁或至少严重击伤它们,但这两艘军舰速度较慢无法赶上它们。我们其余巡洋舰只能与较强军舰联合对敌作战。使用我们的海军力量，在两艘法国巡洋舰和两艘俄国轻巡洋舰以及日本军舰的援助（下文将描述援助程度）下，海军部必须保护太平洋上全部军队调动、护航任务和海上贸易。即：

从新西兰护航到澳大利亚。

从澳大利亚护航到欧洲。

护运英国远东卫戍部队到欧洲。

护运印度军队接替英国远东卫戍部队。

运送远征军去萨摩亚。

运送远征军去新几内亚。

所有这一切还不包括保护继续进行的一般贸易不受干扰的任务。因此太平洋德国海军司令冯·施佩上将就不乏攻击的目标。他只是一会儿躲藏一会儿出击。太平洋的浩瀚无垠和它星罗棋布的岛屿为他提供了躲藏之处。一旦他消失了，谁能说出他将在哪里重新出现？另一方面，他的行动有相当大的阻力，他这个中队的生存期限无疑也存在很大变数。随着青岛被封锁，他与世界这一地区的唯一基地的联系被切断了。他没有办法使他的舰只进入船坞，没有办法因战斗或行驶的需要进行认真的修理。现代军舰的磨损是相当厉害的，军舰离开码头时间越长困难就越大。为找寻目标做长时间的全速或高速行驶将很快耗尽军舰的使用寿命。这种军舰是花瓶里的花，很好看但必然会死，如果不经常换水会很快枯死。此外，加煤过程是非常困难和危险的事情。海军部的广大组织在每一个港口最密切地注视每一吨煤和每一条可能的运煤船。买煤和运煤船的行动是泄露内情的线索，很可能招来追捕者。德军舰本身的安全和扰乱我们的能力同样依赖其不定的行踪。但行踪不定在任何时候都有可能被运煤船的行动或者被截获的无线电报所暴露。但没有无线电报怎能使运煤船驶往会合地点？在太平洋只存在5个德国无线电台，分别在雅浦、阿皮亚、瑙鲁、拉包尔和安佳岛，战争爆发两个月内全被我们捣毁。此后还存在的只有德国军舰上的无线电台。使用舰上电台发任何一点信号至太空，都是十分危险的。这就是冯·施佩将军所处的形势。

海军部存在的问题也是微妙而复杂的。我们的全部行动都笼罩在重大潜在危险的阴影之下。你可以制定足以引起惊恐的计划，它表明冯·施佩可能在几乎任何地方带着他整个中队出现。在另一方面，我们不可能强大到足以每天在各处守候他。因此，我们要么权衡可能性进行冒险，要么减少我们的行动和事务到很低限度。绝对安全有点像绝对瘫痪，何况停滞或灾难引起的抗议呼声同样是猛烈的。我们经仔细考虑决定甘冒风险推进我们的事业。毕竟海洋对我们和对冯·施佩同样无边无际。海军部作战室里的世界地图有 20 英尺宽 30 英尺长。这是海员用的地图，它的中心是地球上最大的海洋：太平洋的广大区域占了 300 平方英尺。在这幅地图上，普通面纱别针头那么小的一点代表在晴天从一条船桅杆上望出去能看到的全景。船只彼此错过的可能性肯定极大。

如前所述，英海军的中国中队在香港动员和集中，澳大利亚海军在悉尼动员和集中。当英国对德宣战时，冯·施佩将军在加罗林群岛的波纳佩岛。从香港和悉尼到波纳佩岛的距离均约为 2 750 英里。虽然日本尚未参战，这位德国将军却不敢尝试回到青岛，因为这可能引起与英海军的中国中队直接作战。他只敢行驶远到拉德罗内斯群岛（德属），他在那里等候"埃姆登"号护送他的供应船从青岛驶来，于8 月 12 日与他会合。他指派"埃姆登"号进入印度洋袭击商船，自己转而向东驶往马绍尔群岛。8 月 22 日他派遣"纽伦堡"号去檀香山取情报和发电报，并割断加拿大与新西兰间的电缆，且约定于 9 月 8 日与他在圣诞岛再次会合。此时他处在太平洋的中心位置。

除了一份报告说他于 8 月 9 日在加罗林群岛加煤外，海军部对这些活动一无所知。此后他在我们眼前完全失踪。我们一点也不知道确切的消息。可是海军参谋部的、经海军上将亨利·杰克逊爵士（他对此事一直在进行特殊而深入的研究）认可的研究结果认为，他将去马绍尔群岛，以后最大的可能是去往南美洲西海岸，或者绕过合恩角返回欧洲。这个说法及支持它的复杂精细的推理证明是正确的。这大体上是我们最主要的假设，虽然我们决不能依赖这个判断并一直等待出现不愉快的袭击事件。就是因为这个缘故，我们应该研究太平洋上的军事行动。

早在8月2日，新西兰政府——帝国的先锋——深信战争不可避免，几次提议加强军事力量和打击敌人。因此战时参谋部作战司建议占领萨摩亚和捣毁那里的敌人无线电台；第一海务大臣和参谋长向我推荐这项措施并认为是可行之举。到8月8日新西兰发来电报说，如果海军能提供护航，攻击萨摩亚的特遣队能在8月11日出发。参谋部赞同这个意见，认为澳大利亚中队足以控制"格奈泽瑙"号和"沙恩霍斯特"号，当天我表示同意。商定的安排是，远征队应在努美阿或在驶往那里的途中会合战列巡洋舰"澳大利亚"号和法国巡洋舰"蒙卡尔姆"号。

从澳大利亚攻击德属新几内亚的另一支远征队也由联邦政府组织。"沙恩霍斯特"号和"格奈泽瑙"号的不知去向使那些水域上的所有行动笼罩上了带有危险的某种微妙气息。但大家认为轻巡洋舰"墨尔本"号 [2] 和"悉尼"号能保护联邦的新几内亚远征队向北行驶，把航路保持在巴里尔礁内侧，在它们驶往外海前，这支护航队已有"澳大利亚"号和"蒙卡尔姆"号加入，因为到那时这两艘军舰早已完成为新西兰远征军护航去萨摩亚的任务。我们认为最重要的是，这些远征军一旦登陆德国殖民地，他们得自给自足，因为港口里不应留下质量差的战舰来支援他们。原因除了难以抽调外，还因为这类战舰容易成为两艘巨大德国巡洋舰的牺牲品。

8月30日占领萨摩亚，9月10日捣毁在瑙鲁的无线电台。澳大利亚远征军9月9日登上战列巡洋舰"澳大利亚"号，两天后平安到达拉包尔。

现在我们必须为澳大利亚军去欧洲提供护航，他们预定在 9 月 27 日离开悉尼去阿德莱德港，在那里他们将与新西兰远征军及其护航队以及澳大利亚舰队（"澳大利亚"号、"悉尼"号和"墨尔本"号）会合，这个舰队一旦为新几内亚远征军护航完成后立刻前来。此前，我们在为澳大利亚军提供护航的最初建议中，负担这个责任的是"澳大利亚"号、"悉尼"号和"墨尔本"号以及新西兰的小巡洋舰。在没有全部联邦舰队的情况下，为保护联邦军安全我们做了安排，即由"弥诺陶洛斯"号加上日本"伊吹"号和"日前"号向南到新不列颠群岛。

9 月中旬新西兰远征队应该驶往阿德莱德。"澳大利亚"号及其僚舰仍旧耽搁在新几内亚，有些迟误是德军抵抗造成的。新西兰对于她的远征军去往澳大利亚的前景感到极大不安，因为没有比两艘 P 级巡洋舰更好的护航舰。他们指出"沙恩霍斯特"号和"格奈泽瑙"号的危险，据 9 月 14 日报告它们已离开萨摩亚。海军部的看法是，这两艘德舰极不可能知道计议中的新西兰远征军，更不可能知道远征军启航的日子；为在新西兰海域进行攻击，她们必须从赤道以北的加煤基地远程驶来，而且实际上必须由她们的运煤船伴随同来，从而大大降低她们的速度和妨碍她们的活动。在这种情况下，海军部预见新西兰护航队在航行的最早阶段不会有什么危险，因此不能在这个阶段提供进一步的保护，并表达了这样的意见，即应该承担这个风险。对于这个决定新西兰政府于 9 月 21 日表示服从，决定新西兰护航队应于 25 日启航。可是与此同时，重新出现的德舰"埃姆登"号在孟加拉湾的英勇事迹自然使新西兰和澳大利亚公众有了一种恐惧的感觉；在坚持原来观点的前提下，我们决定设法驱除这种恐惧。

24 日消息传来，新几内亚远征军成功地克服了所有阻力，于是我们决定将计划做如下改变："弥诺陶洛斯"号和"伊吹"号去往威灵顿护送新西兰军去阿德莱德，而"澳大利亚"号和"蒙卡尔姆"号从新几内亚护送辅助舰只和较弱军舰到巴里尔礁内侧后，应去马绍尔群岛搜索"沙恩霍斯特"号和"格奈泽瑙"号，因为她们似乎有可能驶向那里。这个决定改变了为澳大利亚军护航舰队的构成。她们横渡太平洋和印度洋的护卫责任在很大程度上被托付给悬挂日本战旗的军舰。这个历史事实应是在太平洋上作战的友好的协约国家间存在良好意愿的另一个证明。

与此同时，"埃姆登"号在孟加拉湾的劫掠与破坏在继续。22 日她出现在马德拉斯的外海上，她炮击缅甸公司的油轮，在被炮台赶走前有几发炮弹落在马德拉斯城内。这个插曲和此前的加尔各答—科伦坡商业航线被干扰以及孟加拉湾内几乎每天有商船被击沉造成了广泛的惊恐。10 月 1 日我给第一海务大臣一份备忘录，除别的事项外特别提出在印度洋大规模集中力量对付"埃姆登"号。这次集中的力量包括"汉普郡"号、"雅茅斯"号、"悉尼"号、"墨尔本"号、"日前"号（日本）、"泽姆立格"号和"阿斯科尔德"号（俄国）、"普赛克"号、"皮拉姆斯"号及"夜莺"号，总共 10 艘，大约在一个月内就能大见成效。

10 月 15 日我再次提出：

"悉尼"号应护送澳大利亚军然后再搜寻"埃姆登"号。

下文即能见到，这一着击中要害。

*　　　*　　　*

尚待做的是把加拿大陆军运越大西洋，多达 25 000 名受过相当教育的、其中部分经过专业训练的志愿军人在圣劳伦斯登上 31 条受护运的轮船，船队还包括两艘船，一艘装载纽芬兰远征军，另一艘装载从百慕大来的一营英军。海军少将威姆斯带领一个轻巡洋舰中队担任实际护航责任，但船队的根本保护由距离较远实力更大的组织提供保证。我们整个舰队的所有巡洋舰中队在挪威海岸和苏格兰海岸之间分布成两行以防止德国快速军舰的突然袭击，而大舰队本身留在海上支持运输船队的北上。由海军少将霍恩比指挥的北美中队监视出没在纽约港附近的德国武装巡航商船。两艘老的战列舰"光荣"号和"威严"号在远离船只常走航道的会合处迎接护航船队，在"兰开斯特"号上的霍恩比少将本人伴随她们经过整条航路的第一部分。最后，从大舰队遣派"皇家公主"号在大西洋中途迎接护航船队，从而防止可能悄悄地穿过约翰·杰利科爵士巡航的广大区域的德国战列巡洋舰。"皇家公主"号的行动对任何人保密，甚至不向加拿大政府提供这个信息，尽管他们对军队运输自然会产生忧虑。

　　护航舰队于 10 月 3 日启航，10 天后安全到达英吉利海峡峡口。计划让加拿大军队于朴茨茅斯下船，在那里已为他们做好一切安排。但是就在他们预定到达那一天，据朴茨茅斯防卫小舰队报告，有一艘德国潜艇出现在瑟堡外的海面上，并看到另一艘潜艇在怀特岛外的海面上。此时，我们坚持不管有什么军事上的麻烦，也要把整个护航队驶入普利茅斯。10 月 14 日这支庞大舰队装载第一批军队向东越过大西洋停泊在普利茅斯海湾。

　　经过这次重大事件，帝国军队集中的最初行动已经完成。它们包括运输相当于 5 个师的军队从印度到欧洲，再从英国运输 3 师本土军去替代他们；从英国所有驻军要塞和堡垒运来召集的第 7 师和第 8 师，再从本国和印度运去相应的替代人员；运输大约 2 个师的军队从加拿大到英国；最后——虽然到 12 月份方才完成——运输约 2 个师从澳大利亚和新西兰到埃及。这样集中的后果是，即刻可以使用的正规军增加了 5 个英国正规师（第 7、8、27、28、29 师）和 2 个英国和印度师的增援力量，以支持我们战争开始时的 6 个正规师——到 11 月底我们在法国的陆军增加到大约 13 个师，他们训练精良且有长期服役的经验。此外，4 个加拿大和澳大利亚师在英国和埃及完成了他们的训练，普遍认为其准备已达到相当充分的状态，超过留在英国的 10 个本土师和基奇纳勋爵正在征募的 24 个师的新军。虽然所有敌人巡洋舰依然未被控制，但整个海上运输事业在进行中未出任何事故，未损失一艘舰艇或一条生命。

* * *

在 9 月份的第三个星期里，霞飞元帅打电报给基奇纳勋爵，询问 191 可否派一个海军陆战队旅去敦刻尔克增援当地驻军，使敌人错误地认为在这个区域不但有法军还有英军。基奇纳勋爵问我，海军部是否愿意帮助此事。我回答说，如果他能派一些本土军骑兵保护部队驻地，我同意派一个旅。他派了一个团，就这样我被导入（虽然绝非不情愿）一系列直接和必须亲自处理的细碎事务之中，这些事务消耗我的时间和思想，很可能——尽管我声称不会——打乱我对整个形势的看法。我建立一个小小的班子处理这件事，班子里奥利万特上校是推动工作的灵魂。根据他的建议我们从伦敦街头征集 50 辆公共汽车，以便使海军陆战队尽可能灵活机动。我们很快便让英国分遣队惹人注目地出现在伊普尔、里尔、图尔奈和杜埃。虽然参与这些小规模行动的那些人最初是在阿斯顿将军领导下，随后当将军健康不佳时在帕里斯将军领导下冒了许多危险，但海军陆战队或本土军都没有发生不幸事故。他们在总计划中发挥了他们的作用，没有遭受损失和灾难。一个月后，当约翰·弗伦奇爵士军队的先头部队到达附近地区时，我怀着真正的宽慰心情将这个分遣队移交给总司令，卸去了虽然是次要的但仍感烦累的忧虑。

* * *

这一章以好运与成功开始，但是必然要以不幸告终。最早的战争命令是按适合战争爆发的形势设计的。它们以我们相信是最佳的排列方式把棋子放在棋盘上，然后布局凭经验加以修正。根据这些安排，第 3 舰队的第 7 巡洋舰中队由"酒神女司祭"级老巡洋舰组成（"酒神女司祭"号、"欧亚卢斯"号 [旗舰]、"克雷西"号、"阿布基尔"号、"霍格"号），她们以诺尔为基地，"以保证装甲舰在北海的南部进路和海峡东端入口处随时畅通，并从哈里奇支持在那个区域活动的第 1 和第 3 小舰队"。这些小舰队的目的在于"使 54 纬度线以南地区没有敌人的鱼雷艇和布雷艇"。巡洋舰队"支持小舰队执行这些任务，并与她们一起密切注视敌人战舰和运输船只，以便可以在最早时刻报告她们的行踪"。

于是，这种十分必要的巡航一天天保持下去没有发生任何事情。现在我们处于战争状态下已有 6 个星期了。在战时做任何重复的事情都是危险的。如果你不一再重复地做同一事情，那么你做许多事情都可以安然无恙。

192

处理舰队及其中队的日常活动不是我职责的一部分，我的职责只是总的监督。我观察和听取每一种有用的迹象，我有许多不同的信息来源。9 月 17 日在视察大舰队时，一个军官使用的词语立刻引起我的注意。他说的是"活诱饵中队"我查问它是什么意思，有人告诉我它指的是在明显连续的平静中巡航在狭窄海面上的这些旧巡洋舰。据此我检查了这个地区的整个局面。我把这个事情与蒂里特和凯斯准将讨论。第二天早上我向第一海务大臣寄去如下备忘录：

1914 年 9 月 18 日

大臣，第一海务大臣，

用于狭窄海面活动的海军力量应该有能力做小规模战斗，不需要投入大舰队。为此目的，这支海军力量应得到驻在希尔内斯的第二舰队 2 艘或 3 艘战列巡洋舰或战列舰的有效支持。那里是我们拥有的受到飞机和驱逐舰最有效巡逻保护的锚地。这些军舰可以停泊在水栅后面，当我们意欲攻击时随时可以出海。战列巡洋舰更为可取。

"酒神女司祭"级战舰不可继续巡航这条路线，这类战舰在任何情况下都不值得冒这样的风险。狭窄海域是离敌人最近的地方，应由少数性能良好的现代军舰守卫。

"酒神女司祭"级战舰应驶往海峡的西边进口，把贝瑟尔的战列舰和以后的威姆斯的巡洋舰抽出来用于护航及其他任务。

最早的4艘"曙光女神"级战舰应加入狭窄海面的小舰队。

我看没有充分理由把现在熟悉工作的这些小舰队与北方的小舰队交换防地。

由于"M"艇交付使用，她们应组成独立的半小舰队开往北方配合大舰队作战。

"艾尔弗雷德国王"号应交付任务，进行彻底修理。

路易斯亲王立即表示同意，向参谋长发布命令做必要的军力重新部署。对此我很满意，确信发布的命令将在最短时间内实施，我心头的石头放下了。可就在这个命令实施之前发生了灾祸。

在等待新制度实施时，海军部战时参谋部继续执行旧制度。秋分时节的气候非常不好，以致指挥"酒神女司祭"级军舰中队的将军命令驱逐舰小舰队返港。这位军官建议单独以巡洋舰继续在多格区域巡航。海军部战时参谋部在原则上默许这些安排，但在19日指示他注意第14号浅滩：193

多格浅滩巡航不需继续下去。气候太坏驱逐舰不能出海。安排巡洋舰注意第14号浅滩。

这份关于日常工作的电报当然不经我过目。但它未经过战时参谋部慎重考虑是不会发出去的。在波涛汹涌的险峻海面上，大风是这些狭窄海域的特色，这种环境对潜艇极为不利，它只能在极端困难和不完善条件下进行窥察。人们认为赶我们驱逐舰入港的恶劣气候也是阻挡敌人潜艇袭击的重要防护。

因此海军部及其将领同意让巡洋舰在没有它们的小舰队护卫的情况下留在海上。如果天气转好，本打算让蒂里特准将的一支小舰队在 20 日早上去那里与巡洋舰会合。可是 20 日海上依旧白浪滔天，由"无惧"号率领的小舰队不得不折回哈里奇。就这样整个 19 日、20 日和 21 日让 3 艘巡洋舰"阿布基尔"号、"克雷西"号和"霍格"号在狭窄海域保持守望，没有一个小舰队加以保护。"欧亚卢斯"号旗舰在 20 日必须返港为军舰添煤。乘坐此舰的将军嘱咐下属特别小心，然后让高级别的舰长指挥中队。他们在此时并不比在其他时候有更多的理由会受到攻击。相反，德国舰艇向北行动的谣传使得整个大舰队出海向南彻底搜索直到弗兰伯勒角与霍恩礁之间一线。在发给这些巡洋舰的命令与 20 日开始的海军陆战队旅从多佛尔到敦刻尔克行动之间也没有任何联系。这几艘巡洋舰只是执行其寻常任务，这种任务由于频繁的重复已变得很危险，无论如何她们很不合适执行这种任务。

21 日天气开始平静，蒂里特准将率领 8 艘驱逐舰再次出发去第 14 号浅滩，到 22 日破晓时已经行驶了许多里程。随着海浪消退，潜艇的危险重新出现。可是那 3 艘巡洋舰没有前来迎接它们的驱逐舰，反而缓慢地驶向北方，以不到 10 节的速度直线行进，就像它们以前常做的那样。与此同时，一天天变得更大胆的一艘德国潜艇悄悄地沿荷兰海岸南下。上午 6 点 30 分，才天亮不久，"阿布基尔"号被鱼雷击中。25 分钟内这艘旧军舰倾覆。舰上的一些小艇在爆炸时被击碎，几百名水兵在海水中游泳或紧紧抓住沉舰，她的两艘僚舰按照淳朴的骑士精神急忙去帮助下沉当中的军舰。她们在沉舰的数百码处完全停住，放下所有小艇拯救幸存者。就在这个时候她们本身也被同一艘潜艇击沉，先中弹的是"霍格"号，然后是"克雷西"号。这 3 艘军舰上 2 000

多人中只有800人获救，1 400多人遇难。这3艘军舰本身没有很大价值，她们属于第3舰队最老的巡洋舰，对于至关紧要的敌我力量差距并无很大影响。但像所有第3舰队军舰一样，她们几乎完全配置后备役官兵，大部分人是成家的男子；舰上还有年轻的奥斯本军事院校学生，为安全起见他们被安置在人们认为不会参加巨大战役的这些军舰上。这次残酷的生命损失，虽然比起陆军承受的损失来还是小的，但却是战争中海军遭受的第一次严重损失。这次事故大大刺激和鼓舞了德国潜艇的冒险精神。这位造成灾难的指挥官（韦迪根海军上尉）被欢欣鼓舞地宣称为民族英雄。当然，用他自己的手毁灭1 400条生命是人类历史上一件特殊性质的插曲，可是如后来的事实表明，他并没有活得长久以享受他那听了令人忧郁的名声。强烈的批评风暴冲着海军部，自然，批评集中对准我。"这就是一位文官大臣干预海军作战和推翻有技术、有经验海军将领的判断造成灾难的一个事例。"一本恶毒的小册子的作者[3]把他的著作尽力地流传于伦敦有势力的小圈子，毫不迟疑地以最直接的方式提出这个指责，[4]这个指责在整个英国新闻界以无数含沙射影的语言一再重复。可是，我认为不可能进行任何的解释或回答。

我敦促海军部对这次悲剧事件的责任开展最严格的调查。由此建立的调查法庭开始工作。法庭发觉那天巡洋舰所处位置的责任可归因于海军部战时参谋部19日的电报（上文已引用）。第一海务大臣认为这是下属法庭对海军部的非议；但在我看来，批评是公允的，它应该有效。可是，这样的结论还远远没有达到全面彻底。人们期待的是，指挥巡洋舰中队的高级别军官应自行判断任务的危险性，尤其是当任务不断重复不变时更应如此。当他们服从收到的命令时应明白地对海军部提出眼前令人不满意的状况，而不是一天天一周周地继续下去，直到上级的干预或可悲事件的发生。人们还指望在中队的战术行为中应遵照寻常的预防措施。此外，虽然促使"霍格"号和"克雷西"号拯救下沉的"阿布基尔"号的同志的念头是慷慨

195

的人道精神，可是他们做了最不聪明和更可能增加生命损失的事情。他们本来应该立刻向相反方向驶去，在最早机会出现时放下救生艇。

我将这些问题提交两个月后来到海军部的费希尔勋爵，但他简洁地回答说："大部分有关军官领取半薪；他们还是留在那里好；采取进一步行动没有什么有益的用处。"

注释：

[1]　见希尔将军著作，第52页。

[2]　后来"墨尔本"号由"邂逅"号接替。

[3]　作者是托马斯·吉布森·鲍尔斯先生。

[4]　托马斯·吉布斯·鲍尔斯先生写道："9月22损失了'阿布基尔'号、'克雷西'号和'霍格'号，有1459名官兵死亡，其原因是海军将军、准将和舰长提出警告，丘吉尔先生一概拒绝，直到从如此进行的巡航中召回她们已为时太晚，因此她们注定成为积极活动的敌人的鱼雷的牺牲品。"

第十三章　安特卫普与海峡各港口

德国人希望以一次大决战击溃法国陆军，从而在一次打击下结束　196
战争，自从这一目的必定失败时起，此前他们理所当然地不予重视的
所有次要的和附带的目的就具有重大意义了。随着激情下降，实实在
在的事物便重新得到它们的价值。"军队"和"国家"的斗争未能做出
决定性胜负，于是"地方"恢复了它们的重要意义，地理而不是心理
开始成为战线的主要目标。现在巴黎无法收获，海峡港口——敦刻尔
克、加来和布洛涅——依然未筑防御工事，最后安特卫普，就像是潮
水退去时露出的水下浸过的岩石，重新显露出了它在军事上的价值。

现在开始了战争的第二阶段。法军把德军从马恩河赶回到埃纳河，
在他们发觉没有能力以正面进攻把德军赶得更远时，他们继续伸展左
翼，希望从侧面包抄敌人。争取最早到达海洋的比赛开始。法军开始
把军队从右翼调往左翼。在战线后面从南锡急匆匆地挺进的卡斯泰尔
诺部队撞入皮卡第战役，它力争绕过德军右翼，结果使自己过于深入，
超出了法军的左翼。福煦的部队，一个军团一个军团地接连乘汽车或
火车陈兵在阿图瓦的战线；但环绕这支部队左侧的部分还重叠着大量
冯·马维茨的德军骑兵师，这样便形成了袭击与反袭击。双方军队进
入战斗时都投入了所有的人员和火炮，不停的炮击不断朝北和朝西移
动，不断向大海移动。

纠缠在一起的双方军队在什么地方达到海边？在海岸线的哪一点
上？哪一方的军队能绕过另一方军队的侧翼？是在敦刻尔克的北边还
是南边？或是在格拉沃利纳、加来或布洛涅的北边还是南边？不，还

要向南，甚至可以到达阿布维尔？一切都由总是在流动的战斗的冲击来决定。但作为最高目标，作为协约国一个安全而攻不破的侧翼，即最前沿的、最勇敢的、最宝贵的、光芒夺目的安特卫普，它只能坚持抵抗。安特卫普的价值相当于所有其余的港口，而且为所有其余港口提供保护。

安特卫普不仅是比利时唯一的堡垒，也是协约国战线西端的真正左翼。它保卫着一连串的海峡港口。它威胁德军在法国的两翼和后方。它是英国陆军可以在任何时候出现在对方敏感的必不可少的交通线的出入口。安特卫普未被占领时，德军想前进到海岸，攻击奥斯坦德、敦刻尔克、加来和布洛涅看来是不可能的。

德军最高司令部在马恩河战役失利后开始整顿和改革军队，从此占领安特卫普便成为他们最重要的目标。如我们现在所知，9月9日下午有人催促德皇下令攻占那个城市。28日前协约国对此一无所知。比利时军和德军一直沿堡垒线成对峙状态，没有发生重大的包围战或攻城战。但到28日德军突然向安特卫普外围线开火，使用17英寸榴弹炮发射了超过1吨重的炮弹。

比利时政府几乎立刻发出合理的警报信号。英国情报机构报告表明，德军很重视地围攻安特卫普，他们的行动并不是意在使比利时军全神贯注或保护交通线的佯动。从布鲁塞尔来的情报说，德皇已下令占领那个城市，这次行动可能要牺牲几千条生命，但命令必须服从。还报告大批德国后备部队正在列日附近集合。从所有这些报告看来，很明显，从敦刻尔克出动的我们英国小小的海军陆战队、公共汽车队、装甲车、飞机等等已经起不了什么作用。她们已不再需要对付德国乌兰的巡逻队或突袭部队了。大批敌军正逼近海岸地区，我们靠虚张声势的办法一直占有里尔和图尔奈已不能再维持下去。

比利时野战军约有8万余人，另加上大约7万的要塞部队。比利时陆军4个师保卫着安特卫普防御工事周边的南部，用第5师作为后备，有一个力量较弱的师守卫特尔蒙德。有一支约3600人的骑兵师驻在特尔蒙德西南，保卫安特卫普和海岸间的交通线。根特有一些志愿兵防守。

10月1日晚上，我们的大臣弗雷德里克·维利尔斯爵士报告，德军攻击并击毁了两个安特卫普主要堡垒并占领了堡垒间比利时军的堑壕，但比利时军仍坚守内特河两岸。基奇纳勋爵此时表现出支持先遣队和解救安特卫普的强烈意愿，并为此目的使用尚在英国的正规军，只要法军最终能协力合作。他已派遣炮兵和参谋军官去被围攻的城市。10月2日天刚黑不久，他促使爱德华·格雷爵士致电法国政府力劝他们积极干预。他说他们答应派遣的法国本土师力量不足，安特卫普形势非常糟糕；如果法国愿派军队，英国愿采取同样行动。他还说："要是霞飞将军在两三天内在法国打一场决定性的胜仗，其结果可以解救安特卫普；倘若不能，那么除非他现在就派遣若干正规军，否则就得考虑安特卫普的沦丧。"

直到此时我一直没有以任何方式卷入此事。当然基奇纳勋爵收到或发出的所有电报我几乎能即刻读到，并始终注视局势的发展。我热烈地赞成他为解救安特卫普所做的努力，我也完全分担了他的忧虑。我每天都能见到他。但我没有个人的责任，跟我也没有直接关系。此时我的印象是安特卫普形势糟糕，但没有即刻的危险，那个地方肯定能再坚守两周；同时通过基奇纳勋爵的努力和影响使法国发起重大战役，将使该地得到解救。就是在这种情况下，我提出在10月2—3日间离开海军部约18个钟头。

我应霞飞将军要求，计划在10月3日访问敦刻尔克，处理有关派往该地的海军陆战队和其他分遣部队的事务。2日晚11点钟，我在离伦敦约20英里处，正在去多佛尔途中，当时我乘坐的专车突然停住，没有任何解释便返回维多利亚车站。到达时有人告诉我，要我立刻去基奇纳勋爵在卡尔顿花园的住宅。到那里已近午夜，我发现除基奇纳勋爵外还有爱德华·格雷爵士、第一海务大臣和外交部的威廉·蒂勒尔爵士。他们给我看英国驻比利时公使弗朗西斯·维利尔斯于10月2

日晚 8 点 20 分从安特卫普发出、晚 10 点到达伦敦的如下电报：

> 比利时政府已决定明天离开这里去奥斯坦德，这次行动是根据有国王出席的最高战时委员会做出的一致建议采取的。国王与野战军一起撤退，由先遣部队先行，明天开始向根特方向进发以保护海岸线，他们希望最终与协约国军协同作战。王后也将离开。
>
> 据说这个城市将坚守 5 或 6 天，但当朝廷与政府离去，抵抗持续这么久似乎极不可能。

199

我知道，我的同僚惊愕地得知这个消息后，就此讨论了半个小时。形势变坏得这么快是完全意想不到的。安特卫普这个巨大要塞和城市拥有三道堡垒线和泛滥的海水，有全部比利时野战军的保卫（人数上肯定不少于在附近地区的全部德军），竟在 48 小时内瓦解，这在我们所有人看来不但可怕，而且不能理解。当法国和英国为解救该市的准备正在进行，当相当大的生力军无疑可以有效地聚集在海峡两边之际和霞飞将军甚至能答应基奇纳勋爵电报要求之前，竟发生了这种事情，的确太可怕，令人难以忍受。我们在迷惑和痛苦的心绪中你看我，我看你。在最后几个小时内到底发生了什么事情使比利时人如此绝望？我们在那天下午收到达拉斯上校发来的最后一份电报还说："昨夜形势未变，德军没有向前推进。报道的德军大屠杀激起了比利时人的斗志，他们打算在圣凯瑟琳堡邻近发起反击。"而现在晚 10 时的电报却宣布要立刻撤离和宣告即将发生的陷落！

在之后年份里那些回顾这个可怕时期最初大震动的人，很容易以事后锐利的目光和后来积累的经验对当时所做的和未做的事情做出深明事理的判断。常常有一个有力的理由使人们不做任何事情，尤其是不亲自做任何事情。但对于午夜在基奇纳家里碰头的几个大臣来说，很显然有责任弄清楚当拯救安特卫普的措施可能就在手边时，是不是有充分理由丢掉安特卫普。我强烈主张我们不应不做斗争就让步；我们决定联合给 F. 维利尔斯如下电报：

1914 年 10 月 3 日上午 12 点 45 分

安特卫普的重要性有理由让我们采取进一步行动，直到决定
在法国进行重大战役。我们正努力从主力部队分一部分兵力帮助
你们，如果可能，我们将从这里派出更多的增援力量。同时一个
旅的海军陆战队明天将到达你们那里支持防御。我们强烈主张你
们做进一步斗争坚决守住城市。即使短短几天或许便可以使局势
改观。我们希望政府有可能留下来，野战军有可能继续战斗。

另一方面，我们每个人都想到，在对当地局势不是全面了解的情
况下，力劝比利时政府坚持抵抗，这种违反他们深思熟虑判断的主张
是危险的——即使援军部队不成问题，在给定的日期和明确保证之前
我们还有大量事务有待安排与决定。我们面临困难的抉择：要么在极
仓促时间里和在不完善信息的基础上做出有深远重要性的决定，要么
完全相反，顺从地让安特卫普落入敌人手中。

在这种环境中，自然而然的决定是，了解总体形势的某位当权者
应迅速去安特卫普，到那里查明情况确定应做哪一种抉择。由于我已
经决定第二天早上去敦刻尔克，这个任务就交付给我；基奇纳勋爵表
达坚决的愿望要我去；第一海务大臣同意我外出时部务由他单独负责。
此刻是早上 1 点半。我即刻去维多利亚车站，上了在那里等候我的专
车，再次出发去多佛尔。在我离开基奇纳勋爵前几分钟，他接到对他
10 月 2 日电报的回电。法国外交部长允诺将毫不延迟地派配备炮兵与
骑兵的两个本土师去奥斯坦德以救援安特卫普。除此之外，在主战场
上法军将向前推进。得到这个消息后，基奇纳勋爵专心投入英国援军
的集中和组织工作。

与此同时，爱德华·格雷爵士在 10 月 3 日上午 1 点 15 分打电报
给比利时政府说，丘吉尔于 3 日早上到达，要求他们将最后决定的执

行推迟到那个时候。收到这个电报的比利时战时委员会在 3 日黎明时
开会，暂缓执行撤离安特卫普的命令。

* * *

我直到下午 3 点后才到达安特卫普，立刻拜访了比利时首相。布
罗克维尔先生是个精力特别旺盛、思想和言词特别清晰的人。在决定
不向无理侵略屈服的关键时刻，他应召为比利时国家掌舵。他精确地
向我解释当时形势。德·吉斯将军（要塞司令官）同时补充他的看
法。外围堡垒一个接一个被攻破。德国庞大榴弹炮的 5 或 6 枚炮弹足
以击坏堡垒的基础，炸死即使是在最深掩体里的守军，并炸裂大炮的
炮床。现在内线堡垒正在遭受同样的攻击，想不出什么办法阻挡堡垒
以大约一天一个的速度被摧毁。军队精疲力竭，士气低落，这主要由
于他们为协约国冒这么大风险而协约国没有丝毫援助的迹象，长期来
全凭他们独自支撑。每种物资——枪炮、弹药、探照灯、电话、掘战
壕工具——奇缺，城市的水供应被切断。在城市巨大人口中出现许多
德国同情者的谣言。任何时候前线都可能在巨型大炮轰击下被攻破，
而这种炮轰此时仍在进行。但这些仅是危险的一半。比利时民族的生
存和荣誉不取决于安特卫普，而依仗于军队。丢失安特卫普是灾难性
的，如果再失去军队将是致命的。由于中立，斯尔德河已被封锁，唯
一的撤退路线是与荷兰边界和与海岸线平行的一条危险的侧翼通道。2
个比利时步兵师和 1 个骑兵师正竭力把德军从这唯一的撤退路线赶走。
可是压力在增加，登德尔河一线也不再安全可靠。如果根特在比利时
军队平安撤退前陷落，那么前途只有毁灭。

在这种环境下他们决定第一步撤退到斯尔德河左岸据称有堑壕营
地的地方，也就是说向他们的右边撤退；第二步朝同一方向经过根特
向协约国军的左翼靠拢。这些命令由于接到英国政府电报而暂停执行。

我于是说明基奇纳勋爵的计划，说出可用于支援比利时军的英、

201

法军队数字。我强调他们应该坚守这个城市，尽可能长久地延缓德军前进，放弃撤退军队的想法。我指出，临海侧翼作战的结果尚未最终决定，但我们的大军一天天接近比利时。我问，提到的援军如果确实派出，是否能影响他们的决定。他们回答说，这是一个新情况，要是这种帮助来得早一点，事情可能就会是另一种样子。即使到现在，如果比军的撤退路线得到根特附近的协约国军保护，他们也准备继续抵抗。于是，在他们的同意下我起草了一份给基奇纳勋爵的如下电报：

安特卫普，1914 年 10 月 3 日晚 6：53（晚 9：45 收到）

经双方确认，我与首相布罗克维尔先生做如下安排，比利时政府现在进行一切准备至少抵抗 10 天，并尽一切力量采取任何相关措施。3 天之内我们要明确说明我们能否为援助他们发动大规模陆上战争以及何时可能实施。如果我们在 3 天之内不能给他们大量支持的满意保证，他们有完全自由（如他们认为合适）放弃防卫。在这种情况下，要是他们愿撤走野战军，我们（虽不能发动大规模战争）将派遣掩护部队到根特或撤退路线上的其他地方，帮助他们撤退。如此，他们尽全力保卫安特卫普时损失的一切物资，我们在帮助他们撤出时将尽可能补偿给他们。

而且，我们同时以各种较小方式帮助他们局部防御，如枪炮、海军陆战队、海军旅等。

我提出的条件都是实际的，以避免不惜任何代价承担我们不能承担的责任；同时避免匆促说明我们能派出什么部队进行大战。如你第 7 号电报（给达拉斯上校）指出，你能够做得比这好得多，并在 3 天之内给予确定的允诺，但至关重要的事情是比利时政府和军队应立即重新振作投入保卫祖国的事业。

此刻敌人进攻的压力很大，不彻底的应付办法是不适用的，但首相通知我，他们相信能坚持抵抗 3 天，很有把握坚持 6 天，

202

将努力争取 10 天。

如果采用这样的安排，将有必要的时间平静地解决问题。

两千名的海军陆战队将于今晚到达。

我将在这里停留到明天。

我将此电报读给比利时首相听，他说我们意见完全一致，但应得到现在正在召开的大臣会议的正式批准。

如果你确认这些建议可行，望给海军如下命令：立刻派两个海军旅（剔去刚入伍新兵）经过敦刻尔克进入安特卫普，携带 5 天口粮和 200 万发子弹，但不带篷帐或许多辎重。

他们何时可到？

当天下午和第二天早上在等待伦敦的回答时，我外出检查前线。繁茂树叶遮蔽的乡村绝对平坦；头顶上隐约显现新月形的德国系留气球；不断的炮轰；看不到步兵的攻击的迹象；防守部队疲劳而沮丧。要得到一个清楚的看法，从而懂得实际在进行的是何种战争，是非常困难的。可是我们终于能够到达真正的大水泛滥地区，再外边就驻扎着敌人。由于水有 1 英尺深，双方都不可能在这里挖掘战壕。比利时哨兵蹲伏在灌木丛后面。此刻没有步枪射击，但有许多炮弹在头顶上穿越，飞向比利时防线。

虽然德军在安特卫普的炮火在任何时候都不能与后来在西线目击的大规模炮轰相比，但它无疑是猛烈的。比利时军的战壕又宽又浅，对于疲乏和往往缺乏经验的军队来说，很难起保护作用。当我们从大水边缘沿着石铺大路往回走时，看到了大路两边可怕的景象，巨大的三四颗齐发的炮弹带着浓烟在几个掩蔽工事内或在其附近一起爆炸。而一支援部队正以相当紧密的队形爬入工事。每个突出的建筑物——庄园、塔楼或风车房——不断地遭到轰击；榴霰弹沿着道路爆炸，道路左边半英里外一处树林环绕的建筑物看起来有一块块的白色斑点。至少需要两或三天时间来建造标准的胸墙或建造合格而且抽干了水的堑壕或射击掩体。在此之前起作用的主要是围栏和房屋，而无效的战壕仅仅是引诱炮弹的目标。

在尚不知道的大战来临以前，安特卫普战事提供了这样的战例：攻击部队一般不采用正规包围战，而是先使用排炮轰击，然后以井然队形通过永久性堡垒线。一个继一个堡垒被两或三门大型榴弹炮轰塌；一条接一条浅战壕被野战炮弹扫清。人数不多、训练粗糙、品质低劣的德国步兵，小心翼翼地跟在这些钢铁足印之后，成群地、摇摇摆摆地向前进入"欧洲第二坚固的堡垒。"

随着德军炮火接近这个城市，炮弹开始每天落在新的地区，从被毁的家逃出的乡下人沿着道路可怜地慢慢移动，人群中散布着掉队士兵和伤员。安特卫普本身保持着奇特的平静，日光照耀下的街道上到处是怀着忧郁心情倾听远处炮轰声的人们。这个富裕文化古城的尖塔和柱廊、沿斯尔德河高大宽广的仓库、"有各种各样现代设施"的豪华饭店、一般的富足与文明的生活气息，给人以与即将发生的事实截然相反的宁静安全的印象。它是一座处于昏睡状态的城市。

直到4日早晨海军陆战队才到来，并立刻进入战线。当天晚上我去着望他们时，他们已在利尔郊外与德军交火。在这里我第一次见到德军士兵逐步推进或飞快冲过街道。海军陆战队从阳台上用机枪扫射。步枪的闪光和机关枪口有节奏地射出的成串火光，在猛烈爆炸声和子弹呼啸声中照亮了战争场面。 204

乘汽车20分钟后，我们回到暖和与光亮的欧洲最好之一的饭店，饭店里陈设完美的餐桌和服务周到的侍者一切都与平时一样！

* * *

4日早上收到英国政府给我的答复后，我立刻把它转给布罗克维尔先生：

基奇纳勋爵致海军大臣

为解救安特卫普，我将如下安排远征部队：

英军

第7师18 000人、炮63门，由卡珀将军指挥。骑兵师4 000人，炮12门，由宾将军指挥，于10月6日和7日到达泽布吕赫。海军分遣队8 000人已到那里，由阿斯顿将军指挥，又海军和陆军重炮及分遣队业已派出，随后将通知总部参谋部。

法军

本土师15 000人，合适配置火炮及两个中队，由鲁瓦将军指挥，10月6至9日到达奥斯坦德。燧发枪海军陆战队旅8 000人，由海军少将军罗纳克指挥。总计53 000人。人数大体上正确。

上午10点30分路易斯亲王也发来一电：

海军旅于下午4点在多佛尔登船去敦刻尔克，他们将于晚7、8点钟间到达那里，所带给养和军火如你来电中所示。

现在，问题进入纯粹行动阶段。安特卫普能抵抗敌人攻击直到法国和英国援军到达吗？其次，如果能坚持，那么在安特卫普和根特的9或10个协约国师能遏止德军直到每日从南部向前推进的主战场大军的左翼与他们会师吗？在那种情况下，在西部的协约国军战线可能会慢慢移经安特卫普、根特和里尔，所有这一切在几天里、甚至在几个小时里就要开始。

从双方参战军队人数上判断，协约国军获胜的机会似乎较大。从纸面上看，协约国军的人数几乎是敌人两倍。可是比利时军有太长时间没有收到援助和慰问。他们依赖的堡垒天天被击毁、敌人性能优越的大炮凶狠地和不停地轰击、他们对后撤路线的担忧、自从开战以来他们遭受的残酷的损失和打击，这一切摧毁了他们的信心，耗尽了他们的力量。

当务之急是坚持安特卫普的防御，顶住整个南边战线遭受的敌人不断的炮轰。在河后边的阵地能够筑成强固的工事。它在许多方面潜在地要比伊塞尔防线坚强，两周后这同一支比利时军，尽管又遭受进一步的损失和打击，但他们沿伊塞尔防线进行了最顽强、最光荣的抵抗。可是面对显然无法抵抗的炮击而产生的沮丧和孤独感，还是令人不寒而栗。

不过与此同时，援助突飞猛进，海军陆战队已经来到前线。铁甲列车装载海军炮和英国水兵于4日早晨参加战斗。当天晚上两个海军旅到达敦刻尔克，预定在5日晚上进入安特卫普。在比利时参谋部的特别要求下，他们散布在比利时的各个师中间，以便给比利时士兵鼓励和援军立刻就到的保证。

英军第7师和第3骑兵师带着路易斯亲王的命令，不顾敌人潜艇大胆渡过海面，从6日早晨起在奥斯坦德和泽布吕赫上岸。法军在勒阿夫尔登船，罗纳克将军及其8 000燧发枪水兵[1]已登上火车去敦刻尔克，只要安特卫普能坚守……

与此同时也必须记住，约翰·弗伦奇爵士秘密地从埃纳河抽调出一支英军，绕过法军战线后边到达圣奥梅尔，打算袭击里尔，打击德军右翼。每天有大量德军被阻拦在安特卫普之前，这有助于掩护弗伦奇的军队下火车和部署，增加其成功机会。但形势对比利时军也变得日益严峻，如果德军成为重大战役的胜利者，比军就有与协约国军隔绝的危险。

这种可怕形势引起人们的忧虑与不稳定情绪，一来是由于比利时首脑人物的态度，此外还由于德军的实际进攻危及安特卫普防线和精疲力竭的守军。但比军固有的坚决与冷静使抵抗延长了重要的5天，206
虽然安特卫普的防线在有效援助到达前被攻破，但比利时野战军安全地撤出，这是值得注意的成就。

国王与王后在这些紧张和不幸日子里的态度是崇高的。作为一名庄重、镇静的军人，国王主持国务会议，激励军队和指挥官，在王国的废墟中保持不可征服的尊严，这种印象将永远留在我的心中。

同时基奇纳勋爵和路易斯亲王继续从伦敦发出必要的命令。

现在我觉得突然意想不到地被深深卷入了可能还要继续一段时间的、非常可怕和极端严峻的当地危险局面。我还要为这个城市遭受炮轰和将皇家海军师的那几个没有经验的、部分武装的和训练不全的营卷入战斗负直接责任。我感到有责任要将事情负责到底。另一方面，让海军部没有一个大臣是不对的。于是我于4日致电首相，提出让我负正式的军事责任，率领在安特卫普的英军并正式提出辞去海军部大臣的职务。这个意见未被接受。后来我得知，基奇纳勋爵书面提出意见，认为我应该辞职，但相反的意见占多数。我当然没有理由对他们这样做感到遗憾。政府通知我准备派亨利·罗林森爵士来这个城市，在他到达前，我应尽最大努力把事情办好。

10月5日是个继续战斗的日子。形势每小时都有变动。当天晚上我去设在利埃尔路上的帕里斯将军司令部，目的是请他指挥即将到达的其他两个海军旅。这条路上的炮弹爆炸现在更频繁。在我步出汽车时榴霰弹在头顶上爆炸，把一个人击倒在我脚下。当与将军围着村舍桌子讨论时，整幢房屋因附近炮弹爆炸而不停地震动，爆炸的闪光照亮窗户格子。在这样的环境中帕里斯将军从海军部代表手中接过皇家海军师的指挥权。他注定要掌握这个师来建立如此之多的荣誉，直到3年后在战壕中不幸受伤。这是大战中一位皇家海军陆战队军官行使的最重要指挥权。

5日战斗的总结果提高了我们的信心。1个营的英军和9个营的比利时军的反击把敌人赶了回去。以前丢失的所有阵地重新占有，内特河防线几乎重新建成。午夜在比利时军司令部，我在那里看到吉斯将军收到从各方面打来的令人高兴的电话。但敌人成功地守住了过河的立足点，似乎可以肯定他们当夜就会搭桥。因此吉斯将军决定在夜幕掩护下做进一步的反击，希望把敌人全部赶过河去。

我上床前已是两点钟，近 4 天时间里我一直以极小间隔在会议上、在前线、在不明确但有直接责任的环境中活动、思考和做事。可以肯定形势有所改善。内特河防线实际上未受损伤，正面前线未被攻破。海军旅比我希望的迟一天即明天早上就可到达。部队从陆路和海道加快前进。所有不同的个人和机构现在认准同一道路，为同一目标工作。法国与英国、海军部与陆军部、比利时政府与比军司令部全都面朝同一方向。罗林森明天将到达，我的任务将结束。但明天会出现什么情况？此刻我十分疲倦，深沉地熟睡了几个小时。

战斗整夜在继续，但在 9 点钟前得不到明确的报告。在比利时军司令部，他们告诉我，昨晚比军攻击受挫而德军反攻激烈，比军非常疲倦，沿内特河情况不明。帕里斯将军和海军陆战队也参加了激战。海军旅业已到达下了火车，现在正开往战线上指定的阵地。但战线在哪里？把这些受过部分训练和装备低劣的军队放入战壕是一件事，但使他们参与流动作战的战术是另一件十分不同的事。他们带着步枪和大量弹药坚守在战壕里，热情而坚定，很难将他们赶出去，但他们不善于机动作战。在我看来他们应等待一下，到我们弄清楚前线发生什么情况再采取行动。帕里斯将军与他的旅正与敌人短兵相接，没有办法接过整个部队的指挥权。因此我有必要发出个人的命令。我坐汽车去比利时司令部，告诉吉斯将军这些新到的军队必须有固定的作战阵地，如果只是零星地流动作战那就浪费了。我建议叫他们留在比原来指定地近 4 英里的地方，把那里作为正在后退的比利时军的后援和重新集合线。他认为这个办法聪明合理，于是同意了，我亲自去察看，促使这个命令完全执行。

人们离开城门时，伤兵和逃难者的人流拥挤不堪，这不利于作战。208 敌人野战炮的炮弹经常落在大道上和村子里，那些地方昨天还在射程以外。我们一点也不知道哪里是逃难者人流的终点和追赶者人潮的始点。无论如何到大约正午时分，3 个海军陆战队旅与比利时后备军集合在一起，大步行进在孔蒂什至弗雷姆德一线的安特卫普至利埃尔的大道上。

在这种情况下我们等待下一步发展，预期会遭到立刻的攻击。使我们稍感轻松的是，德军没有打扰3个比利时师的撤退。他们在积蓄力量，调集并再次使用他们作为主要依靠的无情的大炮。由于没有出现德国步兵也没有开始密集炮击，海军各旅依次地向前移动，在离敌人停止前进处较近的地方建立阵地。我留在利埃尔大道的战线上。大约5点钟时亨利·罗林森爵士在这里与我会合。

正如预料，将军对局势采取坚定的观点，一点也不愿意放弃关于已受严重压力的安特卫普前线和交通线问题的争论。事实上我发现在这个军官身上（我认识他已有多年）有一种天生的、直觉的、反对默从敌人意志的反抗心理，这在军人中是最有价值的品质。这种思想感情也可在前英国驻比利时武官布里奇上校身上发现，他从约翰·弗伦奇爵士那里来到此处。7点钟时，在王宫召开由国王主持的战时会议上，我们申明英国政府有准备且有能力准时和全面履行我们两天前做出的保证。但比利时首脑人物深信，即使沿内特河一线的安特卫普前线可以恢复，它们的交通线也已非常危险，所以他们必须毫不迟延地恢复3天前中断的军队撤到斯尔德河左岸的行动。他们认为，在那里能与英、法任何援军会合，同时保证他们自己安全地撤向根特，他们已于9月4日派1个旅增援根特。我们不必与他们争论，事情的发展表明他们是对的。罗林森将军与我于当晚一起离开这个城市，经过焦急地驱车赶路（在路上听到许多谣言）后，我在奥斯坦德登上"关注"号返回英国。

比利时野战军离去后，此后对安特卫普剩余战线的防卫留给守堡垒的比利时第2师和英国3个海军旅，他们要坚守他们的战线，抵御人数相当于超过5个德国完整师的敌人。它们是第5后备师、第6后备师、第4混成海军陆战师、第26师、第37师以及第1巴伐利亚战时后备旅。

7日午夜德军将炮队向前推进，开始轰击安特卫普城和内线堡垒，堡垒在炮火中倒塌，大量平民连夜外逃，在四周大火的照耀下越过斯尔德河桥到空旷乡村，再沿着大道走向根特或进入荷兰。敌人的攻击不断进逼，大家认为该城的壁垒的防守熬不过 8 日晚上。比利时师和英国海军旅当晚撤出安特卫普，平安渡过斯尔德河，开始由公路和铁路撤向根特和奥斯坦德。两个英国海军飞行员 [2] 使出回马枪，经长途飞行后炸毁了停在杜塞尔多夫库棚内的一架齐柏林飞艇，并轰炸了科隆火车站。德军巡逻队采取许多预防措施后于 9 日傍晚进入安特卫普，10 日退到一个幸存堡垒中的勇气可嘉的市长停止了抵抗。

* * *

该市的抵抗延长了 5 天。那么是否为法军与英军争得时间将自己的左翼放置在那个要塞上，并阻止德军沿安特卫普—根特—里尔一线到达沿海地区？这不但取决于当地的战斗，而且取决于一系列标志着向海滨赛跑的翼侧延伸战役的结果。倘若法军在佩罗讷附近取得决定性胜利或英军在阿尔芒蒂耶尔那边和邻近里尔取得决定性胜利，本来会展现出这样的前景。法国高层权威人士做结论说，从法军战线中央和右翼向其左翼的一次更迅速因而无疑更大胆的部队转移——"看前面 60 公里而不是 25 公里"，和总的说来在马恩河战役胜利之后，立即更有力地向德国做翼侧包抄以及在埃纳河俘虏敌军，本来很可能阻拦敌人到达海滨，甚至可以把他们挤出被占领的法国的大部分领土。可是事实上法军与英军未能运用军力成功地包抄敌人的侧翼。阿尔贝战役、拉巴塞战役和阿尔芒蒂耶尔战役都没有产生决定性的结果；不能到达佩罗讷和里尔，战线只是向西北延长。守住安特卫普本该是犒赏主力军胜利的最有价值的奖品。抵抗的时间越长他们失败的影响越小。在安特卫普的任何事情取决于向南进军的胜利，可是这个胜利未能获得。不过现在可以看清，我们的努力取得了卓有成效的显著成果。210

安特卫普的陷落使包围它的军队腾出手来。1 个德国海军陆战队师在 10 月开入该市 [3]，其余德军各师已经向南和向西进军进行追逐，希望截住比利时军。但一场突然袭击等待着他们。

9日晚，渡过登德尔河的德军在梅勒和梅雷尔贝克与法国燧发枪海军陆战队遭遇，10日那天他们发觉面对不知有多少力量的英国正规军，后者的巡逻队从根特出来探索着道路向前迎击德军。第7师和第3骑兵师根据10月4日英比协议第4条登上战场。从根特出发的英军、法军和比利时军就这样威胁了德军重要的左翼，而后者正企图切断北至荷兰边界的协约国军队的行动。

面对不确定的军队人数，面对海上登陆的种种可能性，德军停下来集中他们的力量。他们知道英军主力已离开埃纳河。它在哪里？它将在何处重新出现？如此有信心地屹立在他们进军道路上的这些英国正规军是什么部队？ 12日当德军认为已强大得足以向根特进军时，整个比利时野战军已平安地通过危险地点，只有一个中队被德军截住。在这种复杂的战斗中胜利的德军变成了旁观者。

在9—10日夜里只有力量较弱那部分德军冒险越过洛克伦干扰了安特卫普守军的撤退。比利时第2师和英国3个海军旅中的2个平安无损地渡过难关。可是为后边那个旅安排铁路和做其他布置的命令却被误解了，大约有两个半营的极度疲乏的军队由于一个命令的误传有几个小时迷失路途，被引导越过荷兰边界，对于当时复杂的环境，只有知道他们困难的那些人才有资格做出评判。

在英国政府决定援助安特卫普的时候，正确估计在比利时北部的全部德国野战军为4或5个师。但在该市投降前和英军仍在根特时，德军一支巨大而出乎意料的力量开始显露出来，从安特卫普陷落时起这支德军是对付协约国军左翼的，其目标是加来。除了已完成任务的攻城军和威胁安特卫普交通线的部队外，在德国新组建并集中在比利时的德军不少于4个新军团（第22、23、26和27军团），它们已经可供使用。从10月10日到10月21日，与这支可怕军队对峙的只有疲劳的比利时军、燧发枪海军陆战队和英国第3骑兵师及第7师。德军小心翼翼地进军，也许是由于他们不能肯定英军在哪里以及英军的意图，另外德军还害怕英军可能从滨海侧翼发动对德军右翼的进攻。但无论如何，事实依旧是，因为这个原因我们获得了伊塞尔和永远光荣的伊普尔的胜利。

简单地检查一下日期我们就能知道协约国逃避造成的危险有多么巨大。安特卫普在比利时野战军最后 1 个师离开该城 24 小时后陷落。如果比军撤离发生在 10 月 3 日或 4 日，该市就会在 4 日或 5 日被放弃。这样就没有在根特的英军第 4 军[4]或燧发枪海军陆战队掩护比利时军撤退。假设比利时军没有援助也能平安撤退，这样的行军就会使他们与他们的追赶者德国人于 10 日同时到伊塞尔，那么在伊塞尔的情况就什么都不一样了。约翰·弗伦奇爵士的部队就不能在阿尔芒蒂耶尔以北与敌军交战直到 15 日。他在圣奥梅尔下火车等等的事情在 19 日以前就不能完成。道格拉斯·黑格爵士与他的第 1 军团也就不能在 21 日以前到达伊普尔以北战线。如果围城德军在 5 日就完成任务腾出手来，在已有大量增援部队跟随下立刻前进，那就没有任何力量能拯救敦刻尔克，也许还有加来和布洛涅。敦刻尔克的失守是肯定的，加来和布洛涅也是有可能陷落的。事实上这需要 10 天时间，而我们赢得了这 10 天时间。

* * *

下一步我们必须毫不停歇地对付强大德军向海峡各港口发动的进攻。德军从围攻安特卫普撤下来的 6 个师以及英国和法国参谋部无论如何意想不到的幽灵般出现的新编 8 个师，像双排桨一样以波涛之势滚滚向南前进。比利时军忧郁的队伍成群后退沿海岸去往伊塞尔。罗林森将军率领第 7 师和第 3 骑兵师熟练地摆脱庞大德军（当时不知道有那么庞大），在每个地点都逗留到最后一刻而没有与敌军打大仗。他在 10 月 15 日到达伊塞尔的附近。[5]与此同时，约翰·弗伦奇爵士的部队在圣奥梅尔下火车，他满怀希望地相信他正在绕过德军右翼，穿过阿尔芒蒂耶尔趋向里尔，他给风暴即将从头顶来临的罗林森发布紧急命令，叫他协同前进占领梅嫩。意图解救安特卫普的法军和法国增援军的先头部队竭力试图堵住罗林森军和比利时军之间的空隙。堤坝被打开，大股洪水开始出现。在这种情况下，从拉巴塞邻近地区起到伊塞尔河口的滨海地区形成了一条单薄的、组织不严密的、但却是连续的、新的协约国战线。在这条与敌军实际战斗中发展壮大和巩固起来的战线上，现在将打响西线的第三大战役。

这些事态的发展在很多方面涉及海军部。罗林森的军队在强大优势敌军前所处的地位是危险的，有一段时间我们准备用船只接他们回来。我们辛劳地尽可能从被毁损的比利时抢救一切。必须召回皇家海军师重新装备、重新组织和重新恢复中断的训练。海军部派遣的交通工具——飞机、铁甲列车、装甲车、运输汽车等——在前几个星期中，我曾用来掩饰重要海岸地区的无设防情况，这些工具现在可以全部归给英军支配。

10月16日霞飞将军致基奇纳勋爵如下电报：

现在战争扩展到奥斯坦德和向前推进的敦刻尔克防线之间的北海海岸，两支协约国海军参加这些战斗以支持我们的左翼和使用远程大炮轰击德军右翼是很重要的。海军司令官此时应通过敦刻尔克长官与福煦将军协同作战。

我们立即接受这个任务。

第一海务大臣致约翰·弗伦奇爵士

1914年10月17日

因天气不好炮舰延期到达，但从18日凌晨起将就位。同时8艘驱逐舰将在17日下午4时与5时之间到达侧翼，2艘侦察巡洋舰1个钟头后到达。已嘱咐它们与在尼乌波特码头的布里奇上校联系。

我们将于明天派装有8门12英寸大炮的2艘战舰去敦刻尔克 213
近岸锚地以保护堡垒及其海岸通道。

我们立即着手支援协约国军左翼的工作。我把这个需要第一流军官的工作委托给此前一直担任我的海军秘书的胡德将军。现在他在多佛尔司令部任职，我任命奥利弗将军接替他的职务。18日3艘前巴西炮舰——改名为"亨伯河"号、"默西河"号、"塞文河"号——由4艘驱逐舰护航来到敦刻尔克，开始了一系列在比利时海岸的海战。

找到大量不同级别舰只以保护陆军侧翼并不困难。除3艘炮舰外，从多佛尔调来的多艘驱逐舰已随时可以使用。还有许多旧战列舰，这些军舰在一定潮位时能泊在合适位置进行轰击。此外还有侦察级军舰，现成可用的有7艘，新近全都重装了性能极好的4英寸炮。但海军部的弹药储备单纯以海战需要为基础，海战是难得发生的，而且也不是所有军舰都能在海战中存活下来。一星期接一星期炮击比利时海岸的德军阵地，也许要连续几个月，这使得对我们弹药贮存的需求有了完全不同的性质。我们不得不主要根据军舰发射弹药的等级来选择军舰，即选择那些能够用完旧弹药的军舰以及价值极小、以致我们不吝惜用尽它们全部弹药的军舰。随着10月份行将结束，我们搜尽了各个码头，征集所有装有任何种类大炮的每一条小军舰，甚至最小的有炮的辅助舰，40年舰龄的250吨炮艇也都被部队征用，我们利用这种或那种方法使炮轰继续保持了下去。

显然这种战斗必定会继续下去，尽管有潜艇的不停攻击。此外我们必须准备向德国巡洋舰和驱逐舰做突然攻击。我们信任蒂里特海军准将率领的"哈里奇打击力量"，它能在德舰进攻时保护我们，或者在敌舰返程时予以惩罚。17日，德国人既想伤害对方又怕遭受打击，在左右为难中，他们打破所有军事教科书上的戒律，从埃姆斯派出4艘小驱逐舰的微薄力量沿荷兰海岸南下，它们几乎立刻就被准将击溃，参战的英舰有轻巡洋舰"大胆"号和驱逐舰"长矛"号、"伦诺克斯"号、"军团"号和"忠诚"号。

214　　从 10 月中旬起德国人开始看到大海。泽布吕赫最早被占领，其次是奥斯坦德，接着是一英里接一英里的沙丘和高尔夫球场以及海岸上悦目的亮丽别墅都被入侵的战争吞噬。在第一次与新的力量对等交手中，这个陆上怪物犯了几次鲁莽的错误。显然由于对军舰炮火威力的蔑视，德国人竟在露天海滩上部署大炮，向我们的侦察舰和驱逐舰开火。这种实验只做了一次就收场。一个瑞典作家斯文·黑丁博士此时正好在德国陆军中，他吹捧他们，卑躬屈膝地在他深信是世界征服力量之前点头哈腰，他描写了最好的奥斯坦德饭店餐厅中的情景。房间里挤满刚刚开到的入侵军的饥饿军官，他们全都坐下来享受美餐。

"一艘驱逐舰刚离开其余舰只，它与海岸平行，尽可能接近岸边，全速驶往奥斯坦德。不久另一艘驱逐舰出现，跟在第一艘的后面。它们想做什么，这些恶棍？听得到大声说话声——这是一件绝顶放肆的行为，还像这样驶到我们鼻子底下。显然它们在侦察，但多么傲慢无礼！他们必然知道我们占领着奥斯坦德！噢！它们怀疑在内港有潜艇和驱逐舰，想知道能否从外边侦察任何事情！……令人震惊的傲慢。两门小型德国炮急忙抬起炮管。'它们要开炮？'我问。'噢，是的，它们准备开炮，'……第一发炮弹射了出去……德国炮弹立即爆炸，两艘驱逐舰掉过头来朝向港口同时开炮。它们的大炮似乎正对着我们发出闪光。……"

结果突如其来。曾是"欧洲最优雅场所之一"的这家餐厅被炸成冒烟的毁灭与死亡的废墟。

德国陆军和英国海军就是以此种方式第一次进入彼此较量。

*　　　*　　　*

同时沿伊塞尔河的战斗开始。再次阅读这些天来来往往的简短而重要的电报，我再次感到战事在继续，精疲力竭的比利时军拼命地抓住尚在祖国手中的最后几英里土地，保护在菲尔讷枪林弹雨中的他们无所畏惧的国王与王后；法国军队急匆匆赶来，但数量很少；英勇的海军陆战队员手持燧发枪壮烈战死，幸存者不到五分之一；我们的小型军舰噗噗地沿海岸行驶，水底下有潜艇的攻击，岸上每天有重型炮弹的轰击；大水缓慢地上升，仁慈的起保护作用的大水一小时又一小时、一英寸又一英寸地在模糊的比利时战线与向它扑来的残酷怪物之间上升；我们的军队一直在人数差别悬殊的情况下作战，10天、20天、30天，从伊普尔到阿尔芒蒂耶尔没有任何增援，没有得到一个士兵或一支滑膛枪。每天晚上布里奇斯上校从菲尔讷比利时军司令部与我通电话，每天晚上我们都感觉到，这可能是他从那个地点最后一次打电话。只是在非常缓慢地接近10月底的时候，人们才开始觉得法军和比利时军已牢牢掌握了伊塞尔战线，因而约翰·弗伦奇爵士能写下"德军决不能再向西推进"这个结论。但接着又发生了3个星期的极其痛苦的恶战，此后伊普尔的结果才最终表明有利于英军。

215

*　　　*　　　*

我觉得，我们有权把安特卫普片断看作这场为海峡各港口而战的巨大战役的不可分割的重要部分。如果我们没有做为时已晚的努力延长该市的保卫，那么以后整个事态进程就会不同，几乎不可能变好。若没有在安特卫普争取到的时间，若不是匆促指定救援安特卫普的英军和法军提前到达，协约国军趋向滨海地区的冲力——已经比需要的小——必定会明显地减弱。可是与德国右翼军进行的大规模战斗是完全会同样地出现的。也许会达到同样的结果。但是在哪里？当双方军队安定在战壕里，有 4 年多时间他们不再从那里做较大移动，界线会划在哪里？在最好情况下能确保海域防线——格拉夫兰－圣奥梅尔－艾尔一线。敦刻尔克及其良好海港将成为破坏我们海峡交通线的潜艇的另一个巢穴；加来则会蒙受不断的炮击。这些祸害的复杂情况——我们极少能预料到——必然会可怕地影响在法国的整个协约国军以后的命运。

如果果真这样——历史必然宣告如此——负责援救安特卫普的人们没有理由为他们的努力感到羞耻。危险与难以预料之事遍及战争的所有军事行动中。声称基奇纳勋爵或其他任何人预见到由 10 月 4 日决定产生的所有后果是没有根据的。发生的事实与希望和预期大不相同。但在大战中，很少有以如此有限的军力和如此微小的损失获得如此重大的结果，如那些给予这个几乎孤苦伶仃事业的恩典；现代史上不曾有过灵活、速捷和令人惊讶的那种水陆两栖作战的例子，这种力量值得注意，这种力量只有英国掌握，但她又常常忽视这种力量。

216

注释：

[1]　代替第 2 本土师。

[2]　指挥官马里克斯和斯潘塞·格雷。

[3]　在安特卫普德、法、英三个大国在进攻和防御中都使用了战争爆发时建立的海军旅，这也许是对海军重要意义的承认，但当时并未意识到。

[4]　人们这样称呼雷林森的部队。

[5]　人们常把第 7 师的沉重损失归因于他们试图解救安特卫普。可是事实上，这些损失直到与大军会合以后才开始出现。

第十四章　费希尔勋爵

上一章中记述的所有焦虑与不安在我们对舰队的全神贯注面前就
变得无足轻重了。的确，比利时海岸上的军号声及士兵行军的杂乱声
与我们首要任务的紧张压力相比，有时简直是一种宽慰。万事取决于
舰队，同样在 10 月与 11 月里，舰队为自己的生存基础感到不安。那
里停泊着强大的舰只，舰上从司炉工到司令官每个人都随时准备殉职；
个人的恐惧没有立足之点。然而，站在顶层这个观察角度上，人们有
一种新的和惊心动魄的感觉。大舰队感到焦急。她除海洋外找不到休
息的地方。试想一下，她是至高无上的，是我们生存的一个最后支柱，
是无人敢向其挑战的最优秀的机器，她的威力遍及全球——可是现在
她对自己不再有信心。一种想法已经使人相信："德国潜艇正跟在我们
军舰之后进入海港。"

在南海岸没有人会关心此事。你能走到波特兰防波堤里边，把出
入口关得严严实实。在东海岸不存在那种绝对封闭的海港，但是人们
相信斯卡帕受潮流保护不会被潜艇攻击。敌人的驱逐舰如果愿意冒长
时间大白天穿过北海的极严重风险，无疑能攻击斯卡帕；但是我们一
直相信，没有人能驾驶一艘潜艇在水下穿过错综复杂的涡流水道。现
在突然之间大舰队开始见到斯卡帕湾内的潜艇，有两三次发出了警报。
10 月 17 日达到顶点。大炮轰鸣，驱逐舰在水面行驶，整个庞大舰队
匆促和愤怒地驶往大海。

当然在斯卡帕湾从未出现过一艘德国潜艇。在整个大战时期没有
一艘德国潜艇引起这个水道的恐慌。近 11 月底有一艘潜艇在入口处外

部被击毁，当时环境对敌人仍然是个谜团。1918 年 11 月在大战恰好结束时，德国舰队已不再效忠德皇，有一艘由试图挽救自己荣誉的军官驾驶的德国潜艇做了最后拼死的努力，但仍遭毁灭，所以没有一艘敌人潜艇穿入大舰队的基地。过去我们曾担心潜艇可能攻击停泊在军港内的、人员在其上休息的军舰。1914 年冬天情况确实极为严重，潜艇足以摧毁军港内的所有舰队，因每支舰队都提出停泊在自己的港口要有安全感。

　　直到 1914 年 9 月底前，没有人认真考虑战时敌人潜艇进入我方战时港口攻击停泊着的军舰的问题。要做到这一点，潜艇必须面对极大的困难，它必须在浅水和错综复杂的航道中前进到达河口湾或小港湾，一直在水底行进只有通过潜望镜向前方偶尔一瞥；其次，在这样前进时还要躲避负责守卫与监视许多英里宽的港湾入口的巡逻舰艇；第三，敢穿越未知的和不可能知道的各种各样可怕的水雷与障碍物，可以假设这些防御物会在水道中越来越多。人们认为这些防御物确实有效。根据事后知道的情形回顾这些事实，现在我们能够理解这个假设是正确的。还没有文字记录的事例说明曾有一艘德国潜艇穿入任何英国战时港湾。英国的潜艇在冒险精神上肯定不比德国潜艇差，从战争最早时候起，我们的潜艇便游弋于黑尔戈兰湾，但没有一个英国潜艇军官实际试图进入德国战时港湾或实际上驶入易北河、亚德河、威悉河或埃姆斯河的河口。最接近此种雄心壮志的是英国潜艇无数次通过达达尼尔海峡，这是 12 月底开始的霍尔布鲁克指挥官的英勇业绩。为完成这个业绩，潜艇只能从距达达尼尔海峡口几英里的地方出发，沿超过两英里宽的极深航道潜行，一次又一次连续在水下航行，进入马尔马拉海。这在难度上可不能与进入英国战时港口或河口相比，但也要到潜艇作战能力有极大增强后才能实现。

　　8、9 月份里，海军部做了最紧张的努力以增加我们对苏格兰和东海岸的基地的保护，如装备大炮、设置警戒舰、布置障碍物、准备水栅、置放鱼雷网。但设计这些防御措施以防危险，主要不是针对潜艇，而是针对敌人驱逐舰向停泊的舰队或中队的正规攻击，其次是防止在舰队短期离港时敌巡洋舰对基地的袭击。直到 9 月中旬或月底，关于战时条件下潜艇威力的知识和证据越来越多时，人们才形成这么一种想法，即德国潜艇实际上有可能进入我们的北方战时港湾——如福斯湾、克罗默蒂湾和斯卡帕湾。一旦这种想法生了根，它就成为重要的先入之见。预防鱼雷艇横冲直撞的措施显然不足以阻止可能在水栅下潜行和躲过防御炮火的潜艇。

潜艇危险是一种事实上在战争爆发时并未实现的危险。6 个月后形势发生了变化。潜艇指挥官的雄心和技巧有很大增长，先前从未想象过的各种可能性不断地出现在眼前。但到此时潜艇必须面对种种不同的障碍。等到人们相信潜艇的实用价值时，其实用价值已经消失了。

可是，在 1914 年 10 月时潜艇的威胁似乎十分真实。到处临时凑合的水栅和障碍物还没有完成或者只装置了一部分，而潜艇的危险在舰队和海军部人们的心里已完全形成。此时无计可施，只能等待水栅和障碍物的建成，同时使舰队尽可能远地离开有危险的航路。只有在海洋上时舰队才真正觉得安全。在那里，航行在广阔的海域里的大舰队才恢复她的活力；但这个方法要使军官、士兵和机器承受巨大的紧张和劳累，并消耗大量燃料。

9 月 30 日约翰·杰利科爵士写信给我，论及总的舰队位置。他指出，德国在外海潜艇上领先于我们，我们一直预期现代海战的初步阶段是小型舰艇之战，使大型军舰完全离开北海，直到小型舰艇的威胁降低，这些都是经常在讨论的问题。他认为，放弃大型军舰的有利位置，让它们在潜艇出没的海面冒险等于自杀。他的意见是，潜艇只有十分有限的活动范围，不能损害我们的海上贸易（在这个时候这个说法是正确的），也不能帮助他们自己的军舰进入对方港湾。他因此建议在北方远处使用战列舰队，分散布置拦截商船。我们没有足够的巡洋舰用以布置双重警戒线，而这对在昼短和夜长时期阻止所有船舶是真正必需的。他说，在夜间通过警戒线十分容易，因为警戒线的大概位置能很快得知，不会有很多改变。但在没有潜艇危险的海面上有战列舰队进行帮助，人们的心情要稳定得多。这就有必要放弃战列舰向南运动的想法。他建议我们自己的潜艇以及法国潜艇应部署在德国潜艇可能经过的航路上。他强调为拖网渔船安装无线电装置的重要性。他希望我将此信让第一海务大臣过目，并想知道我们是否同意他的观点，是否会批准采取措施，建立拖网渔船巡航以及他利用大舰队有效地封闭北海北端进口的办法。他在信末催促加速斯卡帕湾的潜艇防卫工作。

220

在我从安特卫普回来那天，我写信给他，表示完全同意：

> 为了尽可能确保舰队的休息与安全，保持舰队军舰航行与作战的最高效率，你正确地提出只能偶尔使用比斯卡帕湾和尤湾更远的锚地，但你的这个意见应正式提出。你不需担心由于撤退你将失去促使德国战列舰队作战的机会。如果真能做到上述几点，这将符合几个明确的战术目的。例如，掩护进攻部队登陆，打开向北的封锁线以便让老旧战列巡洋舰进入贸易航路，或者只是为了打一仗大仗以取得海上决定性优势。在前边两个目的中你将有时间转变方向，在敌人军事行动完成前迎击或拦击他们；在第三个事例中，他们的希望与你的相同……

> 有关锚地问题，你只要提出你的意见，我们将尽最大努力配备防潜艇网、灯光和大炮，配置在你希望使用的地方，这些配备应有变化，绝对安全应更多地寄托在大舰队活动的不确定性上，而不是在任何特定地点的任何消极或固定防御上。我们必不可为保持五六个半防御状态的锚地而浪费资源，只要有可能，我们必须组织能动的防御，如警戒舰、拖网渔船、巡逻艇、扫雷舰、有拖拉装置的驱逐舰和海上飞机，当舰队在海洋上时这些防御物能够活动，并为接纳舰队准备新的休息地。

> 使用部分战列舰队或偶尔使用整个战列舰队以时时补充北部封锁是你必须加以考虑的事情。因此，你的大部分时间必须用于

海上巡视，而巡视应该做到尽可能实用。这里再提一下，任何固定不变的活动位置都将是危险的，过一段时间后，即使你在遥远的北方海域，也会把潜艇攻击的危险引到你的身边。

这些总的结论在随后几个月里成为我们政策的指针。但随着10月份慢慢消逝，我们的不安逐渐加重。紧张的形势在升级。10月17日约翰·杰利科爵士打来电报说，据报一艘德国潜艇在昨天下午5时进入斯卡帕湾。虽然他认为那个报告不实，但他立即命令整个舰队出海。 他紧急呼吁设置潜艇障碍设施，因为他"目前没有安全的基地，军舰加煤的唯一办法是不断地转变加煤锚地，这就严重地打乱了供应的组织"。18日他说，斯卡帕湾在潜艇防御设施安装之前不能使用。19日他询问海军部，他应在斯卡帕湾冒潜艇威胁之险呢，还是让舰队转移去苏格兰或爱尔兰西海岸"离彭特兰河口湾300多英里"的遥远基地。他还说："不能绝对肯定地说潜艇已在斯卡帕湾以内，虽然第4驱逐舰小舰队指挥官D确信皇家海军舰艇'敏捷'号在海湾内受到射击，我的意见是在潮水涨平时潜艇不难进入海湾。"

另一份十分严重的警报几乎同时到达，它是戴维·贝蒂爵士发来的。他写道：

一种感觉逐渐控制了舰队，即某个地方出了问题。水雷和潜艇的威胁被证明在天天加大，对付和打败它们的手段尚未出现。我们正被逐步挤出北海，被赶出我们自己特定的栖息处。怎么会发生这种事情？根据很清楚的事实，在战争爆发两个半月之后，我们没有了有一定安全程度的、能加煤、补给、装修和修理的基地。这意味着困难……补救的办法是选定并加固一个基地，使基地不受潜艇的攻击；如我曾经指出，我坚决相信这点可以做到……

我想以你对我的完全了解，足以知道我不会无缘无故大喊大叫。舰队现在完整无损。我们讨厌从基地逃出去，其后果是可以预见的。我们对处境很不满意。可是士气高涨，信心更高。如果我不知道你根据迅速掌握的事实细节和想象力能悟出一些道理，我是不会这样写的。

　　无论如何，与此同时海军部特别是第一和第四海务大臣从9月底起就一直在辛劳地设计和拟订必要的保护结构。最后，在不寻常的努力下，第一种设施已经接近完成，到10月20日路易斯亲王已经有条件打这样的电报给总司令：

　　斯卡帕湾的防御设备将于10月24日离开海军船坞。

＊　　　＊　　　＊

　　根据海军部的授权，总司令于10月底率舰队撤退到爱尔兰北海岸做数日休息和炮击练习。运气非常不好，舰队到达斯威利湾外海时刚好与在那些海域活动的一艘德国布雷舰遭遇。那艘布雷舰没想到打击舰队，也没想到英国战舰会出现在那些水域。它的目标是利物浦的贸易航路，可是瞄准乌鸦的一枪却打下一只鹰。

　　10月27日路易斯亲王急匆匆走进我的房间带来严重消息，他说"闯将"号在斯威利湾以北遭水雷或鱼雷击中，恐怕正在下沉。当天下午总司令来电报竭力主张尽一切努力不使这个事件公诸于众；当晚在报告"闯将"号沉没中他重复希望为这次损失保密。我知道在这件事情上有很大困难，但我允诺向内阁报告此事，同时我于10月28日半夜12点半打电报给总司令：

　　我确信你根本不会因"闯将"号事件而泄气。我们十分幸运经过三个月战争没有损失一艘主力舰。我原以为到此时我们会损失3到10艘，由于你经久不衰的警惕心和技能，我们才能如此顺利。陆军也坚守着整个战线，但是至少已有14 000人死伤。很快将使海港的状况令你满意。别忘了提出你所需要的一切。

从军事标准来衡量，"闯将"号是我们遭受的第一次严重损失。她是极重要的舰只之一，像她这么好的军舰在那个时候从未超过6艘或7艘，这艘军舰是朋友和敌人进行战略上分析的依据。当我在内阁会议上提出为损失此舰保密的时候，会议上的意见有相当大的分歧。有人主张，如果有人知道我们在掩盖损失将破坏公众对政府的信任，而且消息必然会立刻泄露，德国人也许已经知道。对这个意见我答复说，没有理由不让德国人为他们自己搜集情报，在他们得知"闯将"号沉没时他们会宣布这个消息，那时我们会很容易向公众解释为什么我们要保守秘密的道理。我引证日本人在1904年有效隐瞒战列舰"屋岛"号在阿瑟港海外损失的事实。倘若约翰·弗伦奇爵士损失1个军团，就要尽一切努力隐瞒起来不让敌人知道，那么为什么海军没有同样的自由呢？基奇纳勋爵有力地支持我，我们的意见最终被内阁会议接受。

海军部要求报界不要提到此事。几家报纸勉强地依从。有几百人已经知道此事，包括驶经这艘正在沉没军舰的"奥林匹克"号班轮的乘客；在英国的德国间谍在几天内肯定会将消息传往德国，无论如何，关于沉舰的长篇报道连同真实照片次日会由邮班发往美国，消息从那里又会即刻用电报传到德国。可是我们的态度一直保持不变，十分仔细地注视德国报纸，寻找表示他们知道这个消息的最细微迹象。与此同时某些报纸认为这个办法很聪明，即它们写文章和短讯，文字中多次提到"闯将"字眼，同时对我倍加指责。我觉得有必要发表秘密呼吁，这个文件在报业委员会忠诚努力的帮助下取得一些效果。结果，在德国海军部得知"闯将"号沉没的消息时已有5个星期过去了。甚至到那个时候他们还一点也不相信他们不是谣传的受害者。

舍尔海军上将说：

英国人成功地在相当长时间内为这艘大型战列舰的损失保密，这个损失是我们使两国海军力量均等的努力的一次重大的成功……英国人的行为在所有方面都受有利于他们的军事目的考虑所驱使……在"闻将"号这件事情中，我们只能赞许英国人不向敌人暴露弱点的态度，因为有关对方力量的精确情报在决策时有决定性的影响。

* * *

我记不起压在我身上的战争重担在其他时期比 1914 年 10 月和 11 月这两个月更加沉重。8 月份人们预料会发生大规模海战和第一次陆上大战役；但是我们的行动方针是明显的，什么时候采取行动我们还有待决策。整个 9 月份受马恩河的胜利影响。但在 10 月份和 11 月份难堪的境遇再次降临在我们身上。在陆地上与可怕的和显然有不竭力量的怪物做搏斗让我们有被打败的感觉，在海洋上和在港湾里关于舰队会受潜艇攻击的一系列不断折磨人的忧虑统统压迫着我的心。无时不存在世界的某地出现某种灾难或其他事故的可能性。没有一天不存在冒各种风险的必要性。

我自己的地位已经受到某种程度的损害。三艘巡洋舰的损失已经被人任意地归因于我的个人干预。我被指责为粗暴地否决海务大臣们的建议和随意地派遣舰艇中队驶向毁灭。安特卫普变成猛烈指摘的原因。人们几乎以为是我的干预造成了该市的陷落。使用这些未受专业训练的人充当海军旅战士受到普遍的谴责。海军旅的三个营在荷兰被扣留被说成完全由于我不可原谅的愚昧造成的巨大灾难。关于"洞中挖出老鼠"这样一句不愉快的语句——想法足够正确，事实也没有错——是我在利物浦一次精神不佳的演讲中顺口溜出的话，却被紧紧抓住，枷锁示众。这些是报纸上与我的名字有关的唯一主题。我在海军部的工作事实上是公众不知道的。议会对我的攻击没有一次给我为自己辩护的机会。尽管几年来已习惯于被羞辱，但我还是感到不友好的和怨恨的激流向我涌来。人们开始意识到这股激流有可能很容易地造成一个实际结果。幸运的是没有许多时间供人们过多地考虑这些非议。

海军部是在威严地要求公众予以信任的状况下进入战争的。试验性动员与欧洲危机在时间上的巧合，被普遍认为是经过周密的设计的。以后一个接一个的悲观预言被曲解，说我们将不知不觉受敌人攻击，德国商船改装的驱逐舰将在海洋中四处搜索，说我们的航运、贸易和粮食供应将受到威胁，但这些都被证明是毫无根据的，并得到了群众广泛而宽慰的确认。我们安全地将陆军运往法国和在黑尔戈湾成功的海战被公认为是出色成就且得到了喝彩。可是出现了最初几次不幸事件，喜欢发表意见的圈子里就充溢了不同的声调。3艘巡洋舰的损失是在战争失利时有能力垄断舆论声音的那些人改变态度的转折点。随着打一次突出大规模海战希望的破灭，就开始有了埋怨的声音："海军在干什么？"时间一星期接着一星期过去，英国海军的庞大机器似乎看不见又听不到，人们产生失望的感觉也许在所难免。有一种普遍的意见认为，我们原本应该一开始就进攻和摧毁德国舰队，指出源源不断的军队和供应运往法国，或几乎毫无阻碍地继续进行英国全世界贸易是徒劳无益的。听了敌人宣传后，再要解释并使人们相信护运增援部队和远征队从帝国各地穿越每一个大洋的行动是错综复杂的，或要阐明使人相信不可能找到德国舰队进行战斗的理由是办不到的。我们小小的陆军拼命战斗，在英国人眼里他们扮演与法国陆军同样重要的角色，与此同时我们强大的海军——世界上最强大的——显然就处于一种惰性状态，只有间或发生灾难时才有所变更。

吃过面包很快就忘记。以有效的预防措施和预见性挡开危险，从不被记住。因此海军部在战争开始阶段就这样受到人们不体谅的判断。对于我这个看到危险、做准备对付危险和战胜危险的人来说，对于我这个对过去怀有深刻的感激、对将来有绝对信心的人来说，这些不满的表现只是由于缺乏理解和耐心，在当时的普遍紧张压力下出现的这

225

种情况是可以原谅的。可是这种不满是难以令人平静的和容易对付的。问题又不能公开或在议会中辩论。没有人愿意提出正式控告；也没有人能够全面地答复而不损害国家利益。我们必须默默地忍受所有这些挑剔。随着一个月一个月过去，在海上出现一定的损失在所难免；在每次这样的事件中人们很容易断言有人犯了大错误。在大部分事例中情况的确如此。成千艘军舰游弋在海上，有成千种真实的或潜在的危险每天威胁着它们，必然会发生意外事故和错误。不论发生多少次，都不能推诿说是命运的事故。几十艘军舰无时不在冒无法提防的风险，海上指挥官无时不遇到新奇的困难问题，他们中几乎没有人在战争中受过这种考验。我们偶尔犯了错误甚至造成损失令人惊奇吗？"又一次海难，500人淹死。海军部在做什么？"即便陆军在巨大战役的混乱中一直弃守溃退，成千上万人常常不必要地和错误地被派去送死，同时英国在海上的每次军事行动和贸易运输一直没有遇上大的阻碍。

这种吹毛求疵的基调在路易斯亲王身上有了新的发展。在我们成功的动员和最早进入战争时，没有人对他的出身有所评论。但是现在俱乐部和街头巷尾的闲言碎语开始产生一连串署名和匿名的信札，以各种不同方法并常常使用激烈言词抗议一个日耳曼血统的人充任第一海务大臣的重要职位。这种做法是残酷的，但也是正常的。我以焦急和苦恼的心情眼见了广泛疑虑的迅速增长。我也从偶尔听他说的话中推断出，变得很明白第一海务大臣所处的这种气氛。于是他慢慢被置于易遭怨尤的境地：他必须承担日常的巨大责任和风险，但又没有绝对必须得到的公众信任的支撑，在这种状况下可以肯定时时会发生意想不到的事故。因此，当接近10月底路易斯亲王请求解除他的职务时我

并不惊奇。他以无怨的尊严做出这种牺牲，以自我谦让作为他给予英国和皇家海军的伟大和忠诚服务的报偿，无愧为一个水兵和亲王。现在我必须找一位他的继任，我的内心已经转向一个人，仅有的一个人。

费希尔勋爵习惯于偶尔上海军部来，我留心察看他以便判断他的身体力量和精神上的警觉性。看来两者都不成问题。有一次，当他猛

烈抨击他认为起阻碍作用的某人时，他愤怒得发抖以致似乎身体里每根神经和血管将会破裂。但他庄严地经受住这种紧张，他离开时给我留下这么一个印象，即他是一架在他那个上年岁的年龄段上具有燃烧和搏斗精神与体格力量的可怕机器。我从来就一点也不害怕与他一起工作，我认为我很了解他，我们长久以来保持平等的关系和宪法规定的上级权威，因而我们能一起经历任何困难，我于是在谈话中告诉他亲王辞职之事，但没有做任何承诺，不过很快我看出他强烈地热衷于掌权，强烈地受到发表意见和执行使命的那种感觉的鼓舞，于是我决定不再拖延时间即刻采取行动。我找首相，向他提出种种论点，我据此得出结论，即费希尔应当回海军部，他是与我一起工作的唯一合适人选。我还提名阿瑟·威尔逊爵士作为他的主要助手。我完全知道对于费希尔的任命在许多部门会有强烈、自然和合理的反对意见，但是我已经形成我自己的坚定信心，我决定除非我能公正处理此事，否则我将不再留在海军部，所以到最后不管是好是坏我都尽到了自己职责。

重新召回费希尔勋爵进海军部的决定极为重要。尽管为此一直有争论，但他是纳尔逊以后最杰出的英国海军军官。他思想上的独创性和秉性上的自发性使他不必恪守各种常规。他的天赋深厚而真实，尤其是他胜任处理大量军务。他体格魁伟，不畏任务繁重。

可是他已有 74 岁。如同在与时间做斗争的巨大城堡中，硕大的中心建筑物城堡主塔安然无恙地高高耸立，似乎会永远存在，但外围建筑物和城垛早已倒塌，城堡专横的主人只生活在特殊的一套房间和走廊里，他与这些住处有终生的亲昵关系。要是他与他的同行阿瑟·威尔逊爵士迟生 10 年，英国海军在大战爆发时的管理不论在海军部还是在海上根本不会达到最高的完善境界。战争造就的新人物——贝蒂、227凯斯、蒂里特——还没有获得本来会使他们在最危急形势下被海军接受的权威。费希尔和威尔逊比他们同代人活得长，高居在他们后一代海军将领之上。这两位伟大的老人、饱经风霜的老水手，他们有半个多世纪英勇地面对战争和海风，当我还在摇篮中时他们已经是在海上漂浮的舰长，现在海战的专业指导权托付给他们了。

但很清楚，对我来说我对这两位舰队司令所知甚深，在过去三年里有很多机会耳濡目染他们的观点。接下来我们参谋机器的日常组织将必然有所改变。这就有必要更换战时参谋部的参谋长。海军从斯特迪将军身上看到了敏锐的智力和可贵的实际能力，他能以最大的技巧和决心处理他的军舰和中队事务以及指挥它们作战。可他不是费希尔勋爵满意的在最高执行中心与之共事的人。幸运的是在同意此人的继任人上没有出现困难。

从安特卫普战役起，奥利弗将军一直是我的海军秘书。战前那一年里他曾是海军情报局局长。在这个职位上我必须不断依仗他（如依仗在他之前的托马斯·杰克逊上校）取得有关英、德海军力量争论所根据的所有事实和数字。他在事情细节上的精确性和忍受持续而高强度精神劳累的能力是非凡的。他思维精确、言词清晰，而且知识渊博。他作为海军军官的条件是无可挑剔的。他曾是阿瑟·威尔逊爵士的航行指挥官，海军里人人都知道1901年海军操演中这两个人怎样指挥海峡舰队的故事，他们将舰队从爱尔兰以北的拉斯林岛海外穿过爱尔兰海峡在浓雾中驶往锡利群岛，当时既见不到陆地又看不见灯光，彼此都不想和对方说一句话。第三天浓雾突然散去，舰队惊讶地看到了锡利群岛的面貌，此时舰队已在航路上抛锚。

当费希尔勋爵向我提出由奥利弗将军任参谋长，作为交换，将他的个人助手德·巴托洛梅海军准将担任我的私人秘书时，我十分高兴。这样，每件事开端都不错。我们改组了战时领导小组，小组每天至少开会一次，包括海军大臣、第一海务大臣、阿瑟·威尔逊爵士、奥利弗将军和德·巴托洛梅准将（最后这个名字代表海军军官中较年轻的一派），加上极为难得的秘书格雷厄姆·格林爵士。亨利·杰克逊爵士也经常受邀出席，但不是十分频繁，以免把额外的责任压在他身上。

*　　　*　　　*

除 1914 年 11 月这个令人心神苦恼的艰难月份外，还有入侵的恐惧紧紧抓住陆、海军当局。陆军部认为前线的暂时平静能使德军抽出大量训练良好的军队——如有必要可达 25 万人——入侵英国。基奇纳勋爵指示进行全面防御准备，费希尔勋爵精力充沛地投入这项任务。如读者已经知道，虽然我对此事意存怀疑，但觉得进行预防完全正确，无论如何要增加对我们海岸和本土防御部队生命的关心。因此我让自己压制住整个最高阶层出现的激动，尽最大努力支持和加速我们的准备工作。我们派第三战列中队驻在福斯，调第二舰队到泰晤士，将旧"威严"级战列舰安置在东海岸各港口，布置用作堵塞的船只沉入水道，把水雷安放在我们无防御港湾的口子上使其在适当的时候爆炸；此时整个海岸的海陆空防御力量有节奏地一起活动。陆军的安排因下面事实变得复杂：经过充分训练用以击退入侵者的几个师把它们的步枪借给正在训练的那些师，这些步枪必须集中和再分配，成为应付最紧急情况时程序的一部分。我们竟衰落到使用这样应急措施的地步！可是德军保持绝对平静；11 月 20 日前几天有特别有利于夜间登陆的潮水与月亮的条件，但并未被利用，于是那种即将发生某种大事的感觉逐渐在我们心头消失。

*　　　*　　　*

费希尔勋爵以爆发式的精力投入建造新军舰。他将英国的所有造船师和造船企业聚集在他的身边。在 4 到 5 天的光荣日子里他几乎每分钟都感到高兴，他交给我建造潜艇、驱逐舰和小型舰只的计划，其规模之大超过我和任何一个我的顾问认为可能的程度。施瓦布先生此时正好返回美国途经英国，我们邀请他来海军部；他承担建造 24 艘潜艇——12 艘在加拿大建造，12 艘在美国建造——这一大批潜艇将在

246

229 难以置信的 6 个月短时间内完成。我为提前交货设置了重奖。这些重大的谈判完成了，随后的工作由伯利恒钢铁公司这个庞大组织以惊人的细致周到和准时开始进行。一天晚上，费希尔勋爵、施瓦布先生和我坐在海军部八角形桌子的周围，在对潜艇合同做良久讨论后，我们问施瓦布先生："你有对我们有用的其他任何东西吗？"他于是告诉我们，他有 4 个回转炮塔，每个炮塔上装 2 门 14 英寸大炮，这些炮塔准备装在当时在德国为希腊建造的希腊战列艇"萨拉米斯"号上，几乎已经完成。我们专心研究了这个问题，我有了一个想法。读者一定能记起我们为巴西建造的三艘小型铁甲舰，虽然当时任何人都看不出它们有任何用途，但在战争爆发时我决定把它们接过来。并在比利时海岸的战争中显示出了它们的价值。我向费希尔勋爵建议，我们应购买这种 14 英寸回转炮塔，并建造铁甲舰把它们装上。将军对这个计划很高兴，几小时后他就与他的造船师关在小房间里设计铁甲舰。我们很快就着手制定建造铁甲舰的庞大方案。

1914 年秋天，根据费希尔推动而制定的各种计划，我们开始建造如下巨大舰队，全部应在 1915 年底完成：

最大动力的战列舰和战列巡洋舰	7 艘
轻巡洋舰	12 艘
最大级驱逐舰和领航舰	65 艘
外海潜艇	40 艘
海岸潜艇	22 艘
铁甲舰	
重型	18 艘
中型	14 艘
轻型	5 艘
小军舰和较小反潜艇舰	107 艘
摩托艇	60 艘
装内燃机的特大驳船	240 艘

这是一支了不起的一应俱全的新海军，当两年多后真正德国潜艇攻击开始时它成了海军部的神助。新海军以这样的规模建立是费希尔勋爵的天才和精力对国家的最伟大的功绩之一。费希尔在他漫长的一 生中，也许从未有过比这次以巨大努力建造新舰队更愉快的经历。没有人比他更了解怎样把战争思想注入一艘军舰中。造舰激起他生命中的最大热情。所有的英国造船厂全在他的调度下，所有的财政壁垒全部拆除。

战列巡洋舰"击退"号和"声誉"号，尤其是轻战列巡洋舰"英勇"号、"激烈"号和"荣耀"号的建造是我 4 个月后同意的，当时的环境等到讲述它们的时候再谈。必须说它们是一位老人的孩子。尽管这些军舰拥有此前军舰从未曾有过的许多非凡品质，但它们的骨架很轻；海军根据新的战争条件要求它们比以前任何时候更加需要结构的力量和装甲。不管怎样，它们的父母亲总是深深爱它们，当有任何诋毁污辱它们的质量时，他总要以最大的热情给予维护。

在 11 月和 12 月我怀着对第一海务大臣的最大钦佩心情主持这个工作的全过程，但在支出费用上有一点担忧。我对战争将延长到 1915 年以后并不感到满意，我不希望从陆军那里抽调它们可能需要的人员或物资。直到 1915 年 4 月，当俄国的战败作为决定性因素已成为定局，我才认可战争期限会延长到 1916 年 12 月 31 日，并同意制定增加新建造舰只的计划，时间限在这个日子以内。同时我尽我最大努力满足费希尔勋爵。我一再向他指出，根据某些观点来看，在战争结束 12 个月前建成的军舰要比在战争结束 1 个月前建成的军舰价值大 12 倍，并不间断地主张，最近建成的军舰决不能让其受损害。但他的欲望很难满足。一天中他会设计出一艘主力舰的草图。一周中他会贪婪地看一份计划，回来要求建造更多的舰只。我建议他应该制造一门珍宝般贵重的 18 英寸的实验炮，我一提出他立刻接受。他大声叫道："我将把它放置在轻巡洋舰上，舰速 40 节。你可以随心、随时、随地使用这种大炮轰击。"这就是他的主题；但他的"装甲是一种幻想吗？"理论又怎样？不过我尽我所能支持他。他对的时候比错的时候多得多，而他的魄力和生命力就像他的一艘以最高速度奔驶的巨舰，使海军部颤抖。

*　　*　　*

费希尔勋爵的年纪和他现在承受的极大的紧张状态有必要使他过一种十分小心的生活。他通常在过 8 点不久去睡觉，在 4 点或 5 点之间甚至更早精神振作地醒来。在早晨几个小时里，他以最大努力处理大量事务，书写数不清的信件，决定当天应做之事。事实上，他做事的方法与诗人布莱克的箴言密切相符："早上思考，白天行动，傍晚进食，夜里睡觉。"可是我从未听到他使用这个语录。随着下午临近，早上惊人的精力逐渐下降，在夜间的阴暗中，老将军巨人般的力量常常明显地耗竭。而且，单以体力和精神力量观点来看，他的努力是令人吃惊的，这种力量使我——如此接近地观察他——对他充满了景仰。

我稍稍改变我的日常生活以适应第一海务大臣的日常生活。我通常早上迟起一个钟头，有人在 8 点而不是 7 点叫我，如有可能中饭后再睡一个钟头。这样就能使我连续工作到清晨 1 点钟或 2 点钟，无论如何不会感到疲倦。这样我们形成了整个白天和晚上几乎都有人值勤。事实正如费希尔所说："十分接近一座永远不停的钟。"不论白天与黑夜每个小时都有电报来到海军部。如有必要，很少有一个钟头不能由我们中这个或那个醒着的人做出即刻的决定。

从业务观点看，这种安排也方便。海军大臣在上床前处理完与他有关的每件事，三个钟头后第一海务大臣致力于他的事务。我在 8 点醒来时察看他黎明时所做的工作。先前我从未见到海军部的工作节奏这样有力和这样准时。

我们之间有协议，不论谁在采取重要行动时，除非先前已经达成一致，否则一定得与对方商量。对这个协议我们两个严格遵守。我们就这样第一次形成对海战全过程绝对坚强控制的中央权威，我们准备把我们的意志贯彻于整个舰队和所有海军行政机构，并保持我们自己不受外来的干预。长期以来我习惯于用红墨水写我的备忘录。费希尔习惯于使用绿色铅笔。引用他的话："这是左舷和右舷的灯光。"只要左舷和右舷的灯光一起照射，什么都进行顺利。我们已建成联合体，当它保持完整时，就不会被国内的阴谋或海上的敌人推翻。

第十五章 科罗内尔和福克兰群岛

1914 年 10 月、11 月和 12 月

232   如上文已有叙述，德国远东总司令冯·施佩将军率领"沙恩霍斯特"号和"格奈泽瑙"号于 6 月最后一个星期从青岛启程，[1] 在紧接英国宣战后的 8 月 5 日，据报告这两艘强大的军舰在靠近所罗门群岛。根据随后的报告说，它们于 8 月 7 日在新几内亚，9 日在卡罗林群岛加煤。此后它们消失在有无数岛屿的浩瀚的太平洋，没有人能预告它们将在何处重现。随着时间一天一天，一星期一星期过去，我们对它们状况的关心越来越大，越来越紧迫。以加罗林群岛为中心，我们可以画出半径日益加大的圈子，搜索它们可能突然出来进行攻击的许多地点。我们相信德舰以最节省燃料的速度——四分之三速度——或以全速行驶，根据这种情况我们画出的圈子有所变化，他们可能行驶的速度取决于吸引他们的潜在目标的性质。

        我们已经看出这两艘德舰神秘莫测的行踪会影响着新西兰和澳大利亚护航队的行动，并迫使我们做出紧急的决策。我们知道这种不肯定性会怎样笼罩着从新西兰到萨摩亚的小小远征队，而当它安全到达并占领该岛时我们有多么高兴；当军队和物资登陆时，我们又多么迅速地——神助似地迅速——一下子将所有舰只调离萨摩亚近岸锚地。最后当 5 个星期过去没有德舰出现的任何迹象时，我们对整个形势又做了全面的审核。现在她们完全可能去往麦哲伦海峡或南美的西海岸。澳大利亚的护航现在由性能更好的护航舰队提供。萨摩亚锚地已不见

一艘英国军舰，旧战列舰已上路去印度洋保护护航船队。德舰在任何 233
地方都没有像在麦哲伦海峡那样对我们有害处。此外，我们认为有迹象表明德舰在智利海岸加煤；有谣传说在麦哲伦海峡有德舰的一个燃料基地，我们正在辛苦地寻找它。可以肯定沿南美西海岸仍有德国的贸易活动。

因此，9月14日海军部给南美军事基地指挥官克拉多克海军少将如下电报：

海军部致克拉多克海军少将，皇家海军"好望"号

9月14日下午5点50分

德国人正在恢复南美西海岸的贸易，"沙恩霍斯特"号和"格奈泽瑙"号很可能到达西海岸或麦哲伦海峡。

集中强有力的足以对付"沙恩霍斯特"号和"格奈泽瑙"号的一个中队，把福克兰群岛建成你们的加煤基地，并留出足够的军力对付"德累斯顿"号和"卡尔斯鲁厄"号。

"防御"号将从地中海前来加入你的舰队，"老人星"号现在正在去阿布罗柳斯群岛途中。[2] 在"防御"号到达之前，你应至少保持1艘郡级军舰和"老人星"号与你的旗舰在一起。

当你有占优势力量时，应立即使用中队搜索麦哲伦海峡，随时准备返航保护普拉特河，或者根据情报向北搜索远至瓦尔帕莱索，摧毁德国巡洋舰和破坏德国贸易……

两天后所有的不确定性连同我们为此产生的焦虑烟消云散，得到消息说9月14日"沙恩霍斯特"号和"格奈泽瑙"号在萨摩亚海外出现。那里没有它们猎取的目标。空旷的近岸锚地嘲弄它们的力量。英国的国旗在岸上飘扬，新西兰的防守部队十分强大，不容任何登陆部队从防御工事前面向他们吼叫。看到他们的殖民地是如此命运，德国

巡洋舰向那里的政府建筑物开了几炮后驶向大海。

一周后，9月22日，她们出现在帕皮提，向该岛炮击，炸毁半个市镇，击沉港内法国小炮舰"热忱"号。她们在当天早上离开，向北驶去。以后直到30日才听到她们的消息，随后的寂静再次笼罩着巨大的太平洋深处。

现在我们重新开始在地图上画出我们的圆圈。无论如何在几周内我们不需操心这两艘军舰。因此海军部于9月16日致电克拉多克将军，告诉他新的形势，他现在不需要集中他的巡洋舰，但要立刻攻击德国在麦哲伦海峡和智利海岸的贸易。

有两个星期没有发生任何事情。10月4日，"沙恩霍斯特"号发出的无线电信号被苏瓦的无线电台听到，也被新西兰惠灵顿电台听到。根据无线电信号，看来这两艘军舰在马克萨斯群岛与复活节岛之间的航路上。显然在她们心中有一个南美计划。我们用如下电报将消息告诉克拉多克将军：

海军部致克拉多克海军少将（10月5日）

从收到情报看，"格奈泽瑙"号和"沙恩霍斯特"号似乎正在设法穿过南美洲。"德累斯顿"号可能为她们做侦察。你务必准备与她们全体作战。"老人星"号应与"格拉斯哥"号、"蒙茅斯"号和"奥特朗托"号在一起，联合搜索敌舰和保护贸易。

8日克拉多克将军回电（12日收到）如下：

没有警报。恭敬地建议，如果敌人的重巡洋舰和其他舰只集中在南美西海岸，这就需要在东西海岸有足够强大的英国海军迫使其进行作战。

因为不这样，如果从东南海岸派出力量集中的英国海军在太平洋上被敌人躲过（这点不是不可能的），从而落在敌人后面，敌人就能依次摧毁福克兰、英吉利湾和帕布罗柳斯加煤基地，没有办法阻止它们，而英国军舰由于缺煤不能追上敌人，敌人有可能达到西印度群岛。

同日他发来报告证明"德累斯顿"号在南美海域的电报（11月收到）：

关于"沙恩霍斯特"号和"格奈泽瑙"号的情报收到。10月7日再次访问奥兰治湾的"好望"号发现证据，9月11日"德累斯顿"号在那里，有迹象表明"纽伦堡"号、"德累斯顿"号和"莱比锡"号可能与"沙恩霍斯特"号和"格奈泽瑙"号会合。我打算把军舰集中在福克兰群岛以避免力量分散。我已命令"老人星"号驶往那里，命令"蒙茅斯"号、"格拉斯哥"号和"奥特朗托"号在再次查明德国巡洋舰所在之前不要驶往较瓦尔帕莱索更北的海域……

关于海军部第74号电报，"防御"号是否归我指挥？

这是一份重要的电报。它表明有很人可能性敌人正聚集力量意图一决雌雄。在这种环境下我们显然也必须集中力量。现在我察看10月 5日参谋部的电报，觉得它在重点上不够明晰，也就是为战斗而集中的问题。为了不出差错，我在10月12日收到的克拉多克将军电报的背面写上如下备忘录：

235

第一海务大臣：

在这种环境下，英国军舰最好彼此间保持在支持距离以内，在麦哲伦海峡和在福克兰群岛都一样。在关于"沙恩霍斯特"号和"格奈泽瑙"号目前的不肯定状况未弄清之前，推迟实行南美西海岸的巡航。

这两艘敌舰而不是贸易是我们眼下追逐的目标。最重要的是，我们一定不可失去它们的行踪。

W.S. 丘吉尔

第一海务大臣当天晚上在纸上加上"已办"字样。

10月14日我与第一海务大臣讨论正在发展的整个形势，依照寻常的惯例，我在谈话之后把我认为在我们之间已决定的事项写成备忘录送到他那里。

第一海务大臣：

从我们的谈话中我理解你为南太平洋和南大西洋提出的部署如下：

（1）克拉多克将"老人星"号、"蒙茅斯"号、"好望"号和"奥特朗托"号集中在福克兰群岛。

（2）派"格拉斯哥"号四处寻找和进攻"莱比锡"号，并保护南美西海岸贸易，向北远到瓦尔帕莱索。

（3）"防御"号与"卡那封"号会合，组成由里奥为起点的大贸易航路上的新战斗中队。

（4）"阿尔比恩"号加入在开普的总司令旗舰，保护吕德里茨湾远征队。

以上安排得到我的完全批准。

请你命令参谋长草拟一份声明，指出这些部署完成的日期，以及"沙恩霍斯特"号和"格奈泽瑙"号能到达各自活动范围的最早日期。

我推测克拉多克将军完全知道"沙恩霍斯特"号和"格奈泽瑙"号有可能在17日或紧接17日之后到达他的邻近海域；如果不能强大得足以发动攻击，他将尽最大努力在等待增援军舰到达之前跟踪敌舰。

同时发给克拉多克将军如下电报：

海军部致克拉多克海军少将（10月14日）

赞同你为联合作战集中"老人星"号、"好望"号、"格拉斯哥"号、"蒙茅斯"号和"奥特朗托"号。

我们已命令"卡那封"号上的斯托达德去蒙特维的亚，担任该地以北的高级海军军官。

我们命令"防御"号与"卡那封"号会合。

他还负责指挥"康沃尔"号、"布里斯托尔"号、"奥拉马"号和"马其顿"号。

"埃塞克斯"号留在西印度群岛。

236

18日克拉多克将军发来如下电报：

我认为有可能的是，"卡尔斯鲁厄"号一直赶往西方，打算与其他5舰会合。我深信形势将使我能进行一场战争，但害怕在战略上由于"老人星"号的原因我们中队的速度不能超过12节。

因此很清楚，直到这天那位将军完全打算把力量以"老人星"号为中心集中，尽管他的中队的速度会下降到12节。根据官方资料，"老人星"号能行驶16到17节，实际上在作战中她能行驶15节半。

现在让我们考察正在发展的形势。[3]"沙恩霍斯特"号和"格奈泽瑙"号正在驶近美洲南海岸。在途中她们可能与轻巡洋舰"莱比锡"号、"德累斯顿"号和"纽伦堡"号会合。这个中队完全由快速现代军舰组成。两艘大巡洋舰都是战斗力很强的军舰。她们每艘装8门8英寸的炮，成对安装在上层甲板上，其中 6 门炮能向两边船舷射击。这两艘军舰长期进行海外服役，所以在人员配置上全部使用最高级的德国海员，她们事实上只是在近期才出名，成为整个德国海军中射击最优秀的军舰。与这两艘军舰及其辅助轻巡洋舰相对应，克拉多克将军有"好运"号和"蒙茅斯"号。"好运"号是来自第三舰队的性能良好的旧军舰，两端装有 9.2 英寸炮，在舰体中部有一个 16 门 6 英寸炮的炮组。从她下水的年份来说，她的航速特别快能达到 23 节。她的官兵主要由后备役人员组成。虽然有良好的火炮瞄准手，但不能期望在炮击效率上她能与英国或德国海军中配置最佳人员的军舰相比。"蒙茅斯"号是无数郡级军舰之一，对于这种军舰费希尔常常猛烈抨击，她们是速度快装甲轻的大型军舰，她只装有 1 个 14 门 6 英寸炮的炮组，这些炮中有 9 门能左右射击。这两艘英国装甲巡洋舰在与"沙恩霍斯特"号和"格奈泽瑙"号交战中获胜的机会极少。英勇气概和献身精神都无法纠正力量的不均等，更不要说射击效率了。如果进行战争，只有最大的好运才能拯救她们免遭灭顶。就是由于这个原因，当海军部开始担心"沙恩霍斯特"号和"格奈泽瑙"号有可能到达南美基地时，我们就派遣 1 艘主力舰增援克拉多克将军。我们最初的意向是派"大无畏"号从达达尼尔海峡前去，某个时候她在去往南美途中已经到达直布罗陀，可是当时与土耳其的紧张关系加剧，使它不得不返回达达尼尔。由于我们认为在当时从大舰队抽调不出 1 艘战列巡洋舰，没有办法只能派去 1 艘旧战列舰；到 9 月底"老人星"号已经从阿布罗柳斯礁石群岛出发穿越南大西洋。

有了"老人星"号，克拉多克将军的中队安全了。"沙恩霍斯特"号和"格奈泽瑙"号决不敢冒险进入她 4 门 12 英寸大炮的决定性射程以内。冒这个险就等于在没有任何成功希望的情况下使自己有可能遭受极严重的伤害。这艘旧战列舰装有厚重甲板和巨炮，她事实上是 1座堡垒，在这些水域中所有我们的围绕着她的巡洋舰都能获得绝对安全。就是为这个原因，海军部于 9 月 14 日发去电报："至少使'老人星'号和 1 艘郡级舰与你的旗舰在一起。"10 月 5 日再次致电:"'老人星'号应与'格拉斯哥'号、'蒙茅斯'号和'奥特朗托'号在一起。"就是为这个原因,我很高兴地读到克拉多克将军的电报:"已命令'老人星'号去福克兰群岛,在那里我打算集中军舰以免力量分散,"对此我写了备忘录:"在这种环境中,英国军舰最好彼此在支持距离以内,在麦哲伦海峡或在福克兰群岛附近都一样";就是这同一原因使海军部于 10 月 14 日发去电报:"赞同你为联合作战集中'好望'号、'老人星'号、'蒙茅斯'号、'格拉斯哥'号和'奥特朗托'号……"

事实上"老人星"号的速度实际只有 15 节半,要是我们的巡洋舰必须带着她,她们就没有希望抓住德舰。"老人星"号能做的一切是阻止德舰抓住和击沉她们。但那不是故事的终止;那只是故事的开端。当德舰在越过太平洋漫长的航程抵达南美的海岸后,她们必须加煤和补充供应品;她们势必试图找到某个地方以便让运煤船能碰上她们、让她们能获得整修及补给。一旦她们的所在地被我们 1 艘轻巡洋舰发觉或者由岸上单位报告,它们行踪不定的状态就宣告结束。我们 238 能立即集中力量从四面八方攻击它们。日本战列舰"肥前"号和巡洋舰"出云"号以及英国轻巡洋舰"纽卡斯尔"号正向南越过北太平洋向南美海岸驶来——这支舰队力量也不能抓住"沙恩霍特"号和"格奈泽瑙"号,但它们力量巨大,不怕这两艘德舰的攻击。在南美东海岸有斯托达特海军少将的中队,他的军舰包括强有力的现代装甲巡洋舰"防御"号、两艘郡级巡洋舰"卡那封"号(7.5 英寸炮)和"康沃尔"号、轻巡洋舰"布里斯托尔"号以及武装商船巡航船"马其顿"号和"奥拉马"号。一旦我们知道敌舰中队在哪里时,一声令下这些军舰全能集中起来共同攻击它们。与此同时,只要克拉多克将军使中队与"老人星"号保持在支持距离以内,他就能安全地沿智利海岸向北巡航,盯住行驶中的德舰,如果她们试图攻击,英舰可以后退到战列舰身边。"好望"号和"蒙茅斯"号一起行驶,其设计速度不大可能亚于"沙恩霍斯特"号和"格奈泽瑙"号,而这 2 艘德舰一直长期漂泊在海上。因此，克拉多克将军可以保持监视德舰、扰乱她们、逗弄她们，并把她们引向"老人星"号。此外，他还有轻巡洋舰"格拉斯哥"号，它在速度上远优于"沙恩霍斯特"号和"格奈泽瑙"号，在力量与速度上都胜过在那里的任何一艘德国轻巡洋舰。

因此，以后发生的事情我不能为海军部承担任何责任。战争的第一条规律是集中优势力量做决定性的战斗和避免力量分散或纠缠于细碎事务上。根据电报可以表明这位将军清楚地理解这一点。海军部的命令明确地同意他对这些基本原则的断言。所以我们不担心克拉多克将军中队的安全。如果克拉多克将军集中他的力量在南美西海岸巡航中完全失去德舰的踪迹，如果德舰向南擦过他的旁边并通过麦哲伦海峡或绕过合恩角，在某个秘密海湾加燃料，然后来到由里奥为起点的大贸易航路，那将会出现更紧张、更严峻的形势。在这条航路上德舰将发现斯托达特将军，他的中队当集中时虽然在速度和力量上比德舰略占上风，但相差不是很多。就是由于这个原因，我在 10 月 12 日的备忘录上不赞同克拉多克将军在西海岸向北运动，我宁愿他留在麦哲伦海峡附近，在那里他既能堵住"沙恩霍斯特"号和"格奈泽瑙"号的道路，又能机动地与斯托达特将军的中队会合。然而，我对 10 月 14 日海军部电报传达的决定仍感到满意，我等待事态发展。

突然在 10 月 27 日从克拉多克将军那里发来一份使我困惑不解的电报：

克拉多克海军少将致海军部

"好望"号，10 月 26 日下午 7 时，在海上

10 月 7 日收到海军部电报。鉴于搜索敌人的命令和我们对早日成功的热切希望，我认为：

由于"老人星"号的速度，要找到和击毁敌人中队是不可能的。

因此命令在蒙特维的亚的"防御"号收到命令后来与我会合。使用"老人星"号承担护送运煤船的必要工作。

此时我们正处于第一海务大臣职务变动的剧痛中，我正全神贯注于因费希尔勋爵的任命而产生的情况与反对意见。若不是因为这件事，我确信我对"使用'老人星'号承担护送运煤船的必要工作"这句不祥的电文会做出更为强烈的反应。事实是我以备忘录形式通知了海军秘书奥利弗将军，原文如下：

这份电报非常含糊，我不懂克拉多克将军的意图与希望。

克拉多克 10 月 29 日的回答消除了我的疑虑：

西海岸的形势看来安全。如果"格奈泽瑙"号和"沙恩霍斯特"号向北驶去，她们将最终遇到向南驶来的"出云"号、"纽卡斯尔"号和"肥前"号并被迫向南遇上"格拉斯哥"号和"蒙茅斯"号，这两艘军舰速度快，能盯住她们并迫使其向南行驶遇上"好望"号和"老人星"号，此两舰彼此应保持在支持距离以内。

在我内心开始滋生的隐约恐惧——即也许这位将军会出海打仗而不以"老人星"号带头（我认为这太不可能了，以致没有把它写在纸上）——这才平息下去。当然，他有可能在"老人星"号 50 英里前面调度舰只，但在开战前仍靠近她。派遣"防御"号与克拉多克将军会合会使斯托达特将军无望地势单力薄。果然未过几小时，10 月 29 日斯托达特将军的抗议电报来到。但海军部战时参谋部业已回答克拉多克将军，根据我们的所有决定，"防御"号要留在东海岸归斯托达特将军指挥，以保证南美的每一边有足够的力量。

但不论这个答复还是随后发的任何电报都没有到达克拉多克将军

那里。他已经实行他自己的决定。他没有等待"防御"号来到（即使我们能把她派给他）并把"老人星"号留下来保护运煤船，他已经沿智利海岸北上。但尽管他以行速太慢为理由把攻不破的"老人星"号留在后面，却把速度并不见得更快、而且武器装备十分低劣的巡洋商船"奥特朗托"号带在身边。她的装备如此低劣，既不适合战斗也不适合逃跑。

他于 10 月 27 日下午 4 点从巴耶纳尔海外发来如下电报（11 月 1 日上午 4 点 33 分收到）：

> 你的第 105 号电报收到。截获德国邮件。"蒙茅斯"号、"好望角"号和"奥特朗托"号在巴耶纳尔加煤，"格拉斯哥"号在科罗内尔邻近巡航，以拦截德国军舰然后与旗舰会合。我打算加煤后率中队继续秘密北上，在看不见陆地的航路上行驶。在未获进一步通知前，电报继续发到蒙特维的亚。

他 10 月 29 日中午发来的电报（11 月 1 日上午 7 点 40 分收到）如下：

> 在进一步通知前，给克拉多克海军少将的"好望"号、"老人星"号、"蒙茅斯"号、"格拉斯哥"号、"奥特朗托"号的邮件请送往瓦尔帕莱索。

在后一份电报中间把"老人星"号包括在内似乎表明，这位将军的意图即使不是实际集中，也是打算与"老人星"号一起行动。这些是从他那里收到的最后两份电报。

10 月 30 日费希尔勋爵就任第一海务大臣。他一来到海军部，我就带他到作战室与他一起仔细观看大地图上我们这个庞大组织里每一艘军舰的位置和任务，看了两个多钟头。关键重点显然在南美海域。

谈到克拉多克将军的态度，我问道："你以为他会不用'老人星'号而试图与敌人开战？"他没有给出明确的回答。

11月3日清晨，我们得到第一份德国军舰的可靠消息。

瓦尔帕莱索总领事致海军部

（11月2日下午5点20分发出，11月3日晨3点10分收到）

智利商船船长报告，11月1日下午1时他在塔尔卡瓦诺以北约62英里卡兰萨角海外5英里处被"纽伦堡"号扣留。几个军官留在船上45分钟。另外两艘德国巡洋舰分别停泊在西边约5和10英里处。船长认为其中一艘是"沙恩霍斯特"号。10月26日下午1时，"莱比锡"号来到马斯阿富埃拉岛，舰上有官兵456人、炮10门，18天前她离开加拉帕戈斯群岛。有另一艘不知名的巡洋舰与她在一起。她们购买了几条牛，当天离去。10月29日有人在南纬33度西经74度处见到一艘不知名的战舰向科金博驶去。

241

海军参谋部长久等待的至关重要的消息终于来到。明确查明了冯·施佩将军的中队在南美西海岸。他没有如一般认为可能的那样悄悄地绕过合恩角与克拉多克将军擦肩而过。目前看来斯托达特将军的处境完全安全。有长长的南美半岛横在他与"沙恩霍斯特"号和"格奈泽瑙"号之间，他已不再需要把"防御"号留在身边。可以让她参加克拉多克的中队，为我们希望发生的早期海战助力。审核这个新形势后我们向斯托达特将军发去如下电报：

（11月3日下午6点20分发出）

让"防御"号尽可能快加入美洲西海岸的克拉多克将军中队。收到后告知。

这份电报由斯特迪将军、费希尔勋爵和我本人签上姓名的首字母。

我们还致电克拉多克将军,再次重申关于"老人星"号的命令:

(11 月 3 日下午 6 点 55 分发出)

已命令"防御"号尽快加入你的中队。"格拉斯哥"号应找寻或接触敌舰。你应与"格拉斯哥"号保持联系,并集中包括"老人星"号在内的你中队的其余舰只。重要的是你应尽早与"防御"号会和,并使"格拉斯哥"号和敌舰保持接触。敌人以为你在科尔科瓦多湾。收到后告知。

可是我们已经是无的放矢了。

* * *

11 月 4 日早上 7 时当我打开我的公文匣时,我读到如下电报:

麦克林,瓦尔帕莱索,致海军部

(1914 年 11 月 3 日下午 6 时 10 分发出)

刚从智利海军将军那里得知,德国海军将军说,星期日日落时分,在阴霾恶劣的气候中他的军舰遇上"好望"号、"格拉斯哥"号、"蒙茅斯"号和"奥特朗托"号。双方交火,约一个钟头战斗后"蒙茅斯"号倾覆并沉没。

"好望"号、"格拉斯哥"号和"奥特朗托"号在黑暗中撤走。

"好望"号着了火,听到一声爆炸,据信她已沉没。

"格奈泽瑙"号、"沙恩霍斯特"号和"纽伦堡"号都在交战的德国军舰之中。

所发生的故事，就能够知道的情况而言，现在已为大家所熟悉；在正式历史上已全部发表，这里只需做一下概述。德舰到了智利海岸，在一个孤岛上加了燃料，得知英国轻巡洋舰"格拉斯哥"号在科罗内尔，冯·施佩将军决定切断她的出路，怀着这个目的他率领整个中队于 11 月 1 日向南行驶。幸运的是"格拉斯哥"号及时离开港湾。几乎与此同时克拉多克将军开始他的大举北进，希望抓住"莱比锡"号，因为"格拉斯哥"号屡次收到"莱比锡"号发出的无线电讯号。克拉多克将军在两点半钟与"格拉斯哥"号重新会合，于是整个中队以约 15 英里间隔横列地向北行驶。大约 4 点半时，看见北边有几艘军舰的浓烟，4 点 3 刻时，"格拉斯哥"号能辨认出"沙恩霍斯特"号、"格奈泽瑙"号和一艘德国轻巡洋舰。"老人星"号在近 300 英里以外。如今还有时间躲避作战吗？时间无疑是有的。"好望"号和"蒙茅斯"号正常速度分别为 23 节和 22.4 节，那天如两舰一起行驶肯定可达 21 节。"格拉斯哥"号能行驶 25 节以上。"沙恩霍斯特"号和"格奈泽瑙"号的正常速度为 23.2 节和 23.5 节，但她们长时间在南部海洋上游弋远离港口。根据克拉多克将军当时掌握的情况，他可以稳当地使该两舰的速度为 22 节。恶劣的天气同等地降低双方的速度。如果他立即掉头转身，由于处于宽广洋面，一下子就使敌人处于尾追位置。他只能每小时被敌舰追上一节。当 4 点 45 分"格拉斯哥"号看到敌舰时，最近的装甲舰约在 20 英里以外。而当时，不到两个钟头太阳就要下沉。不到 3 个钟头黑夜就要降临。

但"奥特朗托"号可能是个难题。她只能行驶 18 节，而在交战时迎浪行驶只能走 15 节。他竟把这样一条质量不好的慢船因为某些无法解释的理由派她与"格拉斯哥"号一起充当前锋。她在看到敌舰的时候只有 17 英里距离。假定冯·施佩将军的军舰能行驶 22 节，因迎浪减去 3 节为 19 节，他每小时能赶上"奥特朗托"号 4 节。在追赶时他可能因夜幕渐浓用长射程炮火射击她。在那种情况下英国中队会因她而放慢速度，减少自己获得安全的机会。这一点也许使克拉多克将军感到不妥。

当然，现在我们知道，尽管受"奥特朗托"号的拖累，事实上要是克拉多克试图这样做他还是能够容易地和肯定地避免作战的。在被对方看到的时候，冯·施佩将军的航行速度只有 14 节，要提高到全速必须再燃烧两个锅炉。此外他的军舰是分散的。集中并提高速度要花去短促黄昏的 1 个半钟头，在这个时间里英舰实际上原可增加与敌舰的距离。而且，在福克兰群岛的追逐和战斗中，"沙恩霍斯特"号和"格奈泽瑙"号在气候良好时达到的最大速度不超过 20 节。因此他原本可以安然离去的。

可是克拉多克将军心中没有进一步的打算，他决定马上攻击。"格拉斯哥"号一瞧见敌舰，就回转身来驶向旗舰，在她前面的"蒙茅斯"号和"奥特朗托"号都以全速往回驶。但克拉多克将军在 5 点 10 分命令中队集中，不是集中于离敌人最远的旗舰"好望"号，而是集中于虽然迅速撤退仍离敌最近的"格拉斯哥"号。6 点 18 分他向遥远的"老人星"号发信号示意："我现在要攻击敌人。"战斗的决策注定了他的命运，更严重的是注定了中队的命运。

引用一下"格拉斯哥"号的航海日志，"英国中队向左转 4 分，一起朝向敌人，意欲围住她们并迫使其在日落前进行战斗，此举若能成功将使对方处于极大不利位置，因为英国中队正处于敌舰和太阳之间。"德国海军上将轻易地避开这个策略，他将舰队面向陆地，排成至少有 18 000 码的长行。现在双方中队向南行驶，中队中各舰航线稍稍靠拢——英舰在朝大海一边，落日在她们的后面，德舰更接近陆地。现在开始了战争中最伤心的海战。那两个中队里的官兵，离家如此遥远，在这种波涛汹涌的大海上彼此面对着面，他们中十有九人注定要死亡。英国官兵就死在那个晚上；德国官兵死于 1 个月以后。到 7 点钟太阳落在地平线下，不再有照人炫目的阳光时，德军将军下令开炮。英国军舰背对落日余晖显出她们清晰的轮廓，而德舰在智利海岸阴暗的背景上很难被人看得清楚：出现了完全相反的有利条件。海浪很高，"蒙茅斯"号和"好望"号上主甲板 6 英寸炮必然受猛烈撞击的浪花的很大影响。德舰的炮组全都在上层甲板上以现代方式装置，它们不受与恶劣气候相应的不利条件的影响。不均等的比赛历时不到一个小时。德舰的一次最早的齐射也许打哑了"好望"号前面的 9.2 英寸大炮，在整个作战时间内这门炮都没有发射，她与"蒙茅斯"号很快着火。黑夜来到，海浪更加凶猛，"好望"号在一声巨大爆炸后成为一个发光
的斑点，不久便消失得无影无踪；"蒙茅斯"号处于绝对的无助状态但拒绝投降，被"纽伦堡"号击毁，像"好望"号一样沉入大海，下沉时她的旗子依旧飘扬。无装甲的商船"奥特朗托"号没有作战能力，正确地保持距离，消失在黑暗中。只有小小的"格拉斯哥"号在凶猛的炮火齐射下奇迹般地逃脱了出来，她继续战斗，直到在惊涛骇浪的黑暗的大海上只剩下她一艘军舰。两艘下沉的英舰没有幸存者，从舰长到水兵全都罹难。德舰没有损失一条生命。

引用"格拉斯哥"号随后的报告：

> 在整个战斗中，官兵的行为完全值得钦佩。完美的纪律与镇静态度在受到大量炮火射击而无力做适当还击的令人难受的环境下依然如故。士兵的表现完全像在进行战争实习；当看不见目标时火炮瞄准手主动地停止射击，没有炮火的迹象。"格拉斯哥"号的军官和全体水兵的斗志完全没有被所处逆境削弱，这艘军舰可以很快恢复到她能参加今后对同一敌人战斗的条件，这是我们全体一致的愿望。

如同以后发生的事实表明，这些话完全兑现。

*   *   *

现在我们必须迎接新的形势。我们的中队从目前状况看来完全分解，冯·施佩将军现在暂时控制了南美海域，他拥有多种选择。

他可以折回太平洋，重复执行使我们饱受挫折的神秘战术。他可以沿南美西海岸北上，去往巴拿马运河。但执行这个选择，他有与向南驶来的英、日中队进行战斗的可能性。当然他也可能不遭遇她们，如果遇上了，他也能够避免作战，因为他的军舰速度较快。他可以绕过弯去东海岸截断主要贸易航道，如果这样做他必须准备与斯托达特将军作战，这将是一场势均力敌和担风险的战斗。斯托达特将军有 3 艘装甲舰用来对付 2 艘德国装甲舰，他的 3 艘装甲舰中包括"防御"号，这是 1 艘比德国 2 艘军舰更新更好的军舰，装有 4 门9.2 英寸和 10 门 7.5 英寸的大炮，是我们战斗力最强的装甲巡洋舰之一。最后，冯·施佩可以横渡大西洋，在途中可能袭击福克兰群岛，并出人意料地到达南非海岸。在那里他将发现正在全力进攻德国殖民地的联合王国政府的远征军，而他的到达将是最不受欢迎的。镇压了叛乱的博瑟将军和斯马茨将军就要在极为紧张的气氛中重新进攻德属西南非，络绎不绝的运输长龙将很快装载远征队及其供应物资从开普敦流向吕德里茨湾。如果不这么做，随后冯·施佩将军可能沿非洲海岸北上，全面打击去往喀麦隆远征队的整个船队，而船队完全没有保卫自己的手段。

我们必须面对所有这些令人不快的可能性。我们必须在许多点的任何一点上防备突然打击；由于我们资源庞大，保护它们的重负变得极为沉重。第一步是恢复南美水域的局势。这件任务肯定需时 1 个月。在这极大需要前面，我的思想突然转到设法从大舰队抽调 1 艘战列巡洋舰，她与"防御"号、"卡那封"号、"康沃尔"号和"肯特"号会合，这将给予斯托达特将军以压倒敌人的优势。

1914 年 11 月 4 日

作战处处长。

1. 如果"达特茅斯"号和"韦茅斯"号今日下午启程以全速行驶，她们要多长时间分别到达蓬塔阿雷纳斯、里奥或阿布罗柳斯？

2. 提出下列行动所需时间：

(a)"肯特"号到达里奥和阿布罗柳斯所需时间？

(b)"澳大利亚"号单独地或与"蒙卡尔姆"号一起经马卡达群岛到达加拉帕戈斯所需时间？又"出云"号和"纽卡斯尔"号与她们会合所需时间？

(c)日本第二南方中队替代在斐济的"澳大利亚"号所需时间？

(d)"防御"号、"卡那封"号和"康沃尔"号分别达到蓬塔阿雷纳斯所需时间？

(e)"无敌"号到达阿布罗柳斯、里奥、蓬塔阿雷纳斯所需时间？

(f)"肥前"号和"浅间"号到达加拉帕戈斯或埃斯奎莫尔特所需时间[4]？

W.S. 丘吉尔

但我发现费希尔勋爵的想法更加大胆。他要从大舰队抽出 2 艘战列巡洋舰增援南美基地。不仅如此，更成问题的是他还要抽出第三艘战列巡洋舰——"皇家公主"号— 去哈利法克斯而后去西印度群岛以防冯·施佩通过巴拿马运河。应当派军舰去增援这是毫无疑问的，问题在于哪些军舰能省得出来。我们焦急地衡量一下我们在国内水域的力量，注意到"猛虎"号即将加入第一战列巡洋舰中队，新战列舰"本鲍"号、"印度女皇"号和"伊丽莎白女王"号已准备就绪即可服役。我们立刻向总司令下达如下命令：

246

(1914 年 11 月 4 日下午 12 点 40 分)

命令"无敌"号和"不屈"号立刻装足煤以全速驶向贝里港。国外军务紧急需要她们。"无敌"号司令官和旗舰舰长调至"新西兰"号；"新西兰"号舰长调到"无敌"号。已命令"猛虎"号以全速前来听你调遣。请给她必要的命令。

约翰·杰利科爵士得体地应付突如其来的情况，不说一句话便把两艘战列巡洋舰拨出。她们受命沿西海岸驶往德文波特为她们的南方航程安装必要装备。我们第二次擒获冯·施佩的计划现在设想如下：

（1）如果他穿越太平洋，将由以苏瓦为基地的保护澳大利亚与新西兰的日本精锐第一南方中队对付他。该中队有如下舰只组成：——"鞍马"号（战列舰）、"筑波"号和"生驹"号（战列巡洋舰）、"日前"号和"矢矧"号（轻巡洋舰）。在苏瓦还有"蒙卡尔姆"号和"邂逅"号。另外一个强大的日本中队（4艘军舰）以加罗林群岛为基地。

（2）如果他沿南美西海岸北上，迎击他的有"澳大利亚"号（从斐济来）、"肥前"号、"出云"号、"纽卡斯尔"号的英日中队准备在北美海岸外组成。

（3）如果他绕道去南美东海岸，则命令"防御"号、"卡那封"号、"康沃尔"号、"肯特"号在蒙特维的亚海外集中，加上"老人星"号、"格拉斯哥"号和"布里斯托尔"号。要等到与"无敌"号和"不屈"号会合后再与他作战。此后将"防御"号派往南非。

（4）要是他靠近开普基地，有"防御"号和"弥诺陶洛斯"号（在我们得知冯·施佩到达南美海域后从澳大利亚护航队调来）等着他，加上旧战列舰"阿尔比恩"号和轻巡洋舰"韦茅斯"号、"达特茅斯"号、"阿斯特里亚"号和"海厄辛思"号。联合王国远征任务推迟14天。

（5）要是他穿过巴拿马运河，他将遇上西印度群岛中队的"皇家公主"号以及"贝里克"号和"兰开斯特"号还有法舰"孔代"号。

（6）警告喀麦隆将船舶藏在河道上游他达不到的地方。

（7）要是他设法穿过南大西洋向回家航路进发，他将进入在佛得角群岛附近组建的由德·罗贝克将军指挥的新中队区域，该中队包括旧战列舰"复仇"号、强装甲巡洋舰"勇士"号和"黑王子"号以及"多尼戈尔"号、"高空飞行者"号还有后来的"坎伯兰"号。

这样，为了策划击毁德军5艘战舰（其中只有2艘装甲），英军有必要使用近30艘战舰（包括21艘装甲舰，大部分都由优质金属制造），这还不包括强大的日本中队和法国军舰或武装商船巡洋船，最后那一种船只对侦察十分有效。

我致电日本海军部，宣告我们在南大西洋为对付德国中队做新的集中，并建议"纽卡斯尔"号、"出云"号、"肥前"号和"澳大利亚"号在北美海岸外集中，"浅间"号完成拘捕或击毁"兀鹰"号后与她们会合。我提出日本中队去斐济取代"澳大利亚"号，以保卫澳大利亚和新西兰，防备德国军舰回来。为对付"埃姆登"号，我提出日本中队不向东航行，应向西去往苏门答腊与荷属东印度群岛邻近水域，以便封锁每一个进出口，做到东经90度没有德舰躲藏之处。日本海军部的态度是基本上同意我的意见。

同时，需尽可能为克拉多克将军中队残余的军舰提供安全保护和增援。命令"老人星"号、"格拉斯哥"号和"奥特朗托"号在蒙特维的亚海外与"防御"号会合；命令斯托达特将军把"卡那封"号和"康沃尔"号召集到那里，并使这支军力集中在他的旗舰指挥下；命令"肯特"号从塞拉利昂经过阿布罗柳斯加入斯托达特的中队。通知福克兰群岛总督防备德国巡洋舰的可能袭击。得知"老人星"号因连续疾驶导致锅炉出毛病，我们不得不再次命令她去福克兰群岛，嘱咐她在斯坦利港找一个良好泊位，以便她的大炮能控制海港入口，准备对付敌舰炮击、保卫自己和等待命令。

英国海军储备力量在外部各海域承受的紧张压力，除了海军作战的主战场外，现在达到了最大程度，这点可以从如下大概项目部分地反映出来：

联合对付冯·施佩，30艘军舰。

搜索"埃姆登"号和"柯尼希山"号，8艘军舰。

除上述军舰外，为全面保护贸易，40艘军舰。

印度洋上护航任务，8艘军舰。

在达达尼尔海峡封锁土耳其—德国舰队，3艘军舰。

保卫埃及，2 艘军舰。

执行较小杂务，11 艘军舰。

总计 102 艘各级军舰。

我们确实再也找不到一艘能使其发挥作用的任何种类的军舰，但这种情况很快得到缓解。

10 月 30 日我们已经得到消息，发现"柯尼希山"号躲藏在德属东非的鲁菲吉河上，这个消息使我们马上有可能使用两艘同等价值的军舰将她钉死，并解放其他舰只。11 月 9 日更好的消息来到。读者能记起"悉尼"号和"墨尔本"号为什么目的与目前驶越印度洋的澳大利亚护航队在一起。8 日那天，在护航队前面巡航的"悉尼"号收到从科科斯岛上无线电台发来的电报，说有一艘陌生的军舰正进入海湾。以后科科斯岛再也没有信息。据此大型巡洋舰"伊吹"号加快速度，升起日本战旗，要求指挥护航队的英国军官允许她追赶和攻击敌舰。但护航船队不能没有这个强大的保护力量，于是把这个任务给予"悉尼"号。9 点钟时她见到"埃姆登"号，澳大利亚海军历史上第一次海战开始。战斗只能有一个结局。100 分钟后"埃姆登"号搁浅，成为燃烧的一大堆扭曲的钢铁，整个印度洋绝对安全和自由了。

考虑到这艘军舰给予我们的所有损害并没有违反人道或我们理解的海战法，我们发出如下电报：

海军部致驻中国中队总司令

1914 年 11 月 11 日

"埃姆登"号的舰长、军官和水兵有权利享受降军的礼遇。除非你们知道任何相反的理由，否则应允许舰长和军官保留佩剑。

可是这些战争礼节常常得到无礼的回报。

印度洋上敌舰的肃清解放了所有搜索"埃姆登"号和"柯尼希山"号的那些军舰。现在没有军舰伤害澳大利亚护航队了。大部分护航的军舰撤走。"埃姆登"号和"柯尼希山"号已有了着落，而冯·施佩在地球的另一面。我们命令"弥诺陶洛斯"号以全速驶往开普。所有其他军舰通过红海进入地中海，由于那里土耳其入侵埃及迫在眉睫，她们的到达极受欢迎。

与此同时"无敌"号和"不屈"号已到达德文波特。我们决定将离开参谋长职位的斯特迪将军应在"无敌"号上升起他的旗子，指挥南美基地，他应全面负责对冯·施佩的一切战斗。我们以最大耐性等待他和他的军舰离开。一旦军舰进入修船厂，就会出现上百种需要。

11月9日，当费希尔勋爵士走进我的房间时，他把如下电报放在我的台子上：

> 德文波特修船厂主管将军报告，"无敌"号和"不屈"号装修完成的最早可能日期是11月13日午夜。

我立刻对修船厂的延期表示极大不满，并问费希尔："我应给他一个处罚吗？"或说了类似这个意思的话。费希尔拿起电报，他一看电报就惊叫："星期五13日，选了个什么样的日子！[5]"于是我草拟并签署如下命令，这个命令成为福克兰战役的直接起因：

海军部致总司令，德文波特

> 军舰准备于11日星期三启程。战争的实际状况需要她们，修船厂的安排必须与之相符合。如有必要修船工人应随舰出海，待有机会时回来。你有责任将这些军舰在彻底高效状况下快速派遣出航，收到后告知。
>
> W.S. 丘吉尔

结果军舰在关键时刻起航。她们于 11 月 26 日在阿布罗柳斯加煤，在那里她们加入斯托达特将军的中队（"卡那封"号、"康沃尔"号、"肯特"号、"格拉斯哥"号、"布里斯托尔"号和"奥拉马"号）。中队派遣"防御"号去开普后，她们在看不见陆地的海洋上航行而且没有使用无线电，于 12 月 7 日夜间到达福克兰群岛的斯坦利港。在那里她们发现在泻湖里的"老人星"号，她正按照海军部的指示准备保卫自己和这个殖民地。她们立即开始加煤。

＊　　　＊　　　＊

250　　在科罗内尔取得胜利后，冯·施佩将军表现出一位勇敢绅士的尊严。他不以瓦尔帕莱索德国殖民地的热情欢呼为意，也不谈论建立在战死者之上的胜利。他对自己的危险不抱幻想。他谈起人们献给他的鲜花时说："它们可以用在我的葬礼上。"总的说来，他的行为会使我们认为，德国人不救起任何英国幸存者不是由于缺乏人道精神，而这个想法已为英国海军所接受。

在瓦尔帕莱索住了几天后，他和他的军舰再次消失在蓝色的大洋中。我们不知道是什么理由引导他袭击福克兰群岛，也不知道在取得胜利后他的下一步计划将是什么。据推测，他希望破坏这个没有防御工事的英国加煤基地，从而使他自己在南美海域的地位危险较小。无论如何他是在 12 月 6 日正午，从麦哲伦海峡率 5 艘军舰向东出发；12 月 8 日 8 点他的领航舰（"格奈泽瑙"号）看到了福克兰群岛的主要海港。几分钟后一个可怕的幽灵突然出现在德国人的眼前。在地岬后面耸立着的是一对三脚桅杆，在清晰的空间显然可见。看一眼就足够了，它们意味着肯定的死亡。[6] 天气晴好，从舰顶望去四周的地平线扩展到 30 或 40 英里。没有希望取胜，没有机会逃脱。一个月前另一个海军将军和他的水兵曾遭受同样的苦难经历。

*   *   *

    那天下午 5 点，我正在海军部房间里工作，奥利弗将军拿着电报进来。它是福克兰群岛总督发来的，电文如下：

    施佩将军率他的全部军舰今晨天明时来到，现在与斯特迪将军正在加煤的全部舰队鏖战。

    我们曾遇到过许多次令人伤心的突然袭击，所以电报中最后几个字使我感到脊椎骨一阵颤战。尽管我们在各方面占优势，但我们是不是在毫无准备情况下在锚地上遭到突然攻击和重创？"电报能是这个意思吗？"我对参谋长说。他说："我希望不是。"我看得出，我的想法虽然不是真认为是这样，但他听了也感到不安。可是两个钟头后，门房再次推开，这一次严峻而阴沉的奥利弗面容带着有点像咧嘴而笑的模样。"先生，一切都好；她们全葬身海底。"事实上，除一艘例外，其余全是这样。

*   *   *

    当见到远方天际的德国领航舰时，斯特迪将军及其中队事实上正在加煤。根据收到的情报，他深信德舰在瓦尔帕莱索，他意欲第二天出航，在敌舰绕过合恩角之前抢先绕过。在最早看到敌舰到他能升火出航以前两个多钟头过去了。第一批炮弹是从内港泥滩固定位置上的"老人星"号 12 英寸大炮发射的。"格奈泽瑙"号不断向前靠近，直到她看到致命的三脚桅杆，于是她立刻转身带领她的轻巡洋舰以全速逃走去与她的分队会合。几分钟内整个德国中队以最大速度向西驶去。10 点钟，"肯特"号、"卡那封"号和"格拉斯哥"号已经起航，斯特

251

迪将军乘"无敌"号驶离港湾，后面跟随"不屈"号和"康沃尔"号；同时那些轻巡洋舰（其中包括"布里斯托尔"号）都开足马力尽可能快地紧随其后。

德国中队全部 5 艘军舰现在可以看清，约在 15 英里以外，舰体落在水平线以下。总追逐的命令已发，但稍后，将军考虑到天时尚早时间宽裕，他调整速度，战列巡洋舰只保持约 20 节速度。然而，这个速度足以赶上德舰，敌舰长期在太平洋上逗留，一直未进港口，一起行驶时不能超过 18 节。尽管如此，"莱比锡"号还是开始掉队，在 1 点不到几分钟时"不屈"号在 16 000 码外向她开火。冯·施佩面对自己的军舰有一艘接一艘被消灭的危险，他做出了肯定符合海军最好传统的决定。他发信号给轻巡洋舰叫她们逃往南美海岸，然后他与"沙恩霍斯特"号和"格奈泽瑙"号回转身面对追赶者。随后发生的海战优势在英国方面。德国将军不止一次试图缩小距离，试图在近距离中使他猛烈的辅助性 5.9 英寸火炮发挥作用。英舰则竭力保持刚好远的距离，不使这批火炮发挥效力，并以 12 英寸大炮向敌舰倾泻炮弹，可是在这种长距离战斗中，要击毁德国巡洋舰得花相当时间和大量弹药。"沙恩霍斯特"号连同她的将领和全体人员在下午 4 点 17 分下沉，她发给僚舰的最后信号是保全自己。"格奈泽瑙"号在无望的劣势下以最大的坚毅继续战斗到 6 点钟，在绝对无能为力的情况下她打开海水阀，在大洋冰冷的海水下失去踪影，只有她的旗子依旧飘扬。英舰冲向沉舰地点，放下可以使用的每一只救生艇，但只来得及救起 200 名德国官兵，其中有许多人因受冷水过大刺激在第二天死去。当"沙恩霍斯特"号和"格奈泽瑙"号沉没后，"不屈"号每门 12 英寸大炮只留下 30 发炮弹，"无敌"号只留下 22 发炮弹。

与此同时，英国其他巡洋舰都选择一艘逃跑的德国轻型舰只为目标，于是接着发生一系列追逐战。"肯特"号（舰长艾伦）以一阵超过以往纪录、据说甚至超过设计速度的疾驶赶上和击沉了"纽伦堡"号。"纽伦堡"号拒绝投降，随着她船头的下沉，胜利者能看到她翘起的船尾上有一群人举手向德国国旗告别。"莱比锡"号被"格拉斯哥"号和"康沃尔"号击沉。只有"德累斯顿"号单独逃走。她于3个月后在马斯阿富埃拉近海锚地被英舰追到击沉。

德国巡洋舰在外海的战争就此结束。除了"卡尔斯鲁厄"号(她有一段时间没有音讯,后来知道她于11月4日因内部爆炸而沉没)和"德累斯顿"号(很快被找到并击毁)外,世界各大洋上再没有任何德国战舰。从战争开始起到获得这个结果总共花了4个月时间。这个结果的意义深远,同时影响我们在地球每一部分的地位。各处的紧张压力得到缓解。我们所有的事业,不论是战争还是商业,在每个战场上都进行顺利,没有丝毫阻碍。24小时内我们向几十艘英舰发出命令,叫她们返回国内水域。我们第一次知道我们拥有比敌人多得多的某些级别军舰,良好训练的海员和各种海军供应物资,并做好了充分利用它们的准备。公众虽然满足于这场把敌人彻底击溃的胜利,但他们完全意识不到这个胜利对整个海军形势的巨大重要性。

科罗内尔和福克兰群岛直接参战的军舰

力量对比值	舰名	有效速度(节)	火炮(英寸)
	(战列巡洋舰)		
5	无敌号	24	8—12
5	不屈号	24	8—12
	(战列舰)		
4	老人星号	15.5	4—12
			12—6
	(巡洋舰)		
3	防御号	22	4—9.2
			10—7.5
2	好望号	21.5	2—9.2
			16—6
1.5	卡那封	21	4—7.5
			6—6

1	蒙茅斯号	21	14—6
1	肯特号	21.5	14—6
1	康沃尔号	21	14—6
2.5	沙恩霍斯特号	22	8—8.2
			6—5.9
2.5	格奈泽瑙号	22	8—8.2
			6—5.9
	（轻巡洋舰）		
	格拉斯号	24	2—6
			10—4
	布里斯托尔号	24	2—6
			10—4
	莱比锡号	21	10—4.1
	纽伦堡号	22	10—4.1
	德累斯顿号	22	10—4.1
	（武装商船巡航船）		
	马其顿号	17	
	奥特朗托号	16	4—4.7

注释：

[1] 本章末的军舰表对整个本章有参考作用。

[2] 巴西海岸外的阿布罗柳斯礁石岛是我们在这些海域的秘密加煤基地。

[3] 本章末的军舰表很有用处。

[4] 有星号的军舰最后参与福克兰群岛海战。

[5] 星期五与 13 日重合，西方人认为最不吉利的日子。——译者

[6] 只有"无畏"级战舰才有 3 脚桅杆。

第十六章　炮轰斯卡伯勒和哈特尔浦

1914 年 11 月和 12 月

　　我们的情报机构赢得世界范围的盛誉，它们受之无愧。我们在战
时也许比任何其他国家都能更成功地戳穿敌人的图谋。陆军和海军情
报人员的预测一次又一次地正确无比，这使朋友吃惊，使敌人恼怒。
海军情报局接连三任局长托马斯·杰克逊海军上校、奥利弗海军少将
和最后一位雷金纳德·霍尔海军上校都是情报工作中的佼佼者，他们
不断致力于建立和扩展一个有效而健全的组织。其他还有一些人——
一份光辉的人员名单——他们的名字甚至到现在还是保密为好。我们
有关德国海军活动的情报主要来自：（1）在中立国和敌国，特别在德
国的特工人员的报告；（2）以高度警惕性深潜在黑尔戈兰湾的我们潜
艇的报告；（3）我们对德国无线电信号的特殊研究。我们有一段时间
从中得到了巨大好运的帮助。

　　1914 年 9 月初，德国轻巡洋舰"马格德堡"号在波罗的海失事。
几小时后俄国人打捞起一个淹死的德国下级军官的尸体，在他胸前
那双死后僵硬的手里紧握着的是海军密码本和旗语通讯手册以及北
海和黑戈尔兰湾详细的方格地图。9 月 6 日俄国海军武官来看我。他
收到来自彼得格勒的电报告诉他发生的事情，俄国海军部在这些密
码本和旗语通讯手册的帮助下至少已能破译一部分德国海军电报。
俄国人认为，作为主要的海军强国，英国海军部应当有这些册子和
地图。如果我们能派一艘军舰去亚历克山德罗夫，俄国负责这些册

子的军官将带它们来英国。我们即刻派去一艘军舰，10 月下旬的一个下午，路易斯亲王与我从我们忠实盟友手中收到这些沾有海水污渍的无法估价的文件。我们立刻建立了一个组织，着手研究德国无线电讯和翻译收到的电报。这个组织的领导人是海军教育处长艾尔弗雷德·尤因爵士，他为海军部破译情报等工作所做的贡献是第一流的。这个工作非常复杂，因为密码当然是电报保密方法的唯一要素。但在 11 月初开始，我们的军官逐渐成功地翻译出德国海军电报的各个可辨识的部分。它们大部分属于例行公事性质。"我们的 1 艘鱼雷艇将于下午 8 点驶往第 7 号方格"等等。但仔细地收集这些片语只字就能提供一个信息体系，据此能相当精确地了解敌人在黑尔戈兰湾的部署。可是德国人一再改变他们的密码和关键码，所以我们只能偶尔了解它们。随着战事的持续，电码变得越来越可疑，设计的手段完全无法理解。可是这种情报来源保持下来，显然它有非常巨大的价值。

德国的官方史本身表明，德国最后对此事消息灵通："即使我们怀疑英国海军部掌握了德国舰队编制的整个密码体系，但从彼得格勒传出的可靠消息扫除了我们的疑心，它表明当'马格德堡'号在奥登肖尔姆海外搁浅后，舰上的秘密文件都摔到舰外，被俄国人捡走传送给他们的盟国。"

最后，主要依照奥利弗将军的远见，我们在 1914 年 8 月开始建立定向电台。因而把我们测定敌舰位置的手段提高到无与伦比、事实上前所未有的完善程度，我们可以使用连续定位的办法测出使用无线电设备的任何敌舰的航线。

舍尔说："英国人通过他们的'定向电台'收录信息，这种电台已在使用，但我们在很晚时候才开始使用它……有了这种电台，英国人在指挥作战上具有很多有利条件，因为只要对方一发出无线电信号，他们就得到非常精确的敌人所在位置相关信息。在巨大的舰队中，分散的军舰相离甚远，她们之间的通讯极端重要，绝对终止所有无线电通讯，这对任何舰队的行动都是致命的。"

可是在搜集情报和估量情报以及从情报得出真谛之间常常有一道难以逾越的鸿沟。信号一经发出，特定军舰的无线电音符我们就能听到：在某个时候某个航道将会射出灯光，军舰在行动，扫雷舰只在活动，航道浮标指出，上锁的门打开了——所有这些话是什么意思？乍一看它们都似乎仅仅是寻常的活动，但把一项一项活动放在一起可能导出惊人的发现。总之，所有这些暗示，不管其源自何处，全是阿瑟·威尔逊爵士专门研究的主题，他负有就这些暗示向我们战时领导小组提供意见的庄严责任。

256

12月14日星期一下午之前北海一直保持安静。那天7时许，阿瑟·威尔逊爵士来到我的房间，要求与第一海务大臣和参谋长做一次直接会晤。几分钟后我就把他们叫来，于是他解释说，他研究了关于敌人的情报，表明有可能即将发生一次军事行动，这次行动牵涉到敌人的战列巡洋舰，也许——虽然还无确实证据——敌人会对我们沿海进行攻击。他明确地说，德国公海舰队似乎与此无关。发觉的迹象是模糊和不确定的，在论点上还有漏洞。但听了阿瑟·威尔逊的分析后我们得出的结论是，我们该把臆断与推测当作确有其事，我们应该行动。我们决定不动用整个大舰队。由于斯卡帕湾的无保护状态，过去我们把大量巡航任务施加在舰队身上，现在我们希望，尽可能避免磨损机器和凝汽机。此外，每次派遣巨大舰队出海都会招来潜艇与水雷，除非确有必要，我们对舰队的使用要加上一定的限制。

对这个决定总司令不持异议，但从以后发生的事情看来，限制是有很多遗憾的。但必须记住，海军部据以行动的情报从未经过检验，所以看上去有极大的猜测性。不管有什么价值，情报都排除了德国公海舰队在海上出现的可能。因此我们立刻命令战列巡洋舰和第二战列舰中队连同一个轻巡洋舰中队和一个驱逐舰小舰队生火，以规定的速度和规定的时间出海，使她们能第二天早上天亮时处于拦截敌人的位置上。发给哈里奇舰队蒂里特准将的命令是叫他去雅茅斯外海上，发给凯斯准将的命令是把我们可用的8艘外海潜艇布置在泰尔斯海灵岛外海上，以防止敌人向南袭击，并命令海岸部队加强警惕。[1]

257　　海军部致总司令

1914 年 12 月 14 日，下午 9 点 30 分发

刚刚收到的可靠情报表明，德国第一巡洋舰中队伙同一些驱逐舰在星期二凌晨离开亚德河，于星期三夜间返回。根据情报，战列舰显然很可能不出动。

敌舰将有时间达到我们的海岸。

立即派战列巡洋舰中队和轻巡洋舰中队在一个战列舰中队（最好是第二中队）的支持下于今晚离开基地。

在星期三早晨天明时，她们应到达某一点上，以确保在那儿她们能有效拦截归来的敌人。

蒂里特与他的轻巡洋舰和驱逐舰努力在英国海岸外与敌人接触，追踪敌人并随时向将军报告情况。

根据我们的情报，德国第一巡洋舰中队包括 4 艘战列巡洋舰和 5 艘轻巡洋舰，可能还有 3 个驱逐舰小舰队。

收到后告知。

海军部致蒂里特准将，哈里奇号

1914 年 12 月 15 日，下午 2 点 5 分发

明天天刚亮时德国战列巡洋舰、巡洋舰和驱逐舰有极大可能出现在我们的海岸外。

派一艘 M 级驱逐舰从午夜到早上 9 点在北欣德灯船附近海面巡航。派第二艘 M 级驱逐舰从午夜到早上 9 点在从北纬 53°0′东经 3°5′起的 15 英里长的南磁极线上巡航。

这 2 艘驱逐舰的任务是观察和报告敌人行踪，并信任她们自己逃逸的速度。

要是天气太坏，她们可回哈里奇。报告她们的舰名。

第一和第三小舰队连同所有可用的轻巡洋舰在明天天亮前巡弋在雅茅斯海外，准备驶往据报敌人可能前来的任何地方，不管是从北方来还是从南方来。

她们的任务是与敌人接触，跟随他们并向第二战列舰中队的海军中将和第一战列巡洋舰中队的海军中将报告敌人的位置。

第二战列舰中队、第一战列巡洋舰中队、第三巡洋舰中队和轻巡洋舰中队在早上 7 点半将处于北纬 54°10′东经 3°0′位置上，准备切断敌人退路。

如果发生战斗，你的小舰队和轻巡洋舰必须努力与我们的大舰队在--起对付敌人的驱逐舰。

要是天气太坏对驱逐舰不利，就单独使用轻巡洋舰，令驱逐舰返回。收到后告知。

在采取了所有认为必要的措施后，我们怀着迟疑不决的但充满期望的奇特心情在 36 个小时里等待星期三早上发生的事情。12 月 16 日 258 早上大约 8 时半，我正在洗澡，当时房门打开，一位军官从作战室持一份海军电报匆匆进来，我用湿手一把抓过电报。上面写着"德国战列巡洋舰炮击哈特尔浦。"我惊叫地跳出浴盆。我对哈特尔浦深表同情，还夹杂着乔治·温德姆先生所说的"打算报复的止痛剂"的情绪。我顾不得擦干身躯就穿上衣服，跑下楼去作战室。第一海务大臣刚刚从隔壁住所来到。一直睡在作战室里，连白天也很少离开的奥利弗在地图上标出有关位置。受这次攻击影响的沿海岸所有海军电台发来的电报，以及从我们在邻近的军舰截获敌人的电报可以互相印证，电报以每分钟 2 到 3 份的速度涌入。海军部也发布消息，使各舰队和小舰队不断得到我们知道的全部信息。

每艘舰艇现在全部派遣出海或者开始行动。命令从福斯来的第三战列中队（"爱德华国王"级）阻止敌舰向北逃逸。作为进一步预防措施，大舰队本身最终也要出动（虽然，这个措施不大可能及时实施，除非德舰被赶到北方很远的地方）。命令蒂里特准将及其被称为"哈里奇打击力量"的巡洋舰和驱逐舰去与指挥第二战列舰中队的拥有拦截力量的高级将领乔治·沃伦德爵士会合。可是天气对驱逐舰来说过于狂暴，只有轻巡洋舰才能在海上行驶。最后，在那天晚些时候，在我们最新驱逐舰"猎狗"号上的凯斯准将受命与另一艘驱逐舰"喷火龙"号一起，从他在泰尔斯海灵岛海外的基地率领他的潜艇进入黑尔戈兰湾试图打击归来的敌舰。

在当时，炮轰不设防城市对我们还是新鲜事，但此事到现在还有什么要紧呢？从战时地图上看得出一艘艘德国战列巡洋舰在约克郡海岸大炮射程以内，而向东 150 英里，在这些军舰与德国国土之间，组成第二战列中队的英国 4 艘战列巡洋舰和 6 艘世界上最强大的战列舰正在预定的正确位置上行驶，她们精确地切断了敌人的退路。在巡洋舰中队和小舰队的随伴和引导下，这个由我们最新军舰组成的舰队，全都配备当时海上最重型的大炮，在晴朗天气能有效地守卫和保护近 100 英里的战线。黎明将显露出对峙双方的状况，此时只有一件事能使德舰从占压倒性优势力量的手掌中逃脱被歼灭的命运。当巨大的炮弹击中哈特尔浦与斯卡伯勒的小屋，给毫不提防的英国家庭带去残酷的痛苦与毁灭之际，海军部作战室里众人的思想只为一件事情焦虑。

"能见度"一词具有邪恶的含义，但此刻它相当良好。沃伦德与贝蒂二人的视域接近 10 英里，近海岸处实际上正在进行 7 000 码距离的炮击。天气没有什么不好的征兆。上午 9 点德舰炮击终止，很快驶往看不见陆地的地方，无疑她们正在回家的航路上。我们吃早饭时心情焦虑不安。要想确实得到这个巨大奖品——歼灭德国战列巡洋舰中队将使德国海军受到致命的无法恢复的伤残，要想在一片迷雾中运筹帷幄，这是令人痛苦的磨难。同时，电报与电话把哈特尔浦与斯卡伯勒的不幸传播到英国各地，到10点半当内阁战时委员会开会时，消息被谣传扩大，已引起人们激动。人们直截了当质询我怎么可能出现这种事情。海军在干什么和海军准备做什么？回答时我拿出海图，说明当时英国和德国海军力量的各自位置，我解释说若有中等的能见度，我们预计战斗将在正午时分发生。这个宣布使全体人员感到惊奇，委员会休会到下午再开。

10点半时海军部得知敌舰正在离开我们的海岸，我们相应地通知沃伦德将军：

> 敌人可能向黑尔戈兰湾回去。你应避开雷区把握方向以便切断其归途。

可是此时不祥的电报开始来到。沃伦德的视线很快只有7000码；贝蒂只有6000码；已经提到离海岸较近的轻巡洋舰5000码的电报；稍后发来信号说只有4000码。与此同时双方没有接触。正午过去了，一会儿1点钟过去了。天气越来越坏，雾幕正降落在北海之上。军舰彼此通话时报告能见度低到3000码和2000码。费希尔和威尔逊庄严的脸庞上虽看不到情绪激动，但人们能感觉到他们内心燃烧着火。我试着做别的工作，但精神集中不起来。从我们舰队传来的含糊的信息，表明她们显然与敌人相距极近。在浓雾中摸索，军舰只有在2000码以内才能分辨对方。我们听到沃伦德命令他宝贵的军舰穿过约克郡海岸外已探明的德国人布下的雷区，他显然想要努力接近刚在视线以外和手指尖以外的某种东西。然后我们突然听到率领轻巡洋舰的古迪纳夫海军少将报告，他已向3000码距离的德国轻巡洋舰开炮。人们的

284

希望迅速上升。一旦接触开始，它不会引起其他一系列事件吗？近距离混乱的前景不会使海军部害怕，他们唯一害怕的是让敌人逃走。甚至第二战列中队通过雷区完成海军部提出任务的行动报告也在绝对寂静中收到。

1点半光景，阿瑟·威尔逊爵士说："看来敌人在离开我们。"可是此刻发生了一种可怕的新情况。1点50分时我们得知德国公海舰队在海上。直到正午这个大舰队都默不作声。一旦她做声，我们就要做必要的计算，这需要一些时间，然后就能认出并确定她的所在。事实上她已经驶入北海好多路程。德国舰队的出现（我们当时认为她是来支持德国战列巡洋舰的），完全改变了力量的平衡。我们的10艘大型军舰加上她们的轻型中队和小舰队，不但是世界上最强大而且也是最快捷的海军力量，不存在能立即赶上她们和超过她们的德国海军力量。在另一方面，她们不能与德国公海舰队对抗。德国战列巡洋舰还与我们的舰队相距150英里，在我们看来，我们军舰开始与德国战列巡洋舰在当时严重的浓雾天气中进行追逐战，可以想象会导致与敌人海军主力的突然遭遇。这当然不是海军部所希望的，我们即刻警告了我们的中队。

海军部致第二战列舰中队和第一战列巡洋舰中队

下午1点50分发

（急电）

公海舰队出动，今日下午零点30分在北纬54°38′东经5°55′[2]。因而不要向东走得太远。

这些邪恶的可能性像我们早些时候的希望一般很快消失。公海舰队不像我们想象那样驶往大海，而是长时间留在海湾外，现在又退了回去。

下午 3 点钟我过去告诉战事委员会发生了什么情况，在我再次
穿过骑兵卫队阅兵场时我的心不知道有多么沉重。我回到海军部，
战时领导小组重新集合在我房间中八角形桌子周围。冬日黄昏的阴
影业已降临。此时阿瑟·威尔逊爵士以他一如平常的态度说："噢，
你们瞧，敌人离开了，此刻他们必定在那里"，他指向海图，海图上
参谋长每 15 分钟标出敌人的位置。很明显德舰已避开我们的拦截军
舰，甚至已与我们接触的德国轻巡洋舰也在浓雾中逃逸。沃伦德将
军在他随后的报告中说："他们在一次雨暴中出来，在另一次雨暴中
消失。"

现在已近 8 点钟。

那么全都过去了？我问我们的潜艇。凯斯准将已把潜艇从最初
的泊位集中，此刻正向德舰撤退航线靠近。可是敌人航线是否会进
入限定的范围内是一件碰运气的事情。于是阿瑟·威尔逊说："现在
只有一个机会。凯斯的'猎狗'号和'喷火龙'号与潜艇在一起。
今晚德国战列巡洋舰进入海湾时，他也许会决定对她们发起进攻。
他可能发射 1 枚其至 2 枚鱼雷。"派这 2 艘不结实的驱逐舰连同其勇
敢的准将以及忠实的官兵远离基地接近敌人的海岸，毫无支援地进
入强大德舰及其保护军舰与小舰队的虎口，看来的确是孤注一掷的
举动。长时间无人说话。我们都很了解凯斯。然后有个人说："这简
直是送他去死。"还有人说："最不愿意我们考虑这件事情的人就是他
了。"又有一段长时间的沉默。然而，阿瑟·威尔逊爵士已写就如下
电报：

下午 8 时 12 分

我们认为当军舰进入时黑尔戈兰湾和阿姆鲁姆的灯塔将会被
点亮。你的驱逐舰在早上 2 点左右可能得到攻击机会，或者在以后，
视给你的机会而定。

286

第一海务大臣点头同意，参谋长拿起电报，沉重地站起身走出房间。然后我们转向日常工作，并决定关于发生的事情该怎样告诉公众。

两天以后，当我在海军部我的房间里接见凯斯将军时，我说："那天晚上我们给你发出了一份可怕的电报。我想不到还能再见到你。"他说："一直到我快到家时才得到电报，这真可怕。我等了3个钟头希望有这样的命令。我几乎想由自己负责这样做，"他继续没有必要地责备自己。[3]

* * *

到此，我已叙述了12月16日的这个事实片断，完全根据当时海军部作战室的情况和我们当时对事件的了解。现在让我们看一下所发生的实际事实。[4]没有人知道德舰将攻击我们海岸的哪一点；有500英里长的海岸线密布可能要防卫的目标，很难有某种解决办法。可是总司令发布命令，选择黎明时的位置，巧妙理解敌人的计划。在执行这些命令中，第二战列中队（6艘军舰）和战列巡洋舰中队（4艘军舰）加上第三巡洋舰中队、一个轻巡洋舰中队及一个小舰队从斯卡帕、克罗默蒂和福斯南下，在16日早上5点30分天亮前2小时到达多格滩南部边缘。这里是北海的中心，几乎在从哈特尔浦到黑尔戈兰的一条线上。英国驱逐舰队的先头屏护舰队与德国驱逐舰和轻巡洋舰开始交火，当白天来到，她们认出一艘德国大型巡洋舰是"罗翁"号。[5]接着发生战斗，我们的几艘驱逐舰被炮弹击中，德舰向东退去。于是贝蒂将军率领他的战列巡洋舰开始追赶"罗翁"号。约9点钟时他与沃伦德将军接到海军部的消息，把他从追赶中叫了回去，消息说德国战列巡洋舰炮轰哈特尔浦及稍后的斯卡伯勒。英国军舰立刻掉头向西并排成长列驶往英国海岸，似乎很有可能拦住德国战列巡洋舰。

在这场战斗中令我们迷惑不解的是，"罗翁"号与德国轻型舰只在早上这么早的时候在多格滩边缘干什么。她们这种军舰不适于处在这么容易暴露的位置上，而所处位置又不能对袭击英国海岸的德国巡洋舰有任何帮助。现在我们知道了答案。原来"罗翁"号及其巡洋舰和驱逐舰是德国公海舰队先头屏护舰队的一部分，公海舰队全部出海，共有 3 个中队，还有大量辅助军舰和小舰队。公海舰队司令冯·因格诺尔将军在 15 日晚上黑幕下降后（下午 4 点和 5 点）16 日黎明前从库克斯港驶出，大胆驶往多格浅滩以支持他的巡洋舰，这些巡洋舰在冯·希珀将军率领下已经接近英国海岸。要是冯·因格诺尔将军如他原来打算那样继续向前，他的侦察舰本来会在那天早上 8 至 9 点钟清晰明亮的天气中在北海的这一部分见到由此南驶的英国战列巡洋舰和第二战列舰中队。两者遭遇几乎是肯定的。那会发生什么情况呢？冯·提尔皮茨将军宣称，这是天赐的、绝无仅有的、对德国有利的、力量差异巨大的战役。他在几星期以后写道："12 月 16 日，德国的命运握在因格诺尔手中。每当想起此事我内心激情沸腾。"我们以后还要分析他的这个断言。现在先让我们继续说一说发生的事情。

冯·因格诺尔将军那一天出海行驶这么远，已经超出了德皇的指令范围。他呼吁德皇终止在黑尔戈兰湾战事（8 月 28 日）后发布的"钳口命令"，但近日遭到拒绝。德皇最近发布敕令的要旨是："舰队务必后退，避免可能招致重大损失的战斗。"而现在这支舰队在一个 12 月的黎明前的黑暗中竟离开海湾深入北海的中部。突然大炮的闪光映入眼帘，英国驱逐舰报告与德国的屏护巡洋舰发生交火，屏护舰队后退，驱逐舰追赶——此时离天亮还有两个钟头。冯·因格诺尔认为自己在黑暗中有受鱼雷攻击的危险。因此到 5 点 30 分左右，他使整个舰队旋过身来，向东南方向驶去，6 点刚过，德皇限制性的指令使他越来越不安，他既不知道我们中队的存在又不知道他自己中队的所在。正如英国官方历史学家正确选择的语言那样，他"只好调转尾巴回家，让袭击他的军舰摸不着头脑。"即使如此，6点钟时两支舰队相距只有约50英里，而它们的轻型舰只发生了接触！德国第二中队司令舍尔说："我们未考虑成熟地转向东—南—东航线使我们失去了按我们事先计划与敌人某些舰艇分遣队作战的机会，现在看来这个计划是对的。"

264 　　但是，至于沃伦德和贝蒂将军，没有人强制他们打这样一场战争。他们的中队在巡洋舰与驱逐舰的屏卫下舒适地行动。在这部分海域，此时天气相当晴朗平静。在他们进行猛烈战斗之前本来就知道面对的是什么力量。试图以6艘战列舰和4艘战列巡洋舰（尽管她们是我们最强有力的军舰）与德国公海舰队20艘战列舰作战是没有理由的，也没有任何必要。英国第二战列舰中队集体航行时速度为20节，她们在强力顺风时可以21节速度逃走，冯·因格诺尔的军舰中只有6艘的速度与她们相等。至于战列巡洋舰，任何德舰都追赶不上她们。离开英国大舰队独自行动的这支海军力量把安全寄托在她们的速度上。因而沃伦德和贝蒂将军能够拒绝与德国舰队作战，当然他们有责任这样做。还要考虑在海上与德国舰队在一起的大量驱逐舰，以及在黑暗和恶劣天气中的危险。这个关键时刻的形势，如我们现在知道那样，有充分理由需要深思熟虑。他们之所以没有做出不利的决定，是因为先前有鲁莽经历的教训。12月16日事件受到了8月28日经验的保护。

　　现在我们进入这个不平凡的日子的第二阶段。全体4个英国中队连同她们的小舰队，在9至10点钟之间正驶向英国海岸。德国袭击海岸的巡洋舰完成了她们的炮轰，以最高速度试图回家。在约克郡海外德国人在战争早期布置了两个巨大的雷区，我们查明它们的区域，把它们视作防止袭击的保护并改善这两个雷区，增布了一些水雷。在这两个雷区之间，在惠特比和斯卡伯勒对面有一个约15英里宽的空隙。约翰·杰利科爵士在远处的"铁公爵"号上思考整个局势，他得出的意见是，敌人或许试图向北逃逸，在雷区内侧沿我们海岸北驶，更可能向东行驶径直通过惠特比和斯卡伯勒对面的空隙。他命令福斯的第三战列中队封锁空隙的北边，这个部署很快实施。10点10分他发信号给乔治·沃伦德爵士，告诉他惠特比对面雷区空隙的位置，并说："敌人极可能从那里驶往外海。"沃伦德和贝蒂将军根据这个假设进行部署，事实上这个假设猜中了德国人正在做的事情。

因此到11点，4艘德国战列巡洋舰——有她们的轻巡洋舰在60英里前独立开道——以最高速度向东朝黑尔戈兰湾驶去。与此同时，我们全部4个中队向西以磅礴的气势直接向她们驶去。两支舰队之间的距离大约为100英里，它们以每小时超过50英里的合计速度相互靠拢。在我们舰队航线前方有一条由南向西的多格浅滩沙洲，沙洲上水深不够，不论是英国还是德国的战列巡洋舰都难以越过。因而英国的席卷向前的舰队分散——贝蒂和轻巡洋舰走沙洲的北面，沃伦德率战列舰和第三巡洋舰中队走沙洲的南面。这意味我们的前进航线会有一定程度的迂回。而且，天气变得极坏，浓雾笼罩、海浪汹涌。此时在贝蒂之前侦察的我们的轻巡洋舰中队已通过浓雾与雨暴看到德国轻巡洋舰。我们处在最南边的轻巡洋舰"南安普敦"号开炮，敌舰回击。"雄狮"号舰上官兵的希望上升了。正在这个地方，正在她们期待的时候，出现了敌人的屏卫巡洋舰。显然敌人的主力在她们后面，也许在后面不远处。可是此时厄运插了进来。

另外3艘英国轻巡洋舰看到"南安普敦"号向南驶去，她们也朝那个方向加入战斗，"伯明翰"号开火了。这可不符合贝蒂将军的希望，他希望在他预期接近敌人的战列巡洋舰时，必须有他的侦察舰留在他的前面。当时失去她们的危险非常之大，因此他命令他的轻巡洋舰回到她们的战位。退回的信号不是指名发给2艘去与敌舰交战的军舰，而是普遍地对轻巡洋舰中队，而为执行这个命令，"南安普敦"号和"伯明翰"号脱离了与德国巡洋舰的战斗回到舰队排列的各自位置上。德国轻巡洋舰向南驶去，消失在浓雾中。与她们的接触就这样失去了。

可与此同时，双方的战列巡洋舰继续迅速彼此接近。12点15分冯·希珀将军得到他的轻巡洋舰的警告说，敌舰就在他前面近处，他也稍稍改变航向朝向东南方。贝蒂将军继续他的航向前进直到12点30分，此时两支战列巡洋舰队只有25英里距离，而且迅速靠近。[6] 然而此刻又出现厄运！德国轻巡洋舰向南偏斜离开贝蒂的前进路线，与沃伦德前面的第三巡洋舰中队遭遇。双方再度交火，敌人的巡洋舰再次消失在浓雾中。她们报告冯·希珀，在这条路线上也有阻挡的军舰。据此，在12点45分他做"四分之三向左转"（我使用了一个骑兵术语），向北逃去。但这样的躲避方法本身不足以救他。如果贝蒂将军再有一刻钟时间保持他原来航线，一系列决定性战斗必定会在1点之前开始。但请看后来发生的情形。

12点30分贝蒂将军在与德国轻巡洋舰发生第二次接触时收到乔治·沃伦德爵士发来的信号："看到敌人巡洋舰和驱逐舰。"因此，贝蒂的结论是德国战列巡洋舰已经溜过他的身边向南逃走。健全的原则是以不惜任何代价守在敌舰与敌巢之间，除了据此行动之外，他还来个急转弯，循他的来路也就是向东回驶了3刻钟。1点15分听到敌人战列巡洋舰折向北方，他也转身向北，可是一直没有再次接触。冯·希珀成功地绕过我们中队的北侧逃逸。他的轻巡洋舰在极阴沉可怕的天气中通过第三巡洋舰中队，有几次实际上看到了沃伦德战列舰，终于逃出围捕。

就这样结束了这场惊心动魄的盲人游戏。

还得说一说英国潜艇的活动。到3点30分凯斯准将从泰尔斯海灵海外海底基地集合了4艘潜艇，并按照海军部命令去往黑尔戈兰湾。最终他成功地把3艘潜艇部署在黑尔戈兰湾的南边，一艘部署在北边。这艘单独的潜艇在内史密斯指挥官指挥下，在17日早晨发现自己处于攻击后回来的冯·希珀中队及其小舰队的中间，她在非常困难的条件下朝战列巡洋舰发射了两枚鱼雷，但没有击中目标。

这些就是斯卡伯勒和哈特尔浦袭击的片断。我们能告诉公众的一切都登在12月17日晨报发布的如下公报上。

海军部，12月16日下午9点20分
今晨德国巡洋舰队在约克郡海岸举行示威，在示威过程中她们炮击了哈特尔浦、惠特比和斯卡伯勒。

为此目的德国人使用了一些最快的军舰，她们在海岸上逗留了约1个钟头。她们受到我们在那里巡航的军舰的攻击。

一旦报告有敌舰出现，英国巡航中队努力试图切断她们的退路。在被英舰发现时，德舰以全速退走，在浓雾的帮助下她们成功逃逸。

双方的损失微小，但全面报告尚未收到。

268

海军部借此机会指出，对不设防城市或商业港口进行这种性质的示威虽然不难，但要承受一定程度的风险，且这种军事行为毫无军事意义。

这种行为给平民的生命和私人财产造成损失是极可痛惜的，但在任何情况下决不能因此修改正在执行的海军总政策。

海军未能阻止或至少未能报复对我们海岸的这种攻击，自然引起许多愤慨。海军部在干什么？他们全都睡着了？虽然遭炮轰的城市以极大坚毅的精神忍受他们的苦难（平民死伤近500人），但不满情绪仍散布广泛。然而，我们不能说一句解释的话。我们必须沉默地忍受同胞的责备。为了避免泄露我们的军事秘密，我们决不能说出我们的舰艇中队在哪里，以及德国进行攻击的巡洋舰曾经离毁灭有多近。我们有一点可以自慰，即作为我们行动依据的各种迹象已为发生的事实所证明，我们依靠的情报来源显然是值得信赖的。下一次我们至少会有一般的能见度。但会有下一次吗？德国的海军将领必定知道他们曾十分接近强大的英国军舰，但她们是哪支舰队，

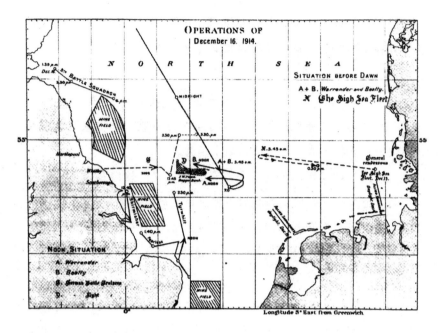

作战行动　1914 年 12 月 16 日

for High Sea Fleet Dec.15　12 月 15 日公海舰队	A+B=Warrender and Beatty　沃伦德和贝蒂	General rendezvous　全体会合点
0.30 p.m.　下午 0：30	A=Warrender　沃伦德	Hartlepool　哈特尔浦
1.35 p.m.Dec.16　12 月 16 日下午 1：35	Allied Submarines　协约国潜艇	Longitude 5° East from Greenwich　格林尼治东经 5°
1.40 p.m.　下午 1：40	B=Beatty　贝蒂	
12.40 p.m. 下午 12：40	C=Geman Battle Cruisers　德国战列巡洋舰	Midnight　午夜
12.45 p.m. 下午 12：45	D=Geman Light Cruisers　德国轻巡洋舰	Mine Field　雷区
2.30 p.m.　下午 2：30	Daylight Dec.15　12 月 15 日白昼	Noon　正午
3.30 p.m.　下午 3：30	Daylight Dec.16　12 月 16 日白昼	Noon Situation　正午形势
3rd Battel Squadron 第 3 战列舰中队		North Sea　北海
5.45 a.m.　上午 5：45	Dogger Bank　多格滩	Scarborough　斯卡伯勒
6 p.m.　下午 6 时	Fearless "无惧"号	Situation before Dawn 黎明前形势
7 a.m.　上午 7 时		Skirmicher　小冲突
5.45 a.m.　上午 5：45		Tyrwhitt　蒂里特
		Whitby　惠特比
		X=The High Sea Fleet 公海舰队

或者她们在何时或者离他们有多近，这些可能是个谜。至于她们怎样到那里不也是一个谜吗？从另一方面说，德国为对可憎的英国城市第一次尝到真正的战争鞭打感到欢腾，这可能怂恿他们做第二次尝试。甚至我们自己报纸对此事表示的愤慨，对德国做继续尝试也有助益。人们只能希望最美好的。与此同时，英国的海军计划和秘密一直深藏在无法探测的缄默中。

*　　*　　*

此刻检查一下由北海海军形势提出的一些较广泛的战略意义是合适的。

德国海军编年史家惯于使用尖刻言词强调战争开始时英国舰队未能成功地攻击德国海军的情况。他们描述鼓舞德国海军的尚武激情和他们不断而迫切求战的热忱。舍尔将军谈到，早在 1914 年 8 月 2 日，他指挥的德国第一中队的同事敦促他当天晚上穿过基尔运河在威廉港与舰队的其余部分会合，唯恐天亮之后会太迟。他描写人们狂热地把德国军舰内部每一方木雕和图画卸下，以便更好地准备作战。他不无嘲弄地承认，英国人没有满足他的愿望令他吃惊。考虑到德国舰队在战争的头 4 个月龟缩在有坚强防御工事的河口和港湾内，在雷区和潜艇保护下一直保持纹丝不动，对照起来，这个老练水兵描述这种心态似乎有点勉强。

如果德国人真的认为，我们会派大舰队通过他们的雷区，在他们的战时港口与他们作战，他们必然把我们的智力看得太低。这样的做法只会丧失掉英国舰队，在几个小时内导致我们的毁灭。在黑尔戈兰湾、叙尔特岛或博尔库姆岛海外做无意义的示威，也不能达到任何有价值的目的。舍尔与提尔皮茨都写到，好像我们只有出现在这些岛屿外才能迫使德国公海舰队出海进行决战。但同时有人告诉我们，给予德国海军的命令是，在英国舰队由于不断的微小损失而元气大伤、达到双方力量相等前不要进行决战。既然如此，德舰怎么可能因为英国战舰与德国岛屿上的炮台互射就出海在力量悬殊的状况下打仗呢？对德国人来说，一个合理得多的办法是白天派潜艇、夜间派驱逐舰用鱼雷攻击出海的英舰，并设置水雷区以防她们回来。用这种方法德国的"力量相等政策"似乎会有很好实现的机会；人们可以相信，英国舰队的这种行动会完全符合德国人的希望。除了让英国舰队炫耀地和愚蠢地在德国海港外边巡航很快耗尽力量外，他们还能希望什么呢？

270 我们也渴望打一仗，但不是愚人之战，甚至也不是势均力敌之战。充分利用我们的优势和只在确保胜利的条件下作战才是我们的责任。此外，虽然德国军舰泊在港湾，我们却牢牢掌握并完全享有制海权。在战争爆发时，从斯卡帕湾作战基地出动的英国舰队把德国与世界其余部分隔绝。这本身就是一种头等强烈的攻势行动。如果德国人有胆量和有能力，他们早就进行预防了。我们必须把陆军运往法国和从英帝国各部分集合我们的军力。这些陆军要派往陆上的最主要的战斗前线。阻挠这种运输肯定是德国及其海军极为重要的战略目标。倘若英国陆军受阻拦达不到法国左翼的阵地，谁能说战争不可能在马恩河战役中结束？但德国海军获得德国总参谋部正式和明确的同意，在它的雷区和防御工事后边静待，不做反应，此时公海上的世界事务和战争事务都在英国的掌管之下。

古罗马的蓬佩季乌斯·西洛对马略说："要是你是伟大将军，下来打仗。"马略的著名回答是："要是你是伟大将军，就使我违背我的意志和你打仗。"事实上这是海战第一阶段过去后海军部直接面临的问题。英国舰队能选择的海军攻势的明显形式是，尝试并使用各种措施促使敌人舰队驶出它们的港湾并迫使它们接受战斗。远距离封锁除了它本身对战争的巨大影响外，也是对敌人最高层级的挑衅。另一个不断的挑衅是军队与供应物资源源不绝流向法国。事实上，皇家海军的这些职能如此重要，他们对德国舰队的挑战是如此直接和持续，以致整个战争时期盛行于海军部的观点就是满足于这些成就，不希望有更多的行动。一旦海战的第一阶段过去，外海廓清，就不能将这个战略看作完全满足需要。除了在有利条件下作战，否则不让主力舰队冒风险外，应当坚持研究如何使用压力迫使敌人出来进行一场海战从而引起海战高潮的各种设计和方式。如果敌人不愿出来冲击封锁线，应该不停地使用辛勤、坚毅的想象力来寻找其他有效的挑衅手段。然而，司令部的将领们和海军部有影响的权威人士以远距离封锁与保护运输线为满足。他们努力聚集尽可能多的军舰，增加一个接一个分队、一个接一个小舰队，然后认为他们已做了希望他们做的所有事情。当外界不时指责他们缺乏活力时，他们总是以不使大舰队身临险境这个完全正确的论点来回答。

但对他们而言，这不是故事的终点。他们有责任创造或发现不使大舰队在不利条件下作战的某种攻势计划，或者迫使德舰应战，或者以某种引人注意的方法帮助协约国陆军减轻他们的一些压力。一个文官大臣决不能强迫他们采取这样的行动方针。他只能建议、鼓励和支持。但要是他们保持不动，他也就无能为力。

那么有什么办法能使德国舰队怀着作战意图驶出港湾呢？封锁未能刺激她们，运送陆军不能引诱她们，在德国海岛外的不解决问题的示威未必能诱使她们出来。必须创造和处置某种事情，当处置它时将立刻使德国难以忍受，使她决不能泰然自若地承受它；这件事如此重要，如此刻不容缓，如此生命攸关，以致她会不顾自己的舰队处于劣势立刻出战。军事史有许多事例表明，司令官迅速进军敌国并占领守军的要害阵地，迫使敌军以后为此猛冲猛打。这是战略进攻有利因素和战术防御有利因素的结合。这种形势在大战中的法国以极大规模重复出现，在那里入侵的德军依靠防御，而被入侵的法军不得不付出血的代价向敌人的铁刺网和机关枪发起进攻。怎样把如此简单的陆军概念运用到海战上？我们能用什么办法迫使德国海军在我们选定的时候按照我们自己的条件与我们作战呢？这种研究在英国海军思想中应占

271

据最主要的地位。

*　　*　　*

　　1914 年 8 月 19 日，经首相同意我与俄国政府保持联系，目的在于不断引起对波罗的海战略重要性的关注。我指出，如果英国海军部得到波罗的海的海上控制权——或者通过一场决定性大战的胜利，或者通过对基尔运河的封锁——就有可能让俄国陆军登陆去迂回但泽—托伦一线的侧翼和后方，或者从北方攻击柏林，或者进攻基尔运河，把德国舰队赶往大海。对于这些俄军发动的战事的部分或全部，英国海军部对必要部队的运送、护航和登陆愿负责任。俄方 8 月 24 日给予的答复原则上接受：他们认为提出的登陆行为可靠可行且适宜，只要总的军事形势有利于它的实行。

　　3 个月后，费希尔勋爵来到海军部，这些思想得到强有力的支持。第一海务大臣深信，控制了波罗的海以及随后让俄国陆军在完全无防卫的德国北方沿海地区自由行动，对敌人将是一个致命的打击。在以后出版的厚厚备忘录中，他以极有把握的洞察力说到此事。波罗的海无疑是海军进攻的最佳目标。当我给他看我与俄国政府就此主题的来往信件时，他对此想法表现出极大的热情。在 12 月的讨论中，一次有他在场的战时会议上，我向与会同僚谈论后来常常被他提到的话，即海战有三个阶段："第一廓清外海；第二，封锁德国舰队；第三，进入波罗的海。"但所有这些，说比做要容易许多。第二阶段有时阻挡了第三阶段，要等到第二阶段达到目的，第三阶段才能开始。第二阶段本身是一场比当时其他战争影响更大和危险更大的战争。为了封闭黑尔戈兰湾，有必要猛攻和占有一个或几个德国岛屿，而这有极大可能引起英、德舰队之间的决定性海战。要看到此类事情的后果的确是十分困难的。确实，它是可能发生的最大的海战。这个初步决定性阶段中的困难非常大，以致海军部在整个战争期间，即使当掌握最大力量优势也不敢大胆面对它。

让我们想一想阻挡所有其余军事行动的这个首要军事行动究竟是什么。

在我于1907年与费希尔勋爵最早的会晤中，他曾向我解释海军部在与德国作战中的计划是尽可能早地占领博尔库姆岛，作为我们小舰队和封锁德国河口的近海中队的前进基地。我对这个观点一直有浓厚的兴趣。我发现刘易斯·贝利将军也牢固地持有这个想法。1913年，站在年轻海军将领最前列的这位军官被叫来检验在战时实行占领并守住这个岛屿的各种方法，同时考虑新的因素将怎样影响这个问题。新的因素是令人畏惧的：即航空器、潜艇和远程大炮。但它们在军事行动的不同阶段以不同程度对双方既起有利作用，也起阻碍作用。我们也研究了叙尔特岛，此岛可作为攻占的另一个对象，或者说可能两岛一起占领。我们把德国各河口和所有岛屿都制成十分细致的凸雕模型。贝利将军的报告与计划在参谋部档案里可以找到。在战争开始时不可能实施这些计划。袭击一个岛屿需要我们至少有三四个正规的精锐步兵旅，虽然占领后警卫它使用较少的兵力就足够了。从法国主要战线不可能抽出这些军队。此外，如同大家已经明了的，海军在战争爆发之初有大量事情要做，如确保海洋控制权和运送陆军渡海。

273

路易斯亲王原则上赞成这个计划。阿瑟·威尔逊爵士认为这个计划可行，在他对海战的最初看法中，甚至想要实行更危险和成果更少的炮轰和猛攻黑尔戈兰湾的想法。[7] 当费希尔勋爵来到海军部时，他依旧在原则上赞成攻击博尔库姆岛，但和其他每个人一样，他理解这种军事行动的重大性质与后果。它几乎相当于用来即刻进行海上决战的手段。在该岛被我们占领一周之内，在登陆行动更可能仍在进行之际，整个德国海军必然会倾巢而出，抵御这个致命的战略进攻以保卫祖国。准备战略进攻是那些重大项目之一，基本上是在绝密中进行，细节不断得到完善，只有当环境允许做重大决定时才可启用。费希尔勋爵和我完全同意指示作战参谋部在 11 月份审核贝利将军主张海外进攻的计划，指望在 1915 年某个时期采取行动。1 月 7 日在费希尔的支持下，我获得战时会议原则上对这个军事行动的临时性批准，如果当环境认为有必要时执行。

　　可是，虽然第一海务大臣的战略构想以进入波罗的海为中心，虽然他在原则上赞成夺取博尔库姆岛作为起始行动，但我在他身上找不到那种实实在在的、建设性的和献计出谋的精力，而这种精力在他的事业的其他时期和在这一时期的其他事情中都表现得非常充分。我认为他没有清楚地认识到要使这次军事行动获得成功必须做出重大决定性的和担风险的步骤。他大量谈到博尔库姆岛，谈到它的重要性和攻占它的困难；但他没有给予参谋人员保证彻底探索这个计划所必需的强烈专业动力。相反，他泛泛谈论四处布放水雷使北海无法通过，从而阻止德舰进入，同时把英国舰队主力集中在波罗的海。我无法相信他这个办法能给我们必要的安全。首先是我们没有 5 000 枚以上的水雷，而需要的却是几万枚水雷，这在今后许多个月中是无法供应的；即使我们有足够水雷，有什么方法阻止德舰从容不迫地一边打捞水雷一边通过雷区？除非我们用我们的舰队守卫雷区。

　　因此，虽然第一海务大臣继续泛泛宣扬进入波罗的海，我坚持努力集中注意力于猛攻和占领博尔库姆岛所需要的实际措施，借此或者封住德国舰队，或者促使它出来战斗。在这项任务中，我不但对第一海务大臣和参谋部说明我的主张，而且对总司令说明我的意见。要是我发现（作为我努力的结果）在海军舆论中有任何实在的反应，我本来能把这个问题提到能做出决定的地方去。但实际上非但得不到这样的反应，我反而发觉一股持续而明显的不情愿情绪，这种情绪随着逐渐看清问题的细节而变得更明白，它表现为精神涣散和完全缺乏积极努力。毫无疑问，海军的本能是反对冒这种风险。但是如果真是这样，空谈进入波罗的海毫无意义。

1914 年 12 月 21 日，作为我这方面对各种小规模布雷计划的长期争论和抗拒的结果，我写给第一海务大臣如下一张纸条：

海军形势的主要关键是用武力夺取和武力保卫一个海外基地，从那个基地出发，我们的 C 级潜艇和重型火炮驱逐舰能日日夜夜封锁黑尔戈兰湾；围绕这个基地和为了这个基地将发生海上和陆地的殊死战斗，直到敌人彻底毁灭。

但我找不到任何人能制定这样一个既生动又有说服力的计划。此前我们的形势有如我告诉你的和你刚才说的那样，只能是等待被打被踢，并茫然不知在什么时候和什么地方……

12 月 22 日我再次写给他如下短简：

关于波罗的海我完全同意你的意见。但你必须首先堵住这一边。你必须占领一个岛屿把德舰堵在里边，或者按照威尔逊所说，你必须截断运河或打碎水闸，或者你必须在一次决战中挫败他们的舰队。

散布水雷无法取代上述这些办法。

第一个实际步骤是物色一名指挥官，他赞成这个伟大事业，他具有专业技能和贯彻事业的个人决心。所有这些准备工作由刘易斯·贝利完成。

炮舰有许多个月无法准备就绪。与此同时我们有不少旧战列舰可以方便地组成炮击中队。阿瑟·威尔逊爵士竭力主张，海上的有效轰击要求做紧张的炮术训练和实际练习，旨在指挥和协调军舰的火力达到最高的程度。因此我们建议在 1915 年前几个月里组建一个特别中队，当炮舰来到时，这个中队最终可用于庞大的军事行动，同时还可用于泽布吕赫和奥斯坦德陆军所需要的支援。12 月份在第一海务大臣阿瑟·威尔逊爵士和我一致同意下，将刘易斯·贝利从大舰队中的第一战列舰中队司令位置上调去担任在诺尔的第5战列舰中队（"敬畏"级军舰）当司令，意在使这个中队成为将来的轰击舰队的核心，其司令将成为1915年海军进攻的领导人。读者将看到这些希望被多么轻率地否定。

注释：

[1]　见原书第304页的地图。

[2]　即黑尔戈兰以西约80英里。

[3]　必须解释清楚，在那些日子里，与驱逐舰尤其与潜艇的无线电通讯没有像后来那样完善。因此早晨把"火鸭"号安置在潜艇队与哈里奇中间以传达信息。她后来在下午得到带潜艇进入敌人海湾命令后，重新与凯斯准将会合，那条通讯线也暂时断了。

[4]　这次作战的整个情形在英国官方海军史上有极细致的描述，那些对它的细节方面有兴趣的人们可研究书中极好的插图。整个故事如此复杂，不研究作战图一般读者可能只见树木不见森林。我努力使大家了解大致要旨。——W.S.丘吉尔

[5]　见原书第304页地图上的"黎明前形势"。

[6]　见原书第304页地图上的"正午形势"。

[7]　约翰·杰利科爵士在他《大舰队》（The Grand Fleet）一书中，错误地把这个想法归因于我。我从来不是它的提倡者，只是把阿瑟·威尔逊爵士的意见放在总司令及其军官们面前，请他们评论。

第十七章　土耳其与巴尔干各国

没有任何国家像土耳其那样如此固执地投入世界大战。奥斯曼帝 276
国在1914年已经奄奄一息。意大利在1909年使用海军力量入侵和并
吞的黎波里，在这个省份内至今仍进行着断断续续的战争。1912年时
巴尔干诸国拔出宝剑指向她们古老的征服者和暴君。《伦敦条约》中
战败的土耳其帝国割让重要省份和许多岛屿，瓜分战利品成为巴尔干
胜利者之间流血的新原因。对于罗马尼亚、保加利亚、塞尔维亚和希
腊来说，土耳其的欧洲部分依旧是勾引其野心和满足其要求的最美好
的战利品；在所有一切战利品中，君士坦丁堡作为最高目标熠熠生辉。
虽然土耳其帝国面对的咄咄逼人的危险来自巴尔干诸国的复仇和野心，
但没有任何东西可以取代土耳其内心对俄国的恐惧。俄国和土耳其水
陆相连，从黑海西海岸伸展到里海有1 000英里的共同边界。在克里
米亚战争中，法国、意大利（撒丁岛）和迪斯雷利政府领导下强大的
英国于1878年保持土耳其帝国免于崩溃，君士坦丁堡免于被征服。虽
然，在巴尔干各盟国内讧之前，保加利亚军已从西边挺进到君士坦丁
堡大门口，但来自北方的危机感依旧在土耳其人思想中占压倒其他一
切的地位。

在这些矛盾之外，还要加上与也门、汉志、巴勒斯坦、叙利亚、
摩苏尔和伊拉克阿拉伯民族之间的对抗。库尔德斯坦人和广泛分布
的亚美尼亚民族感情疏远。凡五六百年来与土耳其帝国打仗的或遭
受土耳其奴役之苦的各个民族或种族，从四面八方以无比仇恨和渴 277
望的目光凝视着这个给他们如此沉重和永久苦难的垂死帝国。惩罚

和偿还的时间近在眼前；唯一未决的因素是欧洲的外交，特别是英国外交能将清算之日推迟多久。土耳其帝国迫在眉睫的崩溃像奥地利帝国逐步腐朽与瓦解一样，都是由于非人力能控制的力量，它们的垮台松散了整个东欧和东南欧的基础。变化是激烈的、巨大的、无法估计的，而且是不可抗拒和近在身边的，它影响 12 000 万人的家庭生活和社会制度。

就是在此时和如此的背景下，德国举兵经过比利时入侵法国，所有的其他争执都根据这个首要斗争而重新调整其位置。在这场大震荡中，丑恶的、蹒跚的、衰朽的和一贫如洗的土耳其将会有什么遭遇？

她得到在英国人看来似乎是历史上曾经给予任何政府的最优惠的赠与。她得到保证，只要她保持中立，就能使她所有的领土保持绝对完整。她得到这个保证不但基于她的朋友法国和英国的权威，而且基于她的敌人俄国的权威。法国与英国的担保将保护土耳其免受巴尔干诸国尤其是希腊的侵扰；俄国的担保无限期地中止了来自北方的逼近的威胁。英国的影响主要能平息和肯定能推迟阿拉伯的长期起义运动。协约国认为，她向这个衰弱而危机四伏的国家提出的建议不可能比这个更公正了。

但事情还有另一面。在土耳其帝国腐朽结构内部和在它表面的政治事态底下，潜伏着各种人和各种思想的凶猛而有目的的力量。第一次巴尔干战争的灾难把这些力量组成一个隐蔽的、缓慢燃烧的奇特烈火，沿博斯普鲁斯海峡的所有大使馆（一个除外）都没有意识到这一点。一个深知内情的土耳其人在 1915 年写道："在这段时期内（大战前几年），整个土耳其人民的未来都由一个委员会在做极其细致的审查。"[1]

泛土耳其委员会接受 1907 年的英俄协议，这个协议是与土耳其最无利害关系的、其最强大的支持者及朋友的大国与土耳其的古老和无情的敌人大国之间明确的同盟条约。因此，该委员会深信，在即将来到的欧洲大战中到别处寻找帮助。他们计划在单一土耳其人基础上建立一个土耳其,也就是土耳其农民的安纳托利亚。这个计划在 1913 年看来仅仅是一个空想。这个计划认为,使高加索的穆斯林地区、阿塞拜疆的波斯人省份和俄国里海另一面的土耳其人省份(土耳其人种发源地)与安纳托利亚半岛的土耳其人联合是民族统一的理想;还有使土耳其向里海盆地扩展。这个计划包含反对神权政府,使教会与国家关系发生激进改变,让"虔诚基金会"的捐款移作国家世俗的需要以及要求专业宗教阶级严格遵守纪律。它还包含新近在土耳其实现的惊人的经济、社会和文学改革。穆斯塔法·凯末尔事实上在执行一个 15 年前决定的计划,他很可能参与了这个计划的制定,这个泛土耳其计划的中心点是利用德国使土耳其摆脱俄国的威胁。许多年来德国驻君士坦丁堡的大使冯·比伯斯泰因以高明的手法一直在暗中点火。

在紧急时刻若土耳其最前哨没有一位实干家,泛土耳其计划可能永远是个梦境。一个未来的土耳其拿破仑,在他的血管里涌腾着战士的血液,他个人的意志、虚荣心和诡计注定要使土耳其帝国走上最大胆的冒险道路。受德国训练的但有土耳其本性的陆军中尉恩维尔"把他的帽子摔过篱笆"(摘录他本人的话)是 1909 年青年土耳其革命的信号。伙同他的一小撮青年土耳其朋友组成联合进步委员会,他曾勇敢地面对所有聚集起来的敌人。当意大利夺取的黎波里时,恩维尔就在的黎波里的沙漠里英勇作战;当巴尔干同盟的军队逼近到查塔尔雅线时,恩维尔从未放弃希望。1912 年当时的英国首相阿斯奎斯先生说:"阿德里安堡决不归还土耳其。"但恩维尔在一个月内进入阿德里安堡,该地今日已为土耳其所有。大战爆发后,恩维尔和他的伙伴塔拉特以及能干廉洁的财政部长贾维德控制了土耳其国务。在他们之上装点门面的是苏丹和大维齐尔 [2];但这三个人及其追随者无疑掌握实权,在这批人中间,恩维尔在全部行动中都是爆发力量。[3]

土耳其领导人对俄国参加一场混乱而激烈大战能力的估计远远低

于西方协约国对沙皇力量的估计。他们深信德国集团将在陆上赢得战争，俄国将受严重创伤且会随之爆发一场革命。土耳其将在德国胜利时刻获得高加索的人口与领土，至少能在几个世代里挡开俄国的威胁。在长时间的初步讨论中，德国答应土耳其在同盟国胜利时满足其对高加索的领土要求。这个应允决定了土耳其的政策。

在土耳其人的生活及其领土野心的每一个领域中，泛土耳其人政策都体现在一个明确的战争计划中。这个计划要求土耳其控制黑海作为它的基础。不论何时发生大战——他们确信大战必然发生——俄国都在德、奥两国掌握之中，泛土耳其人意图入侵和征服高加索。控制从君士坦丁堡到特拉布宗的海路，对从特拉布宗推进到埃尔祖鲁姆是必不可少的。因此土耳其必须建立一支海军。人民捐款于 1911 年和 1912 年在整个安纳托利亚开始，甚至普及到整个伊斯兰地区，规定捐款的钱用于在英国为土耳其建造两艘"无畏"级战舰。这两艘战舰中只要有一艘到达君士坦丁堡就可以成为整个土耳其战争计划的依据。1914 年 7 月在土耳其领导人中最主要的问题是：这两艘军舰能及时到达吗？显然可能性很小，第一艘土耳其"无畏"级战舰"雷沙迪埃"号应于 7 月份完成；第二艘几星期后完工。在俄国领土内奥尔蒂、阿尔达汉和卡尔斯周围的土耳其特工已经忙碌地布置居民中大多数的穆斯林土耳其农民贮藏玉米作物，以使土耳其军纵队有可能挺进乔鲁河谷扰乱俄国后方。7 月 27 日土耳其提出订立德、土之间反对俄国的秘密攻守同盟，这个提议立刻为德国接受，于 8 月 2 日签字。7 月 31 日下令土耳其军队进行动员。

可是此刻出现了意想不到的突然情况。英国采取明确抵抗德国的态度。英国舰队以战斗行列出海。7 月 28 日我为英国海军征用两艘土耳其"无畏"级战舰。我采取这个行动完全是为了英国海军。在英国舰队中加上两艘土耳其"无畏"级战舰看来对国家安全必不可少。就我所知，在海军部中英国没有人知道土耳其的图谋或这两艘军舰在他们图谋中将发挥的作用。我们把这两艘军舰建造得比我们以往所知道的更好。我在那一年的晚些时候为征用土耳其军舰招到某些方面的批评。有人把由此在整个土耳其激起的愤怒与失望说成是改变局面的原因，促使土耳其加入反对我们的战争。现在我们知道了这种失望的内在原因。征用两艘军舰非但不使土耳其成为敌人，几乎使她成为同盟者。

土耳其人还保留着一个希望，那就是"格本"号。如上文所述，这艘快速的德国战列巡洋舰驻泊在地中海西部，根据和平时期命令要去亚得里亚海的波拉港整修。这艘军舰本身就足以控制黑海的俄国中队。德国人将把"格本"号派往君士坦丁堡吗？她将到达那里吗？就在这个时候，英国致德国的最后通牒连同英国决定宣战的消息传到君士坦丁堡。土耳其的务实派从未料到会发生这样的事情。它改变了地中海的局势。"格本"号能逃脱大海上众多英国小舰队和巡洋舰中队还有3艘力量更大虽则速度稍慢的英国战列巡洋舰之手吗？8月3日晚上当恩维尔得知"格本"号奉命向北逃往亚得里亚海的波拉港时，他的焦虑与担心达到无以复加的程度。他立刻找来俄国武官列昂捷夫将军，把一切先前的计划抛置脑后，包括昨天与德国签订的协定，他向这位吃惊的军官建议以各种条件建立土、俄同盟，条件包括土耳其在西色雷斯提供补偿。不管是因为德国人已意识到，除非"格本"号努力设法来到君士坦丁堡，否则泛土耳其者决不会原谅他们，还是因为他们意识到"格本"号已是他们战争计划的一部分，此时（8月3日）提尔皮茨将军正向当时在墨西拿加煤的"格本"号发出新的命令，嘱其驶往君士坦丁堡。在发生众所周知的事件后，"格本"号于10日到达达达尼尔海峡，经谈判后被允许进入马尔马拉海。

此刻恩维尔恢复了信心。因为控制黑海的任务可能落在土耳其人身上。鉴于英国海军的绝对优势和达达尼尔海峡的无防卫状态，与英国敌对非同小可。此外，意大利竟出人意料地脱离三国同盟。因此对土耳其来说，看一看在陆上即将发生的大战，尤其是俄国战线的战争结果会怎样，这样做可能是谨慎的。与此同时，土耳其陆军的动员可以不显眼地进行，作为一种预防措施它有正当理由。因此接着出现一段土耳其犹豫和观望的时期，时间持续了约3个月，她扮演着两面派的角色。我能记起在所有重要的政策领域，英国政府得到的情报与土耳其人一样完整。阅读这段时间我们从君士坦丁堡所有渠道收到的电报，根据我们现在所知道的情况来判断，土耳其的态度是令人奇怪的。所有协约国一会儿因大维齐尔和内阁中值得尊敬的元老们的友好保证而鼓舞，一会儿又因土耳其人拒绝扣留和解除"格本"号的武装而愤怒，总的说来被许多互相矛盾的声音弄得困惑不解，于是认为土耳其没有确定的政策，有可能争取到这个国家也有可能失去这个国家。当恩维尔在11月份作为所有泛土耳其力量的代理人，指使"格本"号和土耳其舰队对俄国黑海港口进行未受挑衅的攻击时，这个时期结束了，就这样土耳其野蛮地投入了战争。

*　　*　　*

土耳其的局势只能通过与巴尔干的总形势做比较来判断；除非一直记住战前巴尔干历史中主要事件，否则便难以理解总的形势。在第一次巴尔干战争中，保加利亚率先对土耳其发起了胜利的进攻。当时她的军队向君士坦丁堡进军，攻击土耳其帝国最精锐的军队，而希腊军和塞尔维亚军则横扫防守力量较弱的色雷斯和马其顿地区。打了最大的战役并遭到最重损失的保加利亚军最后被阻挡在君士坦丁堡之前。她转过身来，看到几乎整个征服的领土都在她的同盟者手中，这些领土的归属在战前已在这四个好战的小国之间用条约规定下来。但阿德里安堡尚未投降，依照条约规定，塞尔维亚军援助保加利亚军，在攻克阿德里安堡的战斗中发挥了突出作用。塞尔维亚人和希腊人都利用由于需要攻下阿德里安堡因而延长了战争这个论点作为拒绝履行战前条约重要部分的理由，同时她们仍保持占有所有征服地区作为她们的所有物。保加利亚人对这个要求以暴力做出迅速回答。他们攻击希腊人和塞尔维亚人，但被两国人数更多的军队打败；正在这极端衰弱和失败时刻，罗马尼亚人又从另一边侵入，由于罗马尼亚没有参与对土战争，有生力军可供战斗。与此同时土耳其军在色雷斯进军，在恩维尔帕夏率领下收复阿德里安堡。就这样在第二次巴尔干战争的终结时，保加利亚不但被夺走从土耳其夺来的几乎全部领土（被希腊和塞尔维亚完全瓜分），而且甚至她本土的多布罗贾省也被罗马尼亚从她那里夺去。继驱逐土耳其人之后发生的自相残杀的战争中，以希腊人和塞尔维亚人为一方和以保加利亚人为另一方犯下了可怕的凶残暴行，在他们之间留下一条血河。

282

在这个关键时刻，可能没有一个国家会比保加利亚人以更深沉和更不顾一切的决心考虑其命运。他们以往所有的牺牲归于无用，甚至比无用更坏。他们征服的果实反而增加了他们对手的收获。他们被罗马尼亚从背后捅了一刀，而且遭到罗马尼亚的敲诈，对后者他们并不曾有任何挑衅。他们目睹大国（带头的是英国）使用毫不客气的语言禁止土耳其人回到阿德里安堡。他们眼睁睁看着不但萨洛尼卡甚至卡瓦拉被希腊人抢走。他们眼见新近从土耳其人统治下解放出来的主要居住着保加利亚人种的大片地区，进入同样可憎的塞尔维亚人和希腊人的奴役之下。就是在这样的环境下，保加利亚军队依照国王斐迪南的旨意，"卷起军旗"退兵，等待扬眉吐气的日子。

这个好战而强大的保加利亚，有她的惯耍阴谋的国王和勇敢的农民军队，他们沉思着在他们看来是无法容忍的不公正的现状，这个国家就是 1914 年和 1915 年在巴尔干占支配地位的因素。

*　　　*　　　*

1914 年 8 月 19 日，当时希腊首相韦尼泽洛斯先生——经国王康斯坦丁批准——令人惊讶地宣布，将希腊所有的海陆军资源从需要它们的时候起正式交给协约国处理。他还说，这种奉献在特殊意义上说是给予英国的，因为她的利益与希腊的利益不能分解地结合在一起。他说，希腊的资源不多，但她能动员 25 万军队，而她的海军和港口可能有一定的用途。这个崇高的奉献是在一切十分不肯定的时候，甚至在法国的主要战役开始之前做出的，它大大吸引了我的注意。毫无疑问，一方面它使我们冒土耳其成为我们敌人的风险，这是一件严重的事情；另一方面，希腊的陆军和海军是有分量的要素；希腊陆军和舰队与英国地中海中队的联合，可以提供解决达达尼尔海峡困难的最迅速有效的手段。加利波利半岛此时由脆弱的土耳其军占领着，人们知道希腊参谋部已准备好占领这个半岛的深思熟虑的计划。此外在我看来，不管怎样土耳其正走向与我们的战争。她对"格本"号和"布雷斯劳"号的行为继续是公开的欺骗。德国手中的这两艘军舰存在于马尔马拉海，她们是向君士坦丁堡中立地位施加决定性压力的手段。如果我们不打算获得土耳其诚实的中立，那么让我们做出取舍，把巴尔干的基督教国家拉到我们这边。我们不能让她们站在我们一边吗？我们不能使塞尔维亚、希腊、保加利亚和罗马尼亚组成巴尔干联盟吗？不管发生什么，我们一定不可两头落空。

　　然而，爱德华·格雷爵士经过非常焦急的考虑后，促使内阁拒不接受希腊的建议。无疑他有充分的理由担心，与希腊结盟意味着立刻与土耳其可能还有与保加利亚作战。他担心这会使希腊处于险境而我们又没有能力保护她。他最最担心的是不要以得罪俄国的方式鼓励希腊反对君士坦丁堡的决心，最后，他希望与大维齐尔和君士坦丁堡土耳其中立派领袖人物有密切和亲善关系的路易斯·马利特爵士最终能保持和平。当然，英国大使努力维持和平的技巧和毅力是无与伦比的。就这样，在战争爆发时，我们一直保持与法、俄共同提出的宽厚而慷慨的诺言，即保证土耳其帝国的完整，作为回报，她应保持忠诚的中立。我自然遵从内阁的决定，但心中的疑虑越来越大。我仍继续工作，希望出现一个巴尔干联盟。

9月初似乎出现很大的可能性，即在德军向巴黎推进的影响下，不管我们做什么，土耳其将对我们和希腊开战。我立即开始准备对付目前事态，安排召开海军部代表和陆军部军事作战处代表的会议，制定由希腊军队夺取加利波利半岛的计划，目的在于使英国舰队可以进入马尔马拉海。讨论的结果估计需要军力6万人，这个数字看来完全在希腊兵力资源之内，接着通过我们驻希腊海军使团团长马克·克尔海军少将的中介与希腊政府进行商谈。希腊参谋部以赞成的姿态看待联合军事行动，但宣称保加利亚必须以全部军力同时进攻土耳其；他们不愿接受保加利亚保持中立的承诺。

9月6日，韦尼泽洛斯先生告诉我们的驻雅典公使，他不怕土耳其单独从陆上发起进攻，因为希腊参谋部认为他们有能力对付这种进攻。希腊政府已收到索非亚坚守中立的明确保证，但它不信任这类保证。可是希腊政府满足于保加利亚政府在土耳其军队进攻希腊时因侵犯保加利亚领土而提出正式抗议的行为。然而，如果保加利亚与土耳其联合而塞尔维亚被奥地利占领，形势将极端严峻。对于这一点我在当天以书面方式向外交大臣指出，一个俄国军团很快将容易地从阿尔昌格尔或符拉迪沃斯托克，或者在得到日本同意后从阿瑟港出发进攻加利波利半岛。"夺取加利波利半岛支付的代价无疑很大，但此后不会再有与土耳其的战争。一支5万人的精良陆军和海军，就能结束土耳其的威胁。"

但寻找陆军不等于找到了陆军。爱德华·格雷爵士送给我他当天清早收到彼得格勒来的一份电报作为答复。电报说，有鉴于大量德军从西线转移到东部战场，俄罗斯正从亚洲和高加索征集每一个可以得到的壮丁，她在高加索只留下一个集团军。根据彼得格勒的电报判断，除非希腊能割让领土来安抚保加利亚，否则希腊将不得不单独负起战争的大部分重担。格雷爵士在我的备忘录背面又加上一段话："从圣彼得堡来的电报你可以看出，在对付土耳其的军事行动中俄国不能相助。除非在法国的局面有转机，我看不到地中海方面有良好的前景。"

　　只有实实在在地研究这个问题才显出它的巨大困难。为了不使人们认为我低估了与土耳其作战的严重性，我得提醒大家，我早就深信土耳其迟早总要攻击我们，我还一直认为德军入侵法国会被迫停顿下来。这两项假设最后被证明是正确的，我并不自以为我的观点最英明，我只让它接受历史的判断。从这种观点产生的政策，当然在这个紧要关头会将塞浦路斯给予希腊，以补偿她将卡瓦拉给予保加利亚。要向塞尔维亚施加最大压力，使她在莫纳斯提尔问题上向保加利亚让步。这些措施在这个时候能不能成功我不表态。

　　到 9 月 9 日，土耳其人对"格本"号与"布雷斯劳"号的态度变成公开地向我们挑衅，以致我们有必要撤走英国海军使团，他们在那285里随时受到德国人和土耳其主战派的傲慢无礼的对待。任命我们驻土耳其海军使团团长林普斯少将指挥监视达达尼尔海峡的中队是我的主意，发出的命令明确地表达了这个意思。但这个计划没有实行，因为有人认为让刚刚卸任土耳其舰队教练的那个军官担任这个职务很不适当。这无疑是一个有分量的观点，但为遵从这个观点，我们在这个命运攸关时刻失去了这位将军的众多有利条件，他比任何人都了解土耳其人，他了解达达尼尔海峡连同它所有的潜在价值。这是一条长锁链中的一个小环节。这一环节中断将产生延误，我必须做出新的安排。

　　9 月 21 日，我打电报给负责马耳他海军船坞的海军中将卡登，请他就任达达尼尔海峡外的中队司令，舰队增加了"无畏"号和两艘法国战列舰，其唯一任务是击沉驶出达达尼尔海峡的不管其挂着什么旗帜的"格本"号和"布雷斯劳"号。

　　马恩河战役的胜利——尽管因以后发生不利事情而稍有逊色——制止了近东事态的发展。土耳其暂时平静下来，她对希腊的威胁态度稍有收敛。然而这个形势相应地使得雅典加入欧洲战争的急迫心情也冷了下来。从 9 月中旬起，整个巴尔干的局势再度从危机四起到迟疑不决。然而，从根本上说形势依旧凶险。

　　只要有机会，我继续越来越起劲地竭力推行联合巴尔干各国政策，不管土耳其会发生什么情况。我决不背离这个观点，但读者应理解在内阁中占主导地位的其他论点：忠诚希望不要把战火蔓延到尚未遭受祸殃的地区；英、土争端导致印度的危机；我们 1914 年可怕的军事衰弱；基奇纳勋爵表示，希望在两个印度师安全通过苏伊士运河以前尽可能保持东方安静；在不引起俄国对君士坦丁堡的怀疑与妒忌的前提下，赢得希腊、特别是赢得国王康斯坦丁支持所面临的种种困难；最后是大家怀疑——应该承认疑心很大——如果协约国在主战场无法取得巨大的军事胜利，或对巴尔干半岛不进行强大的干涉，保加利亚和斐迪南国王会不会离开条顿阵营？

　　当我把这些问题与爱德华·格雷爵士倾谈时，他最愿意谈最后一点。"在保加利亚相信德国不会打赢这场战争之前，她不会因我们答应将其他民族领土给她而改变初衷。"法国北部被德军迅速侵占，法国政府撤退到波尔多、安特卫普的陷落、兴登堡对俄军的巨大胜利，所有这一切极大影响了保加利亚人，使他们怀有与土耳其人相同的心态。英国没有陆军，派不出一个兵，甚至送不出一支步枪，只有她的海军和金钱，在近东起不了什么影响。俄国人对君士坦丁堡提出的要求直接与斐迪南国王和康斯坦丁国王的野心相抵触。在全体巴尔干诸国中，只有一双慧眼，只有韦尼泽洛斯的天才能分辨这场战争的根本道德问题，公正地衡量参战双方的相对力量和正确估计两者的真正价值——德国陆军的胜利和英帝国的海军力量，后者正在缓慢积聚其潜在的无穷无尽的资源。286

　　因此协约国继续等待和寄希望于君士坦丁堡，日子悄悄地飞快过去。

　　到 10 月中，我们得知土耳其入侵埃及的准备工作实际上正在进行。我们还从秘密来源得知，奥地利在君士坦丁堡的大使已得到恩维尔的庄重保证，土耳其将在近期加入对协约国的战争。10 月底我们在苏伊士运河那边的前哨基地因面对日渐集结的土耳其军队而必须撤退；

最后约在10月27日，"布雷斯劳"号与土耳其巡洋舰"哈米迪埃"号以及一个驱逐舰分队，"格本"号尾随在后，驶入黑海，在29日和30日炮击俄国要塞塞瓦斯托波尔，击沉一艘俄国运输船，袭击了敖德萨港口，放鱼雷击中一条炮艇，最后实际上摧毁了新罗西斯克及其贮油罐和所有港口中的船舶。

据此，俄国驻君士坦丁堡大使立即要求离境护照；英国外交部于10月30日下午8点15分在历数对土耳其人的不满后，特别提到他们入侵西奈半岛和他们对"格本"号的错误措施，发出要求放弃此种行为并在12小时内斥退德国陆军和海军使团的最后通牒。

俄罗斯在最后通牒期满时对土宣战；英、法大使偕同俄国大使于11月1日离开君士坦丁堡——同一天在世界的另一端正展开科罗内尔战役。与外交部保持一致，在最后通牒期满之日英国海军发出开始战争的命令。

287　11月1日，我们两艘驱逐舰进入士麦那湾，击毁一艘大型土耳其武装快艇，这艘快艇携带水雷停泊在防波堤旁；当天晚些时候卡登将军得到指示，在最早的合适时机远距离炮击达达尼尔海峡外部堡垒。这次炮击在11月3日晨实施。两艘英国战列巡洋舰在土耳其大炮射程以外开炮，炮弹落在欧洲一边的塞代尔巴赫尔和海勒斯角的炮台上。法国战列舰向亚洲一边的库姆卡利和奥卡尼赫炮台开炮。一共开了约80炮，造成土耳其堡垒的相当损失，防守堡垒的土军和德军死伤数百人。

这次示威式炮击的理由经过了详细讨论。理由简单，并不重要。一个英国中队等候在达达尼尔海峡已有数月。与土耳其已经宣战，这就自然地应向敌人开炮，就像向前线敌军开炮一般。这就有必要精确地知道土耳其大炮的有效射程和军舰能接近封锁堡垒入口的条件。有人说这次炮击是鲁莽之举，因为它必然使土耳其人有了防备，导致他们加强防护力量。从宣战起敌人稳步改善海峡的防卫组织是不可避免的。至于这次炮击促进对方改善防御的过程达到什么程度纯属猜测。3

个半月后（1915 年 2 月 19 日），当卡登将军再次炮轰这些堡垒时，加利波利半岛完全没有防御准备，依旧荏弱地把守着；小量海军陆战队就能够不受抵抗地前进，进入毁损不堪的堡垒，并到达堡垒以外相当远的地方。

此刻我们必须为即将发生的土耳其进攻埃及做好准备。由"黑王子"号、"爱丁堡公爵"号和"勇士"号组成的第一巡洋舰中队，有的用于海上护航任务，有的保护亚历山大或塞得港。甚至在科罗内尔战斗的消息到达之前，越来越紧张的资源缺乏使得有必要以老旧、较小的军舰来替代这些优良的军舰。现在急于要求她们在佛得角群岛附近组成战斗中队，作为对付冯·施佩的第二联合舰队力量的一部分，还允许她们在此后尽可能早地归入大舰队的总司令麾下。在这样的情况下，我们非常迫切地要找到一支新的和令人满意的海军力量以保卫苏伊士运河，防止迫在眉睫的土耳其进攻。10 月 31 日我们发现并堵住"柯尼斯山"号在其巢穴之中，解放了搜索此舰的 3 艘军舰中的 2 艘。但这还是不够的。11 月 9 日击毁"埃姆登"号是一件不同寻常的事情，它使我们解脱出受牵制的力量，这种解脱正发生在我们需要它的时候。印度洋现在廓清了。从东印度来的战列舰"速捷"号立即接到命令驶往运河。先前搜索"埃姆登"号的快速巡洋舰"格洛斯特"号、"墨尔本"号、"悉尼"号、"汉普郡"号和"雅茅斯"号受命立即返航，经过红海进入地中海。

我搜索各大洋，寻找每艘可以使用的军舰。在 11 月的第二和第三星期，"速捷"号以及上面提到的中队和小舰队连同法舰"鲨鱼"号和俄舰"阿斯科尔德"号一起进入运河保卫埃及。可是事实证明土耳其人的进攻只是试探性质。面对军队和军舰，他们虚晃一招后便退入东部沙漠去积聚力量了。

在这段时间里，大规模的澳大利亚、新西兰护航工作一直稳步地进行，运送澳大利亚和新西兰军团，即"安扎克军团"，越过太平洋和印度洋去往法国。我们做好了准备，若有必要改道驶往开普敦。但在

314

护航队到达科伦坡前，博塔将军和斯马茨将军已镇压了南非的叛乱。因此澳大利亚军和新西兰军在"伊吹"号和"汉普郡"号的护航下继续驶向欧洲。到 11 月底，他们的运输队进入运河。由于土耳其入侵埃及的威胁依旧存在，有极大需要派坚定和值得信任的军队驻守埃及。12 月的第一天，基奇纳勋爵在一系列重大事件的开展中，命令全部澳大利亚和新西兰军队在苏伊士上岸，目的有二：一是在那里完成他们的训练；二是保卫运河运输线。

*　　*　　*

此刻我们可以暂时搁下土耳其的局势。德国人对土耳其的掌控一天天加紧。土耳其各民族的灾难随着她军事组织的改善而加剧。在"格本"号和"布雷斯劳"号的大炮下，君士坦丁堡处于怀疑、分裂和物资缺乏之中。海峡之外的英国中队保持沉默的监视。希腊对英国的态度感到困惑，为韦尼泽洛斯与康斯坦丁国王的争吵而苦恼，8 月份时候的高昂斗志已不复存在。塞尔维亚不屈地与奥地利军队搏斗。罗

289 马尼亚和保加利亚念念不忘过去，以专注的关心彼此注视。在埃及，澳大利亚和新西兰军团的训练每星期都有进步。

就这样，随着令人惊叹的世界戏剧中的这一幕行将结束，我们已经看到下一幕的场景正在布置，下一场的演员正在集合。从地球最远的各端，军舰和军人正向地中海东部接近和聚集，以便实现普通人还不理解的命中注定的事情。各大洋已经廓清德国军舰，从而解放了我们的舰队，澳、新军团到达埃及建立起陆军的核心，我们有了进攻土耳其帝国心脏所需要的海陆军。西线的僵持局面——那里现在一切都冻结在冬天的战壕之中——同时也提供喘息时间和征集更多军队的可能性。澳大利亚军各营以不倦的步伐踏着埃及松软的沙漠地。霍尔布鲁克司令置身他英勇的潜艇中潜行在恰纳克雷区之下，并在达达尼尔海峡咽喉部位击沉一条土耳其运输船。与此同时，远方的朴

茨茅斯船坞的海军船厂工人正夜以继日辛劳地在"伊丽莎白王后"号上装备 15 英寸大炮和旋转炮塔。然而迄今为止,所有一切都是无意识的、不成熟的、无目标的和各管各地进行着。大量机会中的任何一个,过去可以指出,现在仍可以指出,但最终结果却达到完全不同的方向。没有人制定计划,也没有人做出决议。但新的思想在萌动,新的可能性进入眼帘,新的力量就在手边,我们用这些迎接正大步向我们走来的新的危机。俄国这台强有力的蒸汽压路机是苦难的法国和衰竭的比利时的希望,现在她正在倒下。她的陆军与兴登堡和鲁登道夫搏斗,但在他们勇敢战线的后面,衰弱、匮乏、组织混乱的可怕迹象已明显地暴露在焦急的政府和议会之前。冬天已到,它把俄国紧紧束缚住。不可能与她的协约国接触,不可能从协约国那里得到帮助。冰封住了白海,德国人掌握了波罗的海,土耳其封锁了达达尼尔海峡。现在只需要俄国发出一声求救的呼声,就会使现在空虚的东西重露生机,使现在毫无意义的东西重新具有意义,可迄今无呼声传来。

* * *

读者已经了解 1914 年 9、10、11 月份的特点就是,海军部日益紧张地储备力量。读者必然懂得,作者为了叙述方便有必要分章节谈论每一次紧张状况与危机,其实许多事情是在所有战场同时发生的,而每一次发生的紧张状况是累积的和彼此相互作用的,结果是到 11 月份达到不寻常的紧张的顶点,这个顶点不能再延长,也不可能再超越。

值得花一点时间细察一下整个形势。第一,去法国的军队和供应品的运输从未停止,这对我们的陆军是至关重要的。在运输的高潮中出现比利时海岸的军事行动和敌人迫近海峡港口以及发生伊普尔—伊塞尔大战的长时间危机。第二,敌人的全部巡洋舰无一损失,大批武装商船仍在外部海洋自由活动，每一条船都威胁无数地点和海域，需要有比她们多5到10倍的军舰在她们未被捕获时搜索她们和保护运输。与此同时，为从印度、加拿大、澳大利亚运送军队进行大规模护航和从全世界各地集中英国的正规警卫部队正在进行；不少于6次各自独立的远征，即萨摩亚、新几内亚、德属东非、多哥兰、喀麦隆和德属西南非的远征正在进行或者正处于关键阶段。除这些行动外，因爆发对土战争还要加上进攻苏伊士运河和波斯湾的军事行动。

为完成这些紧要任务我们不得不从大舰队抽调舰只，组成不少于3个的重要舰队。在战争爆发时处于完整状态的大舰队，由于以后有效力量的减少，要求人员与装备分批轮换休整。同时，潜艇威胁已形成严重问题，而在我们心中又夸大其程度。虽然竭尽努力以求我们的舰队在北方港口得到安全，但完成各种措施需要许多星期的时间，在这个阶段人们的焦虑继续存在。这种种情况的背后是德国舰队，我们务必假设，它知道我们正处于紧张状态，于是暗地里准备随时向我们的最大决心挑战。在漫长的冬夜里，本土没有固有的正规军，当时训练不充分的本土部队以及基奇纳新组建的未成熟的军队，使人们又产生了敌人入侵的恐惧；虽然我们在理论上否定入侵的可能，但是实际上我们必须采取一整套预防措施。这是一个可怕的时期。人们不止一次产生这样的想法，即海军部将被迫紧缩其职责并在一个时期里将某些重要利益委诸天命，以便确保那些至关重要的基本利益。在我们刚刚经历的大事件中，可以这样断言，在这几个月里，我们满足了每一个向我们提出的要求：保卫了所有的海洋，运送了每一次远征队，把每一个运输船队安全送达，完成了驻法国的我们陆军和比利时军所交给的任务。不论何时我们海军的主力始终这样部署，即如果敌人胆敢挑战，我们决不拒绝战斗。

随后，整个世界的紧张局势突然放松。德国巡洋舰和攻击商船的驱逐舰一艘接一艘不是被堵住就是被击沉。庞大的护航船队及时到达，远征部队安全登陆。各个海洋相继得到廓清。我们港口的护卫障碍设施业已完成，对付潜艇的多种办法正在实施。各种等级的、最高品质的新的军舰开始大量增援舰队。对苏伊士运河的攻击被遏止。南非的叛乱被剿平。入侵的危险——若说存在的话——随着本土军和新编陆军的效率提高而一天天缩小。海峡各港口的重大战事以我方获得决定性和光荣的胜利而结束。最后，福克兰群岛战役结束，海洋的廓清任务完成，除了由陆地包围的波罗的海与黑海以及黑尔戈兰湾防御区外，德国国旗很快便不再在世界任何地区的任何军舰上飘扬。[4]

随着 12 月份过去，一种难以形容的轻松感偷偷地笼罩了海军部。我们几乎没有祸患地没有事故地完成了从和平到战争的大转变。战前经常缠扰我们而我们为之做好准备的所有风险，或者被挡开，或者被克服，或者从未发生。没有发生遭受袭击的事件，舰队已做好准备。陆军已经及时达到主战场，令人满意地留在那里。水雷危险已经扫清。我们认为我们有对付潜艇的办法，而在随后的两年中我们确实制服了潜艇。敌人破坏贸易的所有计划以及我们对这个问题的恐惧已不存在。英国与协约国的贸易在全世界不停顿地继续进行；英国的贸易额和粮食已得到保证；战时保险费率下降到百分之一。随着战争发生后第一个圣诞节的临近，我们内心充满了深切的感激之情。我们对最后胜利有绝对信心。

在准备和设计上占全部优势的强大敌人发动了攻势，但到处被迫停顿，现在轮到我们进攻了。主动已转移给我们强大的两栖部队，时间和手段都在我们的掌握中。我们将在何时何地实施攻击由我们说了算。我们相信大舰队的力量足够大；加上迄今为止遍布外海的大量中队，它们现在组成了一个额外的大舰队，有能力参与最大规模的海战，总之不会累及我们海军主力的基础。

但这些成就的获得只能作为新的和更紧张努力的序幕。海军部则满足于最初和最危险阶段在工作上取得的成就，放松自己，苟安于重获的安全与克服的危机，这确实是可耻的，至少在我看来是这样。现在是以陆军的斗争——也许是决定性的，但肯定是最艰巨的——来衡量我们分量的时候了。现在是时候了，必须加快对德军开展意想不到和不能预见的攻势，使他们遭受连续袭击，处于危机接危机、打击接打击的境地，直到最后垮台。

而且，同样是德国人，虽然当执行自己计划时他们是世上所有敌人中最可怕的，但当他们被迫顺从对手的计划时也最容易惊惶失措。让一个德国人有时间制定他的巨大、耐心、精确的计划，做好他的缓慢、彻底、有无限远见的准备工作，等于是在招致最可怕的风险。以意想不到的行动把他弄得惊惶失措，挫乱他专致的思想，打破他的自信心，吓唬他的精神，破坏他的计划，肯定是不但光荣而且审慎的途径。

*   *   *

海战的第一阶段就叙述到这里结束。英国任务的第一部分在陆上和海上完成。巴黎和海峡各港口获救了，各大洋的敌人廓清了。英国的全部国力肯定能转化为战争力量，用以压在敌人身上。在英国做好准备前德国已没有机会打倒法国，在英国的全部力量能运用于战争前已没有机会使法国瘫痪。最高主动权由日耳曼国家转移到协约国。战争物资储备之多几乎无法度量，军舰、兵员、军火和战争器械的多样性无法形容，而这些如今一个月一个月地稳步流入我们的手中。我们用它们干什么呢？各种战略方案可供我们充分自由地选择。我们选择哪一个？我们应该使用加强了的舰队和1915年强大的新军去迂回日耳曼军在波罗的海的右翼，还是迂回他们在黑海和巴尔干的左翼？或者我们应该让我们的战士冲向沙袋、铁刺网和混凝土，正面进攻在法国的德军防线？我们应该做最大努力与我们293俄罗斯盟国保持直接联系还是听凭她陷入危险的孤立境地？为了缩短战争，我们应该采取决定性的行动引导和促使现在置身战争以外

的北方和南方的小国进入战争？或者我们应该沉重缓慢地稳步向前，
攻击在我们前面最近的敌人？我们的陆军应该只在佛兰德的泥泞土
地上艰苦作战还是我们应该开辟新的战场？我们的舰队是应该一直
满意于它们已经赢得的伟大实在的战果，还是应该以新的不竭的大
无畏精神挡开未来的风险？

随着这个故事向前进入新的阶段，这些重大的问题的答案将先后
揭晓。

注释：

[1] 特基亚·阿尔普，《土耳其人与泛土耳其理想》（*Turkish and Pan-Turkish Ideals*）。
1915 年首先用德文出版。

[2] 大维齐尔（Grand Vizier）指伊斯兰国家的高层官僚。——译者

[3] 我个人碰巧认识所有这三个人。我在 1910 年德军演习中遇见恩维尔。
1909 年当我与伯肯黑德勋爵访问君士坦丁堡时，塔拉特和贾维德都是接
待我们的主人。

[4] "德累斯顿"号和两艘武装商船巡航船多存活了几个星期，但完全不能
活动。

图书在版编目（CIP）数据

第一次世界大战回忆录 ：世界危机 .1，1911—1914 /（英）温斯顿·丘吉尔著；
吴良健译 . —北京：北京时代华文书局，2017.6
ISBN 978-7-5699-1601-0

Ⅰ . ①第… Ⅱ . ①温… ②吴… Ⅲ . ①丘吉尔（Churchill，Winston Leonard Spencer
1874-1965）－回忆录②第一次世界大战－史料 Ⅳ . ① K835.617=5②K143

中国版本图书馆 CIP 数据核字（2017）第 125393 号

第一次世界大战回忆录：世界危机 1（1911—1914）

DIYICI SHIJIE DAZHAN HUIYILU ：SHIJIE WEIJI 1（1911—1914）

著　　者 ｜〔英国〕温斯顿·丘吉尔
译　　者 ｜吴良健
校　　译 ｜贝　昱　吴衡康

出 版 人 ｜王训海
选题策划 ｜梁明德　邵鹏军
责任编辑 ｜周连杰
装帧设计 ｜格林文化
责任印制 ｜刘　银　訾　敬

出版发行 ｜北京时代华文书局 http://www.bjsdsj.com.cn
　　　　　北京市东城区安定门外大街 136 号皇城国际大厦 A 座 8 楼
　　　　　邮编：100011　　电话：010 - 64267955　64267677
印　　刷 ｜北京京都六环印刷厂　010 - 89591957
　　　　　（如发现印装质量问题，请与印刷厂联系调换）
开　　本 ｜710mm×1000mm　1/16　　印　张 ｜21　　字　数 ｜282 千字
版　　次 ｜2017 年 8 月第 1 版　　　　印　　次 ｜2017 年 8 月第 1 次印刷
书　　号 ｜ISBN 978-7-5699-1601-0
定　　价 ｜50.00 元